Uwe Soukup

Wie starb Benno Ohnesorg?
Der 2. Juni 1967

Verlag 1900 Berlin

»Ich denke mir, dass eines Tages, vielleicht schon bald, Historiker sich daran begeben werden, alles, was vor und nach dem 2. Juni 1967 bis auf den heutigen Tag geschehen ist, chronologisch zu ordnen – nicht nur generationspsychologisch, auch politisch und geistesgeschichtlich zu interpretieren.«

Heinrich Böll im Jahre 1975 anlässlich der Verleihung der Carl-von-Ossietzky-Medaille an Heinrich Albertz

Uwe Soukup: Wie starb Benno Ohnesorg? – Der 2. Juni 1967
1. Auflage Mai 2007

© Verlag 1900 Berlin

E-Mail: uwe.soukup@verlag1900.de
Gestaltung: Michael Uszinski, Berlin
Druck und Bindung: Eugen Ketterl Ges. m. b. H., Mauerbach
Printed in Austria

ISBN 978-3-930278-67-1

Inhalt

Vom Rathaus zur Oper
Protokoll einer Eskalation – 6

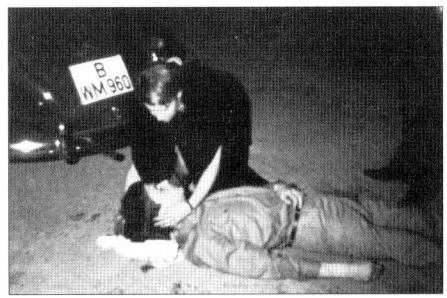

Krumme Straße
Der Schuss, der alles veränderte – 76

Nach dem Schuss
Eine Stadt im Ausnahmezustand – 146

»Dieser Typ passt nicht zu uns!«
Heinrich Albertz und die Berliner SPD – 180

Die Partei gegen Heinrich Albertz
Der erzwungene Rücktritt – 208

Politik der Provokation
Vom friedlichen Protest zur Gewalt – 240

[1] Rathaus Schöneberg: »Um jetzt strafbare Handlungen zu beurteilen wäre es jetzt präzise wichtig, wer hat angefangen.« Ein Beamter der Politischen Polizei vor dem Untersuchungsausschuss des Berliner Abgeordnetenhauses.

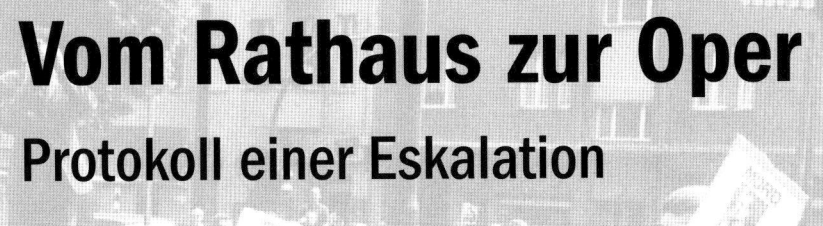

Vom Rathaus zur Oper

Protokoll einer Eskalation

Sollte je an einer beliebigen Polizeiakademie die Übung auf dem Lehrplan stehen, den friedlichen Protest einiger Demonstranten zuerst in eine veritable Straßenschlacht und später dann in eine langjährige gewaltsame Auseinandersetzung umzuwandeln, müsste man den 2. Juni 1967 in Berlin als Anschauungsmaterial heranziehen. Schließlich ist genau das der Berliner Polizei an diesem Tag gelungen.

Einen ganzen Tag lang reizten und provozierten Einsatzkräfte der Berliner Polizei an wechselnden Schauplätzen die Demonstrierenden, verprügelten sie oder sahen seelenruhig zu, wie sie verprügelt wurden. Sie kesselten sie ein und griffen willkürlich einzelne Demonstranten heraus, um sie vor aller Augen zu misshandeln.

Auf Befehl kletterten schließlich Dutzende Polizisten über die Absperrungen und schlugen wahllos auf ihre vollkommen überraschten und ebenso wehrlosen Opfer ein, die sich freiwillig und gutgläubig in diese Situation begeben hatten. Panik entstand. In diesen Minuten haben nicht wenige eigentlich friedlich gesonnene Menschen versucht, sich mit Gewalt zu verteidigen. In Notwehr rissen sie Latten aus einem Bauzaun oder klaubten Steine aus dem Straßenpflaster, um sich der Polizisten zu erwehren.

Die Polizei unterstellte den Demonstranten per Lautsprecherdurchsage, einen Mord begangen zu haben, den es nicht gegeben hat, verursachte jedoch selbst den Tod eines Studenten, was bis heute nicht Mord genannt werden darf.

Kein großer Tag

Begonnen hatte die Kette der polizeilichen Eskalationen am späten Vormittag vor dem Rathaus Schöneberg, genau da, wo im Juni 1963 die halbe Stadt John F. Kennedys »Ich-bin-ein-Berliner«-Rede zugehört und den amerikanischen Präsidenten begeistert

[2] »Besonnenes und konsequentes Handeln, auch bei ernsten Zwischenfällen!« (Aus dem Einsatzbefehl der Berliner Polizei)

gefeiert hatte. Voller Dankbarkeit für die Geste des Präsidenten benannten die Berliner den Platz vor dem Rathaus Schöneberg nach dessen Ermordung im November 1963 in John-F.-Kennedy-Platz um. Dieser Platz hatte seit der Teilung Berlins größere historische Stunden erlebt als den 2. Juni 1967.

An diesem Tag mischten sich hier Schaulustige mit Demonstranten. Letztere waren durch Veranstaltungen, Flugblätter und ein Buch des in Berlin lebenden iranischen Regimekritikers Bahman Nirumand über die Verhältnisse im Iran informiert. Beide Gruppen wurden durch Absperrgitter deutlich auf Distanz zur Rathaustreppe gehalten.

Der Schah von Persien war mitsamt seiner Entourage aus München kommend auf dem Flughafen Tempelhof eingetroffen. Erster Programmpunkt war ein Empfang im Rathaus Schöneberg, dem Sitz der Westberliner Regierung, und der obligatorische Eintrag ins Goldene Buch der Stadt.

Der evangelische Pastor Heinrich Albertz, den es nach dem Krieg in die Politik und in den fünfziger Jahren nach Berlin verschlagen hatte, besaß nur wenig Spielraum zwischen der Großen Koalition in Bonn und den Widrigkeiten der Westberliner Statusproblematik. Als Regierender Bürgermeister einer besetzten und bedrängten Stadt, noch dazu ohne Rückhalt in der eigenen Partei, blieb ihm nichts anderes übrig, als zu versuchen, den Tag mit dem nicht gebetenen Gast einigermaßen unbeschadet hinter sich zu bringen. Wenn das Oberhaupt irgendeines Staates bereit war, neben Bonn auch das um seine Rest-Bedeutung ringende Westberlin zu beehren, konnte man es sich nicht leisten, dem Besucher die Tür vor der Nase zuzuschlagen.

»Ich konnte mir nicht aussuchen, wen Bonn nach Berlin schickte«, schrieb Albertz später in seinen Erinnerungen *Blumen für Stukenbrock*. »Wen hatten wir alles empfangen – vor allem aus Lateinamerika! Erst als auf der Reise des Schahs durch Westdeutschland die ersten schweren Zusammenstöße zwischen Demonstranten und Polizei gemeldet wurden, versuchte ich, den Besucher noch im letzten Moment loszuwerden. Es war zu spät.«

»Lasst mich mit dem Tyrannen nicht allein«

In der Nacht vor dem Schah-Besuch waren zwischen Bonn und Berlin noch einmal die Telefondrähte heißgelaufen. Das Protokoll machte sich Sorgen um die Sicherheit des Staatsgastes. In München – wichtigstes Tagesthema war dort sowieso der erste Europapokalgewinn des FC Bayern – hatte es bereits einige Zwischenfälle im Zusammenhang mit der dortigen Schah-Visite gegeben. Auch der junge Staatssekretär im

[3] Der amerikanische Präsident John F. Kennedy und der »Berliner Außenminister« Willy Brandt am 26. Juni 1963 vor dem Rathaus Schöneberg.

Auswärtigen Amt, Klaus Schütz, war in die Überlegungen einbezogen. Ob man den Besuch in Berlin nicht ins Wasser fallen lassen sollte? Unmöglich, entschied der junge Innensenator Wolfgang Büsch.

Nicht nur die Berliner Boulevardpresse aus dem Hause Springer hätte einen Senat, der es gewagt hätte, den Schah wegen der zu erwartenden Proteste in letzter Minute auszuladen, in der Luft zerrissen. Seit Wochen war das prunkvolle Leben des orientalischen Märchenkaisers, seine gläsernen Badewannen und goldenen WC-Schüsseln, Thema in *Bild*, *BZ* und der *yellow press*.

Den Schah in letzter Minute ausladen? Eine weltweite Blamage für die Stadt wäre garantiert gewesen – doch was hätte der Stadt, dem Senat, dem Land und was hätte der jungen Familie Ohnesorg alles erspart bleiben können, wenn man hier den Mut gehabt hätte, über den eigenen Schatten zu springen? Albertz jedenfalls hatte für seinen Gast nicht viel übrig. »Lasst mich mit dem Tyrannen nicht allein«, bat er seine Senatskollegen. Er war Regierungschef und Stadtoberhaupt, er konnte sich nicht drücken. Voller Abneigung eilte er zum Flughafen Tempelhof, um den lästigen Gast zu empfangen.

Während die Wagenkolonne sich auf dem Weg vom Flughafen zum Rathaus befand, unterhielt sich der Pressesprecher des Senats, Hanns-Peter Herz, mit wartenden

Journalisten auf der Rathaustreppe. Man kannte sich. Die Journalisten frozzelten und fragten den gereizt wirkenden Senatssprecher, wie er sich denn am »Tag der deutschen Illustrierten« fühle. Darauf Hertz: »Na, heute können diese Burschen sich ja auf was gefasst machen, heute Abend gibt's Dresche!« Diese Szene ist von mehreren Journalisten verbürgt, wobei der Wortlaut variiert. Sebastian Haffner beschrieb im *Stern*, ihm sei von einem Kollegen die Formulierung »Heute Abend setzt's Keile!« berichtet worden.

In der Tat kein leeres Versprechen. Herz allerdings bestreitet diesen Vorfall vehement. Ein Journalist, wahrscheinlich aus der Redaktion der *BZ*, habe das in die Welt gesetzt und dann hätten es alle anderen auch geschrieben. Allerdings war dieser Satz in der *BZ* nun gerade nicht zu finden.

Bevor der Schah und Albertz vor dem Rathaus eintrafen, konnten die Zuschauer beobachten, wie aus zwei Bussen der städtischen Verkehrsbetriebe etwa 80 Männer stiegen, die persische Fahnen, Porträts des Schahs und seiner Gemahlin, Transparente

[4 – links] Das Liebesleben des Schah und die Berliner Sonnenfinsternis: Westberliner Straßenszene aus den frühen 60er Jahren

[5 – unten] Protest gegen Mord und Folter: Kurz vor Eintreffen des Schahs am Rathaus Schöneberg.

und Holzknüppel mit sich führten und in einem offensichtlich für sie reservierten Bereich zwischen der Rathaustreppe und den Demonstranten Aufstellung nahmen.

»Ein sagenhafter Vorgang«

Als der Schah eintraf, kamen zunächst die Fahnen und Transparente zum Einsatz. Die Perser, wie sich später herausstellte, größtenteils Angehörige des persischen Geheimdienstes SAVAK oder von diesem engagiert, hielten ihre Transparente hoch, jubelten dem Schah zu und versuchten so, ihren verehrten Herrscher gegen Proteste abzuschirmen. Eine lächerliche Momentaufnahme aus dem Hofstaat eines eitlen Potentaten – mehr nicht.

Wenn es dabei geblieben wäre. Nachdem jedoch der Schah das Rathaus betreten hatte, wandten sich diese später »Jubelperser« genannten den Demonstranten zu; nun waren die Holzknüppel an der Reihe. Um an die Demonstranten heranzukommen, mussten sie eine Reihe Polizisten passieren, die nicht daran dachten, sich den persischen Angreifern in den Weg zu stellen.

Die gleichen Beamten hätten, davon kann man sicher ausgehen, jede Annäherung aus der anderen Richtung, also eines

[6] Aus der Kommune 1 kamen die Papiertüten mit Schah- und Farah-Diba-Porträts.

Demonstranten, mit einer Prügelorgie und anschließender Verhaftung quittiert. So aber hatten die SAVAK-Agenten und ihre Söldner (Tageslohn 200 Mark) ein freies Betätigungsfeld.

»Die Perser gingen wahllos auf die Bevölkerung los, knüppelten darauf ein«, berichtete der Kaufmann Reiner L. später dem studentischen Ermittlungskomitee. »Die Polizei schritt nicht ein. Ca. nach fünf Minuten kamen Polizeipferde angeritten, ritten vor die Perser und knüppelten dann auf die Bevölkerung ein. [...] Es befanden sich diverse Polizeibeamte in der Nähe in Uniform und zu Fuß, etwa 20 [...] und schauten zu. Auf den Protest der Bevölkerung, einzuschreiten, unternahmen sie nichts.«

In zahlreichen Berichten ist auch von Stahlruten und »Totschlägern« genannten Schlagwerkzeugen in den Händen der »Prügelperser« die Rede. Die Perser übergaben mehrere von ihnen überwältigte Demonstranten an die Polizei, die diese mit Dank entgegennahm. Schon hier sind etliche schwere Rechtsbrüche festzustellen, denen die Berliner Polizei, tatenlos zuschaute.

»Man wird sich daran zu gewöhnen haben,« spottete Heinz Grossmann Ende Juni 1967 in der *Zeit*, »dass der Geheimpolizei irgendeines demokratischen Musterlandes – Persiens, Spaniens oder Griechenlands – bei uns die Funktion einer Hilfspolizei zugebilligt wird.«

Eine groteske Szene spielt sich gleichzeitig im Amtszimmer des Regierenden

[7] Einige Minuten nach dem Angriff der Jubelperser auf die Demonstranten geht auch die Polizei gegen die Demonstranten vor, während die vom SAVAK engagierten Perser im Schutz der Polizei weiter ihrem »Handwerk« nachgehen.

Bürgermeisters ab: Albertz, der von der Existenz der Jubelperser überhaupt erst erfuhr, als er sie vor dem Rathaus sah (und die Polizei auf der Stelle um besondere Beobachtung dieses Gefährdungspotentials bat), vernahm während des Gesprächs mit dem Schah, der mit Sicherheit in die Pläne *seines* Geheimdienstes und dessen Absprachen mit der Berliner Polizei eingeweiht war, zunächst unbeschreiblichen Lärm, konnte aber, weil er mit seinem Gast beschäftigt war, nicht beobachten, was genau sich dort unten abspielte.

Bei der anschließenden Zeremonie las Albertz steif vom Blatt: »Sie werden während dieser Stunden Ihres Besuches selbst spüren, dass die erdrückende Mehrzahl der Bürger Berlins aufgeschlossen mit Interesse und großer Sympathie den Weg des modernen Iran verfolgen und Sie, Kaiserliche Majestäten, auf das Herzlichste willkommen heißen.«

Albertz in seinen Erinnerungen: »Ich habe bis heute nicht klären können, wer die Mitverantwortung für diese Gewalttaten trug. Natürlich SAVAK. Aber sie mussten Sonderflugzeuge gebucht haben. Wusste das Auswärtige Amt davon? Der

[8] Rathaus Schöneberg: Ein Demonstrant, vermutlich ein Exil-Iraner, zieht das geöffnete Polizeigitter zurück, den einzigen Schutz vor den Hieben der Jubelperser. Links im Bild weißhaarig der CDU-Stadtrat Siepmann.

Bundesnachrichtendienst? Jedenfalls hat diese erste Konfrontation die Empörung der Studenten geweckt. Für den Abend war Schlimmes zu erwarten. Die Polizei versicherte mir, Vorfälle wie am Mittag würden sich nicht wiederholen.« Gegenüber dem *Stern* bezeichnete Albertz in einem Interview wenige Tage später das Geschehen vor dem Rathaus als einen »unmöglichen« und »sagenhaften Vorgang«.

Der bereits zitierte Zeuge Reiner L., der sich gegenüber dem studentischen Ermittlungskomitee als Zuschauer und ausdrücklich als »Nichtstudent« bezeichnete, blieb unverletzt, obwohl er sich in der ersten Reihe der Schaulustigen befand. Ganz in seiner Nähe stand der CDU-Stadtrat Walter Siepmann aus der westdeutschen Kleinstadt Schwelm. Er berichtete später: »Plötzlich sah ich zu meinem Schrecken, dass einer der Schah-Anhänger mit einem Totschläger (Stahlspirale mit Bleikugel) auf einen jungen Mann einschlug, der neben mir stand und lediglich gerufen hat. Ich stellte mich vor den Bedrohten (vermutlich ein oppositioneller Perser) und rief dem Angreifer zu: Tun Sie das Ding weg, hier wird nicht geschlagen! […] Daraufhin kamen noch weitere Schläger, die mit Holzlatten auf uns losschlagen wollten. Ich wäre verletzt worden, wenn nicht andere Zuschauer mich zu meinem Schutze zu Boden gerissen hätten. […] Die Angreifer schlugen so heftig zu, dass ihre Latten teilweise auf der Barriere zersplitterten. Sie versuchten sogar, einen jungen Mann über die Absperrung zu

[9] Polizeirat Hermann zu dieser Situation: »Bis jetzt geht es gut.« Aufgenommen kurz vor dem Angriff der Jubelperser auf die Demonstranten.

zerren (vermutlich ein Student, roter Pullover), was ihnen nicht gelang, da wir ihn zu mehreren festhielten.

Zu meinem Erstaunen schaute die Polizei, die hinter uns Aufstellung genommen hatte, diesen Angriffen gegen Unbewaffnete minutenlang tatenlos zu.«

Der Schwelmer CDU-Stadtrat war der Schwiegervater des iranischen Buchautors Bahman Nirumand, der die Proteste gegen den Schah mit ausgelöst hatte. Siepmann war extra nach Berlin gekommen, um die Ereignisse in Berlin zu beobachten. Eine spätere Schwiegertochter Siepmanns, Ina Siepmann, war acht Jahre später eine jener von der »Bewegung 2. Juni« freigepressten Terroristen, die im Austausch gegen den entführten Berliner CDU-Politiker Peter Lorenz freikamen. Albertz begleitete – eine Forderung der Entführer – die freigepressten Terroristen auf dem Flug nach Aden. Ingrid Siepmann gilt seit mehr als 20 Jahren als im Libanon verstorben. Albertz hatte nach der Entführung noch über Jahre Kontakt mit ihren Eltern gehalten.

Zurück zum Rathaus: Wie es zu der Eskalation kommen konnte, wer es den Jubelpersern ermöglichte, vor der Rathaustreppe Aufstellung zu nehmen, warum niemand eingriff, als die Perser losprügelten – all das ist später lang und breit vor dem Untersuchungsausschuss des Abgeordnetenhauses erörtert worden und führte zur baldigen Beurlaubung des Polizeipräsidenten Erich Duensing, obwohl der mit der Angelegenheit herzlich wenig zu tun gehabt hatte. Wirklich aufgeklärt wurden die Hintergründe nie.

»Bis jetzt geht es gut«

Angehörige der iranischen Botschaft haben sich etwa zehn Tage vor dem Besuch des Schahs in Berlin darum bemüht, einen angemessenen Platz für ihre »Kolonie« zugewiesen zu bekommen. Nachdem dieses für das Gelände des Flughafens Tempelhof vom amerikanischen Stadtkommandanten aus Sicherheitsgründen abgelehnt worden war und die Iraner einen Standort außerhalb des Flughafens als »unwürdig« ablehnten, einigte man sich darauf, dass die Jubler den Schah am Hilton-Hotel begrüßen.

Dazu kam es jedoch nicht. Am Tag vor dem Besuch wurde nun Duensing, der erst seit ein paar Tagen aus dem Urlaub zurück war, erstmals mit der Sache konfrontiert. Ein Mitarbeiter der iranischen Botschaft erklärte ihm kurz und knapp, dass man zum Rathaus kommen werde. Duensing erwiderte, dass er das nicht verbieten könne. Er solle sich mit dem Kommandeur der Schutzpolizei, Hans-Ulrich Werner, in Verbindung setzen. Duensing kündigte diesen Anruf bei seinem Kommandeur an; damit war die Sache für ihn erledigt. Man solle die Jubelperser »gut verpackt« irgendwo an die Seite stellen.

Zuvor hatte er noch mit dem amerikanischen Stadtkommandanten telefoniert, wegen der Möglichkeit, die Jubelperser eventuell doch auf dem Flughafen

ihrem Herrscher huldigen zu lassen. Als der Stadtkommandant »innerhalb sehr kurzer Zeit« ablehnte, gewann Duensing »den Eindruck, dass die Perser uns übers Ohr gehauen haben.« Und Duensing abschließend zu diesem Komplex vor dem Untersuchungsausschuss: »Die Frage, wer diesen Kral da gemacht hat vor dem Rathaus, ist mir fremd, das weiß ich nicht.«

Der Kommandeur der Schutzpolizei, Werner, gab die Information über die persische Kolonie an den Leiter der Inspektion Schöneberg weiter, der nun seinerseits die Iraner direkt vor der Treppe, also weder an der Seite noch »gut verpackt«, postierte.

Nicht nur Albertz, auch Duensing und andere leitende Polizisten erkannten

[10] Die Jubelperser konnten sich in dem von der Polizei extra für sie eingezäuntem Gebiet frei bewegen, auch wenn sie strafbare Handlungen begingen. Die Polizei machte – für jedermann offensichtlich – gemeinsame Sache mit den SAVAK-Agenten. Verhaftet wurden ausschließlich Demonstranten, darunter auch zwei Exil-Iraner.

sofort, als sie mit dem Schah am Rathaus eintrafen, dass die polizeilichen Vorbereitungen Konflikte kaum verhindern könnten, ja, geradezu provozierten. »Man muss die Einsatzkräfte doch dort haben, wo Konflikte entstehen können und nicht irgendwo in Reserve haben«, so ein hoher Polizeibeamter gegenüber dem Autor.

Kriminaloberkommissar Hans Kaiser von der Abteilung 1 (Politische Polizei) schrieb am 14. Juni 1967 in seinem Verlaufsbericht: »Unmittelbar vor dem Eintreffen des Schahs wurden etwa 150 Schah-freundliche Perser, die mit Bussen herangebracht worden waren, direkt vor der Hauptstörergruppe aufgestellt. Die beiden konträr eingestellten Gruppen waren lediglich durch Hamburger Sperren getrennt. Polizeirat Herrmann wurde von mir sofort auf das Gefährliche dieser Situation hingewiesen.«

Kaiser war erst »ganz kurz vorher« mitgeteilt worden, dass Schah-freundliche Perser vor dem Rathaus postiert werden sollen, was er »relativ erfreulich« fand. Da ihm das Temperament der Perser bekannt sei, fragte er den verantwortlichen Polizeirat Herrmann: »Die Perser stehen genau vor dem Hauptblock der Demonstranten, meinen Sie, das geht gut? Und Herr Herrmann sagte mir, bis jetzt geht es gut.«

Auf dem Campus, per Telefon, aber auch durch Live-Reportagen und Nachrichtensendungen der Westberliner Rundfunksender verbreitete sich das Geschehen vor dem Rathaus wie ein Lauffeuer in der Stadt. Wer vielleicht noch gezögert hatte, war spätestens jetzt davon überzeugt, abends zur Deutschen Oper zu fahren.

Der *RIAS*-Reporter Erich Nieswandt hatte von einem Fenster des Rathauses direkt über der Eingangstreppe einen hervorragenden Überblick und berichtete live: »Man muss der Wahrheit die Ehre geben, die Perser, die den Schah freundlich begrüßten mit ihren Plakaten, sie waren die ersten, die ihre Plakate von den Stöcken abmachten und mit diesen Stöcken wahllos in die Menge hineinschlugen.« Einige Wochen später wurde er zu einem Gespräch gebeten – bei der Staatsanwaltschaft: Ob er sich bei seiner Reportage vom Rathausfenster nicht geirrt habe? Anderenfalls müsste der Staatsanwalt eine Untersuchung gegen ihn einleiten. Empört wies Nieswandt das Ansinnen zurück.

Während der Schah durch die Stadt gefahren wurde, im Schloss Bellevue vom Bundespräsidenten und im Schloss Charlottenburg noch einmal von Albertz empfangen wurde, bereiteten die Schah-Gegner ihrerseits den Empfang des Diktators vor. Studenten fertigten Transparente an, so auch Benno Ohnesorg. Er schrieb auf einen Kopfkissenbezug: »Autonomie für die Teheraner Universität.« Auf anderen Plakaten war zu lesen »Nieder mit dem Schah«, »Mörder raus aus Westberlin« und »Keine Diktatoren als Gäste einer freien Stadt«.

In der Kommune 1 wurden Eier ausgeblasen, um sie mit roter Farbe zu füllen. Papiertüten, die man in einem nahe gelegenen Neckermann-Kaufhaus organisiert hatte, wurden mit selbstgedruckten Karikaturen der Gesichter des persischen Herrscherpaares beklebt, um sie sich, mit Augenschlitzen versehen, über den Kopf zu ziehen. Aus Streichholzköpfen und Klebstoff wurden Rauchkerzen hergestellt. Dass die Vorbereitungen hier vergleichsweise militant waren, mag damit zusammenhängen, dass der Verfassungsschutz einen V-Mann – Peter Urbach – in die Kommune 1 eingeschleust hatte, auf den noch zurückzukommen sein wird. Festzuhalten ist, dass die staatliche Seite so über die Planungen der Kommune unterrichtet war.

»Alle Störer auf einem Haufen«

Die Proteste gegen den Besuch des Schahs werden oft (auch in diesem Buch) als »Demonstrationen« bezeichnet, die sie aber genau genommen eben nicht waren. Niemand hat am 2. Juni eine Demonstration angemeldet; die Aktionen der Studenten orientierten sich notgedrungen an dem vorgegebenen Besuchsablauf. Ein Informationsdienst der Studentenvertretung am Otto-Suhr-Institut vom 2. Juni 1967 nennt explizit drei geplante Protestkundgebungen, die die überwiegend studentischen Teilnehmer einer gutbesuchten Veranstaltung am Vorabend im Audimax »lebhaft begrüßt« hätten: »Um 12:00 Uhr wollen die Studenten beim Eintreffen des Schahs und Frau Farah Diba vor dem Rathaus Schöneberg, um 15:00 Uhr entlang des Kurfürstendamms, und um 19:00 an, vor und in der Deutschen Oper sein.«

[11] Im Mercedes 600 wurde der Schah durch die Stadt chauffiert.

So hatte die Berliner Polizei alle Trümpfe in der Hand; sie konnte planen. Es lag an ihr, mittels der »Hamburger Reiter« genannten Absperrgitter den Protestierenden den Raum für ihre Aktivitäten zuzuweisen und sich dann darauf einzustellen. So wie die Polizei diesen Vorteil vor dem Rathaus Schöneberg nutzte, um die Jubelperser direkt vor der Rathaustreppe zu positionieren und ihnen so ermöglichte, sich nach pflichtgemäßem Jubel den Schahkritischen Zuschauern zuzuwenden, so war auch die Anordnung der Absperrgitter vor der Oper nicht ohne Bedacht gewählt worden. Man habe die Störer lieber »auf einem Haufen« als überall in der Stadt verstreut gehabt, hieß es später weit interpretierbar zur Begründung.

»Nach Vorlage des Einsatzplans habe ich sehr eingehend mit dem Kommandeur der Schutzpolizei [...] am 30. Mai d. J. die Frage der Freigabe des südlichen Gehwegs besprochen. Er hat mir versichert, das die Sicherheit auch bei erheblichen Störungen vor der Oper gewährleistet sei«, hielt der Innensenator Büsch Ende Juni 1967 rückblickend in einem Vermerk fest und folgert: »Ich hätte entgegen der Auffassung des Kommandeurs der Schutzpolizei den südlichen Gehweg sperren lassen müssen.«

Kommandeur der Schutzpolizei war Hans-Ulrich Werner, Jahrgang 1914. Er

[12] Volksfeststimmung in der Bismarckstraße.

war 1936 zur Polizei gegangen und wurde 1938 zum Leutnant befördert. In den letzten Kriegsjahren war Werner in der Ukraine und in Italien tätig, vor allem in der »Partisanenbekämpfung«. Auf diese Beschuldigungen, die ja nicht deshalb falsch sind, weil sie (bereits 1962) vom SED-Propagandachef Albert Norden erhoben wurden, reagierte Heinrich Albertz, damals im Amt des Innensenators, mit der Erklärung, Werner sei lediglich zwei Monate in Wolhynien und ein Jahr in Italien stationiert gewesen – nicht gerade ein überzeugendes Dementi. Entsprechend ärgerlich soll Brandt reagiert haben, da Albertz die Vorwürfe Nordens keinesfalls entkräftet habe, sondern eher noch Hinweise auf weitere Einsatzorte Werners gegeben habe.

Werner selbst nannte die Vorwürfe »erstunken und erlogen«. Er sei nur bei der Gendarmerie und nie SS-Offizier gewesen. Werner konnte diese wahrscheinlich den Tatsachen entsprechende »Widerlegung« vorbringen, weil 1962 noch nicht viel über die Rolle der deutschen Polizei im Zweiten Weltkrieg bekannt war.

Duensings »Leberwurst«

Zurück zum 2. Juni: Als der Journalist Hans-Eberhard Schulz gegen halb acht vor der Oper ankam, war er darüber verwundert, »dass die Seite gegenüber der Oper nicht freigemacht war, also dass dort Demonstranten stehen konnten, weil ich am Vormittag bereits im Kommando der Schutzpolizei erfahren hatte, dass dort vor der Oper etwas von Seiten der Demonstranten erwartet wurde.« Das berichtete er später vor dem Untersuchungsausschuss des Berliner Abgeordnetenhauses.

Auch Herbert Marcuse, Sozialphilosoph und Mitbegründer der Frankfurter Schule, Jude und Emigrant, kritisierte, natürlich aus entgegengesetzter Perspektive, im Sommer 1967 die Berliner Studenten dafür, sich in diesem »Schlauch« auf dem Gehweg, eingezwängt zwischen Bauzaun und Absperrgittern, einpferchen zu lassen. Nur: Wie hätte man das verhindern können? Und wer hat schon mit einem derartigen Polizeieinsatz rechnen können? Selbstverständlich haben Zuschauer wie Protestierende eine möglichst nahe Position zum Geschehen eingenommen. Hätte man die Demonstranten auf zehn oder 20 Meter an das Opernhaus herangelassen, so hätten sie diese Möglichkeit natürlich ebenfalls genutzt.

Dieser »Schlauch« wurde dann später vom Polizeipräsidenten Duensing in einer Pressekonferenz als »Leberwurst« tituliert, in die man hineinsteche, damit sie an den Enden auseinander platzte. Statt dieser zynischen Erklärung, mit der er immerwährende Berühmtheit erworben hat, hätte Duensing besser daran getan, zu berichten, dass er selbst mit der Einrichtung dieses »Schlauchs« nicht einverstanden war, sich aber auf Grund von Krankheit und Urlaub nicht genau genug mit der Planung befasst und erst einzugreifen versucht hatte, als es

[13] Bismarckstraße, Blickrichtung Westen: Auch als das Polizeiaufgebot verstärkt wurde, blieb die Stimmung eher heiter.

zu spät war – ganz ähnlich wie in der Frage der Positionierung der prügelnden Jubelperser.

Dieser Schlauch bot der Polizei mehrere Vorteile: Zum einen war er nach hinten durch einen Bauzaun begrenzt; die Polizei konnte auch das dahinterliegende Gelände mühelos kontrollieren oder von dort aus eingreifen. Zum zweiten konnte man auf so schmalem Terrain die Gruppe der »Störer« mühelos aufteilen und voneinander isolieren, wie es jede Polizeitaktik lehrt, drittens konnten die »Störer« von hier den Haupteingang der Oper mit Würfen erreichen, zumindest dann, wenn sie sich relativ zentral gegenüber dem Haupteingang der Oper aufhielten …

Auf den ersten Blick erscheint es natürlich unsinnig, Demonstranten so nahe an einen Staatsgast, den Bundespräsidenten und den Regierungschef der Stadt heranzulassen, dass diese beworfen werden können – weshalb ja auch besonnene Kräfte in der Polizeiführung, so der stellvertretende Polizeipräsident Georg Moch, diese Planung ablehnten. Auch der Bundesinnenminister Benda, der Bundespräsident Lübke und der Regierende Bürgermeister Albertz hatten mit dem Protokollchef des Senats verabredet, die Oper weiträumiger absperren zu lassen. Albertz ließ diese Entscheidung der für die Aufsicht der Polizei zuständigen Senatsinnenverwaltung durch seine Sekretärin per Telefon mitteilen.

»Der Sache nicht angemessen«

Da haben die Herren am Fehrbelliner Platz, Sitz der Verwaltung des Innensenats, wahrscheinlich herzlich gelacht. Der zuständige Senatsrat Hans-Joachim Prill vor dem Untersuchungsausschuss: »Es ist ungewöhnlich, dass Weisungen an die Vollzugsbehörde des Landes Berlin – an die größte und wesentlichste Vollzugsbehörde des Landes Berlin, an die Polizeibehörde nämlich – durch eine Sekretärin gegeben werden. Dieses ist der Sache nicht angemessen. [...] Der Regierende Bürgermeister hat kein direktes Weisungsrecht gegenüber der Polizeibehörde.«

Die schriftliche Weisung aus dem Rathaus an den Polizeipräsidenten ist am Fehrbelliner Platz, d. h. *de facto* in Prills Ab-

[14 - links] Die Bismarckstraße mit Blickrichtung nach Osten: Am linken Bildrand die Oper (mit der Plastik), hinter der Baumreihe der Bauzaun, vor dem die Demonstranten eingepfercht worden sind. In der Bildmitte im Hintergrund sieht man die Rückfront von Häusern der Krummen Straße.

[15 - unten] Die Kreuzung Bismarckstraße/Krumme Straße wenige Tage nach dem 2. Juni. Der »Schlauch« befand sich auf dem Gehweg vor dem Bauzaun (hinten rechts), die Demonstranten wurden in die Krumme Straße (hinten links) gedrängt. Der abbiegende PKW zeigt in diesem Moment mit der Front auf das Operngebäude.

[16] Das Polizeiaufgebot in der Bismarckstraße aus der Sicht der Demonstranten, Blickrichtung zur Oper. Am linken oberen Bildrand neben dem Fotografen erkennt man auf dem Mittelstreifen liegend einen der Hartgummiringe, die von der Baustelle hinter dem Zaun stammten.

teilung hängen geblieben. Anrufe des Protokollchefs Dr. Ruprecht Rauch in dieser Angelegenheit sind – anders lassen sich die Äußerungen eines hohen Polizeibeamten kaum interpretieren – in der Prill-Behörde absichtlich missverstanden worden. Auch Polizeipräsident Duensing verwahrte sich später vor dem Untersuchungsausschuss gegen die »Einmischung« des Protokolls: »Aber Herr Rauch ist ja gar keine kompetente Stelle, in dieser taktischen Situation mir gute Ratschläge zu geben. […] Herr Rauch kann sich mit mir unterhalten.«

Das war noch am Vormittag, während Duensings erster Vernehmung. Doch nur drei Stunden später, bei seiner zweiten Vernehmung, berichtet er, eben jenem Dr. Rauch vom Protokoll Vorwürfe gemacht zu haben, weil der ihn nicht darüber informiert hatte, dass von höchster Stelle eine weiträumige Absperrung der Oper verlangt wurde. Und warum er den Dienstweg über die Behörde des Polizeirats Prill eingehalten hätte.

Duensing agierte vor dem Untersuchungsausschuss, als wolle er verschleiern, dass ihn seine Polizeioffiziere unterbrochen hintergingen. Da der Polizeipräsident die Gefahr noch nicht bemerkte, übte er den Schulterschluss mit seinen Polizeioffizieren und Senatsräten, die ihrerseits bereits

[17] Polizeipräsident Duensing (mitte, mit Fliege) hält Kriegsrat mit Polizeioffizieren.

an seinem Stuhl sägten, um selber die Führung der Polizei zu übernehmen.

Festzuhalten ist, dass die für die Aufsicht der Polizei zuständigen höchsten Beamten im Innensenat, das wichtigste Scharnier zwischen dem Innensenator und der Polizei, von den Beschlüssen der höchsten Repräsentanten der Stadt und des Staates (Albertz, Lübke und Benda) Kenntnis hatten, sich aber weigerten, diese umzusetzen, mit der Begründung, der Dienstweg sei nicht eingehalten worden, da lediglich die Sekretärin des Regierenden Bürgermeisters angerufen habe. Festzuhalten ist ferner, dass es jedem einigermaßen sportlichen Menschen möglich war, mit geeigneten Gegenständen auch über eine achtspurige Straße mitsamt einem schmalen Mittelstreifen zu werfen – rund 40 Meter. Dies dürfte auch den verantwortlichen Einsatzleitern der Polizei klargewesen sein. Fazit: Man wollte es so. Dafür muss es Gründe geben.

»In der Absicht, die Gegner des Schahs zu dessen Schutz vor das Opernhaus zu locken, liegt ein Widersinn. Nicht für die Polizei: Zwar stehen die Demonstranten vor der Oper gerade dort, wo sie am meisten stören, aber eben deshalb kann die Polizei gegen sie all das anwenden, was sie für die Auseinandersetzung mit gefährlichen politischen Gegnern gelernt hat«, schrieb 1968 ein Autorenkollektiv im *Kursbuch*.

Tatsächlich dienten diese Eier- und Tomatenwürfe später als Vorwand, um mit brutaler Gewalt gegen die Demonstranten in diesem Schlauch vorzugehen, wobei einmal dahingestellt sein mag, ob es sich bei den Werfern um *agents provocateurs* oder empörte Studenten handelte, die in ihrer Wut auf die Polizei oder den Staatsgast nicht bedachten, dass sie mit ihrem Verhalten auch Frauen, Kinder oder alte Leute gefährden. So haben die von der Kommune 1 hergestellten Rauchbomben erheblich zur Eskalation beigetragen – aber erst, als Polizisten sie aufhoben und kurzerhand in die dicht gedrängte Menge zurückwarfen. Doch nicht jede Rauchkerze kam aus der Kommune vom Stuttgarter Platz. Auch die Polizei hatte Tränengasgranaten in ihrem Arsenal.

Woher kamen die Eier und Tomaten?

In der Nähe der Oper war ein Lieferwagen abgestellt, auf dem sich Eier und Tomaten befanden. Auf dem Baugelände, unmittelbar hinter dem Bauzaun und gegebenenfalls gut erreichbar, befanden sich Kleinpflastersteine. Wie kamen die »Hartgummiringe«, als Wurfobjekte benutzt, von denen in vielen Aussagen die Rede ist, ins Spiel? Es handelte sich dabei um Dichtungsringe, die von der Baustelle aus den Beständen der Firma Combé & Sohn entwendet worden waren.

Anzunehmen, einige Demonstranten hätten sich selbst derartig im Vorfeld munitioniert, setzt voraus, dass es am 2. Juni 1967 Demonstranten gegeben hatte, die eine derartige gewaltsame Konfrontation suchten oder gar planten. Und selbst wenn einige Demonstranten in der Nacht zuvor oder noch am 2. Juni Eier, Tomaten, diese Gummiringe und sogar Steine in Opernnähe und auf der Baustelle deponiert haben sollten – warum sollte die Polizei nicht in der Lage gewesen sein, dieses Gefährdungspotential im Laufe des Tages zu erkennen und zu beseitigen? Wie so vieles andere auch riecht diese Munitionierung nach einer geschickten Provokation, wie sie in den nächsten Jahren in Berlin noch häufiger vorgekommen ist.

Vieles spricht dafür, dass diese Gummiringe vom bewachten Baugelände aus auf die Bismarckstraße geworfen worden sind. Da es auch Steinwürfe von dem Baugelände (also hinter dem Bauzaun) auf die Straße gegeben haben soll, muss man ebenfalls annehmen, dass jemand aus diesem von der Polizei kontrollierten Terrain die Rolle der Steine werfenden Demonstranten übernommen hat, nachdem sich die Demonstranten als nicht aggressiv genug herausgestellt hatten.

Diese Würfe über den Bauzaun auf die Straße würden auch erklären, warum so viele Augenzeugen irrigerweise davon ausgingen, dass nur bis zum Mittelstreifen geworfen werden konnte: aus der Baugrube heraus und über den Zaun hinweg war die Distanz natürlich viel größer. Und es würde auch erklären, warum kein Demonstrant auf dem Bauzaun und den Bäumen sitzen sollte, wie bei jeder anderen vergleichbaren Gelegenheit üblich: Von dort oben hätte man natürlich Einblick auf das Treiben auf dem Baugelände gehabt.

Protokoll einer Eskalation

Volksfeststimmung

Nach 19 Uhr füllte sich nun dieser »Schlauch« mit Menschen jeglichen Alters und ganz und gar unterschiedlicher Motive; keineswegs nur Protestierende. Noch war die Bismarckstraße nicht für den Verkehr gesperrt. Ein Citroen 2 CV fuhr an den Demonstranten vorbei, das Verdeck aufgerollt, zwei Personen standen auf den hinteren Sitzbänken, so dass sie weit aus dem kleinen Wagen herausragten. Sie hatten die Schah- und Farah-Diba-Tüten der Kommune 1 auf dem Kopf und nahmen die spöttischen Huldigungen der Demonstranten entgegen.

Auf vielen Fotos ist das Nebeneinander von Schaulustigen und Demonstranten deutlich erkennbar, ebenso eine fast ausgelassene Stimmung. Es wurde viel gelacht. Hier und da wurde auch zwischen Schaulustigen und Demonstranten gestritten. Ein älterer Mann erhitzt sich: Ob denn die Demonstranten wüssten, wie groß Persien sei und ob sie schon einmal im Orient gewesen seien. Als die Angesprochenen das verneinten, teilt der Mann den jungen Leuten überlegen mit: »Man soll eben das

[18] In der Bismarckstraße: Die Rauchentwickler der Kommune 1 und die Tränengaskerzen der Polizei flogen hin und her. Wer es wagte, eine Tränengaskerze aus der dichtgedrängten Masse herauszuwerfen, wohin auch immer, musste mit Verhaftung rechnen.

Maul nicht weiter aufreißen, als der Verstand reicht.«

Dennoch: Alles war zu dieser Zeit noch so friedlich, dass Operngäste, die schon um diese Zeit – etwa viertel nach sieben – in der Bismarckstraße ankamen, die Demonstranten auf der anderen Straßenseite nicht einmal bemerkten. Als kurz vor halb acht die Jubelperser eintrafen und wieder bevorzugt positioniert wurden, führte das sofort zur Verschärfung des Klimas. Inzwischen kannte man sich. Trotz der Ereignisse am Vormittag konnten die Prügelperser »ungehindert Steine in die Demonstranten werfen und später an der Jagd der Polizei auf die Studenten teilnehmen«, berichtete Kai Hermann in der *Zeit*.

Gegen 18.30 Uhr hatte Duensing vom Hotel Hilton aus nach erneuter Lagebeurteilung befohlen, den südlichen Gehweg der Bismarckstraße gegenüber der Oper zu räumen. Dieser Befehl erreichte den zuständigen Einsatzleiter gegen 19 Uhr vor dem Schloss Charlottenburg, der sich daraufhin unverzüglich zur Oper begab und feststellte, dass der Gehweg inzwischen von Schaulustigen und Demonstranten vollständig besetzt war.

Auf Filmmaterial ist deutlich zu erkennen, dass die Polizei nun damit begann,

[19] In der Bismarckstraße: Noch herrscht gute Stimmung, aber die ersten Mißhandlungen werden mit Pfiffen und Rufen quittiert

immer wieder Einzelne aus der Masse der Demonstranten herauszuholen, sie über die Straße zu schleifen und vor aller Augen in Überzahl zu verprügeln.

Einzelne bereits festgenommene Demonstranten, vollkommen wehrlos, werden von anderen Polizisten *en passant* geschlagen. Ein Verkehrspolizist in weißer Jacke läuft einer Gruppe Polizisten hinterher, die einen jungen Mann mit etwas längeren Haaren in ihrer Mitte haben und abführen. Aus vollem Lauf tritt er ihn von hinten in den Rücken.

Bei dem jungen Mann handelt es sich um Rainer Langhans, der auch noch in dem Polizeiwagen, in den man ihn dann verbringt, geschlagen wird.

[20] In der Bismarckstraße: Der Einsatz von Verkehrspolizisten sollte beruhigende Wirkung haben. Vielleicht hätte man das den Beamten vorher erklären sollen.

Wie es einem Schlichter erging

Der Student Sebastian W. befürchtete eine Schlägerei und wollte in das Geschehen eingreifen. Er überstieg die Barriere, um mit einem Polizisten zu sprechen. Er wollte sich zum Einsatzleiter bringen lassen. »Durch Lautsprecher wollte ich die Demonstranten auffordern, sich weiterhin diszipliniert zu verhalten, der Einsatzleiter sollte die Polizei auffordern, ihr aggressives

Vom Rathaus zur Oper

Verhalten einzustellen, um damit das Ausarten der Demonstration zu einer Schlägerei zu verhindern. [...] Doch schon auf den ersten Metern sah ich mich von einer Kette Polizisten eingekreist. Ohne dass ich den Vorgang jetzt erinnern könnte, wurde ich dann auf das Pflaster geworfen. Ich versuchte krampfhaft mit der Hand, die ich bewegen konnte, den Kopf gegen Tritte und Faustschläge abzudecken. Nach kurzem wurde ich an allen vieren von fünf bis sechs Polizisten zum Mittelstreifen geschleppt. Die Knöpfe von Jacke und Hose waren abgerissen. Mein Oberkörper war nackt und die Hose hing mir an den Oberschenkeln. Geld und Brieftasche waren auf das Pflaster gefallen.«

Inzwischen näherte sich die Wagenkolonne mit den Ehrengästen. »Dann eilten sie mit mir im Laufschritt zum U-Bahn-Eingang an der rechten Seite der Oper. Dort wurde ich neben der Glaswand des Foyers niedergelegt und weiter an allen vieren festgehalten. Von den einzelnen Beamten wurde ich darauf wütend beschimpft und getreten. Ein Beamter tat sich besonders hervor. Ihm scheint es ein Vergnügen

[21] In der Bismarckstraße: Wahrscheinlich versucht der Polizist (mit weißer Mütze am Laternenpfahl) in dieser Szene, den Demonstranten von dem Sockel der Straßenlampe herunterzuholen. Im Vordergrund: Dieter Kunzelmann von der Kommune I

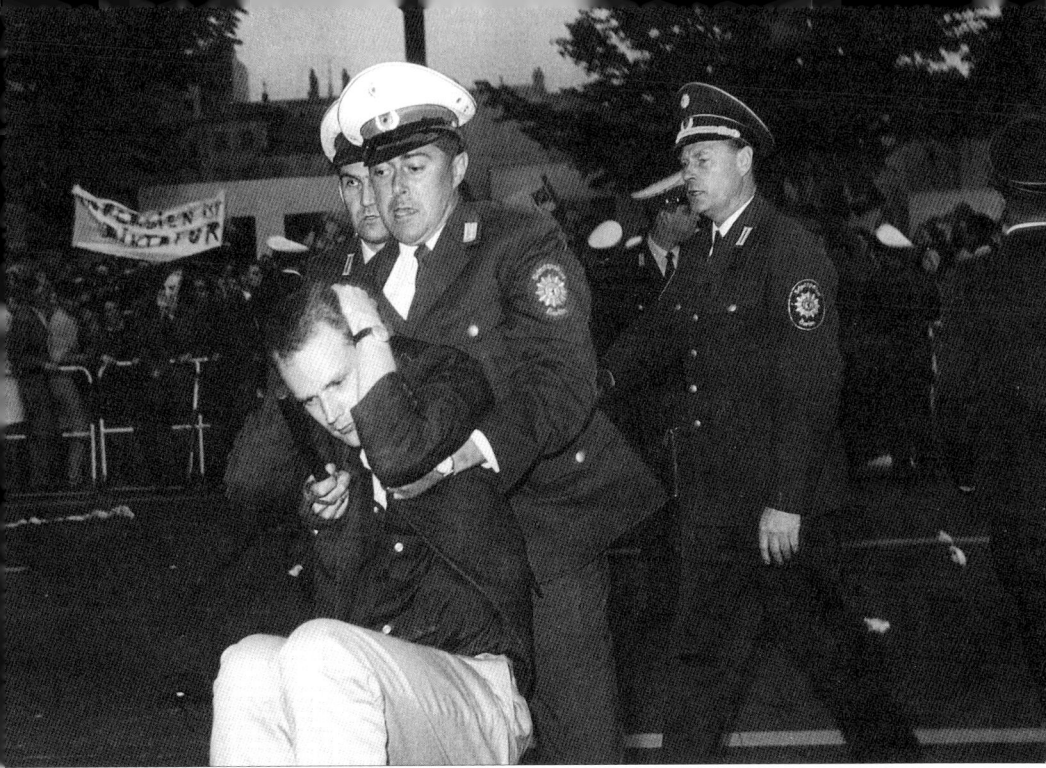

[22] In der Bismarckstraße: Ein erbeuteter Demonstrant wird in Richtung Oper getragen. Außer Sichtweite der Öffentlichkeit haben sich furchtbare Mißhandlungen abgespielt.

gewesen zu sein, immer wieder gegen meinen Kopf zu treten.«

Der Korrespondent des *Observer*, Neil Acherson, beobachtete diese Szene aus dem Foyer der Oper heraus und machte sich durch Klopfen gegen die Scheibe bemerkbar; in der Hoffnung, dass sich die Polizisten beobachtet fühlten und aufhörten. Er schrieb im *Observer*: »Ich habe vier Polizisten gesehen, die einen halb nackten jungen Mann in einer dunklen Ecke hinter der Oper zusammenschlugen.«

Lassen wir noch einmal den Kaufmann Reiner L. zu Wort kommen. Er hatte sein Auto, mit dem er Stunden später einen von Polizisten hinterrücks niedergeschlagenen und schwer verletzten Anwohner in ein Krankenhaus bringen sollte, in der Krummen Straße abgestellt. In dem »Schlauch« war es schon sehr eng, und da er wenig sehen konnte, kletterte er auf einen Baum. Als ein Polizeikommando einige Demonstranten von den Plakatwänden und Bäumen herunterholte, wurde Reiner L. übersehen, weil er sehr weit oben saß. So hatte dieser Zeuge für die weiteren Vorfälle einen hervorragenden Überblick.

Er konnte die Gesten und Beschimpfungen der persischen Agenten, mit denen sie versuchten, die Demonstranten zu reizen, gut beobachten. Als der Schah eintraf, begann »ein furchtbares Demonstrieren gegen den Schah dann in Form von Buh-Rufen, Texten und Schwenken von Schildern. [...] Es wurden, nachdem der Schah die Oper betreten hatte, also faktisch in Sicherheit war, Eier mit roter Farbe geworfen, Rauchkerzen und andere Demonstrationsmittel, aber keine Steine. [...] Nachdem der Schah die Oper betreten hatte, formierte sich die Polizei etwa im Mittelstreifen zu Kolonnen, die mit ihrer Spitze auf die Demonstranten gerichtet waren. In Zweierreihen nahmen etwa drei Kolonnen Aufstellung, an der Spitze je ein höherer Beamter. Jetzt passierte folgendes: Man sah schon, sie zogen die Gummiknüppel, dass man nun versuchte, gegen die Demonstranten einzuschreiten. Ich hielt den Zeitpunkt für gefährlich und kletterte vom Baum zunächst in halber Höhe herab.«

Ein »erstochener Polizist«

Hier fragt der »vernehmende« Rechtsanwalt des studentischen Ermittlungskomitees den Zeugen: »Haben die Polizisten die Demonstranten aufgefordert, das Gelände zu verlassen?«

Reiner L.: »Es wurden keine Aufrufe an die Demonstranten gegeben, das

Protokoll einer Eskalation

Gelände zu verlassen, allerdings habe ich einen Lautsprecher gehört, der sagte, dass ein Polizist von Demonstranten erstochen worden sei.«

»Wann war das?«

»Das war zur gleichen Zeit, wo die Beamten, nachdem der Schah in Sicherheit war, sich formierten. Es hat den Anschein gehabt, dass diese Nachricht, die sich später als Falschmeldung herausgestellt hat, [...] die Funktion hatte, um die Beamten scharf zu machen und aufzustacheln.«

Man könnte sich trefflich über den theoretischen Fall streiten, ob ein verantwortungsbewusster Einsatzleiter einer Polizeieinheit seinen untergebenen Beamten mitten im Einsatz mitteilen sollte, dass ein Kollege im Einsatz tödlich verletzt wurde. Vernünftigerweise würde er es nicht tun, um die Polizeibeamten nicht zu unüberlegtem Handeln zu verleiten und damit die

[23 - links] Bismarckstraße: Die Polizei läßt eine junge Frau – offensichtlich schwanger – aus dem »Schlauch« heraus. Das sieht rücksichtsvoll aus. Aber warum müssen alle anderen dableiben? Und: Wovor soll die Schwangere verschont werden?

[24 - unten] In der Bismarckstraße: Ein verletzter Polizist. Möglicherweise wurde diese Verletzung hergenommen, um das Gerücht in die Welt zu setzen, ein Beamter sei erstochen worden.

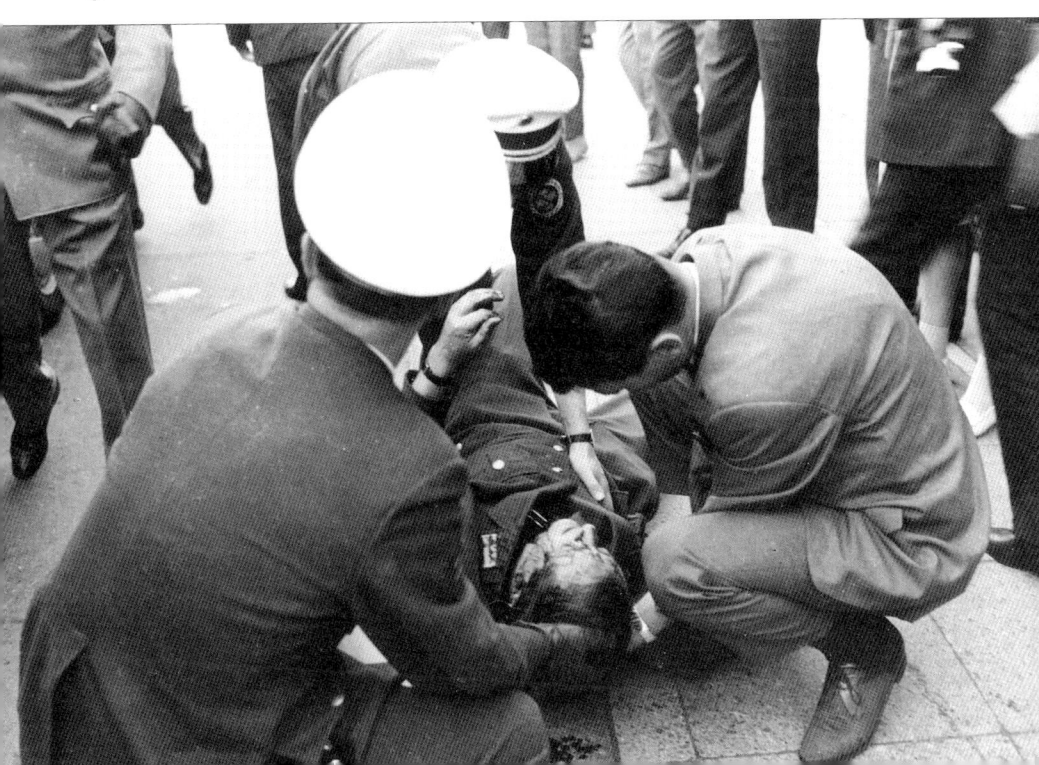

[25] In der Bismarckstraße: Unmittelbar vor der Eskalation

Situation weiter zuzuspitzen. Man würde dieses Vorgehen Deeskalation nennen.

Wenn aber ein Polizeiführer, wie hier geschehen, seine Beamten im Einsatz per Lautsprecher über einen erstochenen Kollegen informiert, den es nicht gibt, muss man das eine bewusste und ausgesprochen hinterhältig betriebene Eskalation nennen. Der *Tagesspiegel* schrieb am 6. Juni: »Selbst wenn das gestimmt hätte [der Tod eines Polizisten – d. V.], wäre die Bekanntgabe psychologisch äußerst bedenklich gewesen, weil eine solche Durchsage die Polizisten hätte aufputschen müssen.«

Die Durchsage verfehlte ihre Wirkung nicht: »Wir riefen den Polizisten zu, dass das, was sie tun würden, wahnsinnig sei, da wir ja gar nicht ausweichen könnten«, berichtet Renate R. dem studentischen Ermittlungskomitee über die nun folgende, nicht nur den Polizeivorschriften, sondern auch den Gesetzen der Physik widersprechende Räumung des Gehwegs gegenüber der Oper. »Ein Polizist gab zur Antwort: ›Ihr habt einen von uns erschlagen ... das könnte Euch so passen ... jetzt geben wir es Euch!‹«

Diese Lautsprecherdurchsage unmittelbar vor dem Angriff der Polizei kurz nach 20 Uhr ist der eigentliche Schlüssel zum Verständnis des Verhaltens der Berliner Polizei am 2. Juni 1967. In der Berichterstattung über die Geschehnisse dieses Tages wird durchgehend (und fälschlicherweise) nur berichtet, dass diese Durchsage erst in den späten Abendstunden stattgefunden haben soll und selbst dann noch wiederholt wurde, als längst hätte klar sein müssen, dass kein Polizist erstochen worden war. Das ist zwar richtig und ebenfalls empörend, viel wichtiger ist jedoch, dass die Polizisten diese »Information« vor dem Angriff auf die Demonstranten erhielten. Der parlamentarische Untersuchungsausschuss verlegte den Zeitpunkt dieser Durchsage kurzerhand auf 21 Uhr, um daraufhin festzustellen, dass dieses »Gerücht« auf »die Ereignisse vor der Deutschen Oper keinen Einfluss gehabt haben kann.« Wir werden dieser Art von Aufklärungsarbeit des Untersuchungsausschusses noch mehrmals begegnen.

Das geradezu sadistische Verhalten etlicher Polizeibeamter wird oft – nicht völlig zu Unrecht – mit der politisch-psychologischen Situation der Stadt und seiner Polizisten erklärt, aber nie mit diesem bewusst frühen Aufhetzen der Polizisten. Der Zeuge Günther S. berichtete dem studentischen Ermittlungskomitee: »Ich hörte, wie ein Polizist fast wörtlich sagte: ›Nachdem jetzt ein Kollege von uns durch Messerstiche von Demonstranten getötet ist, können Sie nicht erwarten, dass wir Sie human behandeln. Sie müssen damit rechnen, dass es eventuell auch zum Schusswaffengebrauch kommen wird.‹«

Die Durchsage am späten Abend auf dem Kurfürstendamm lautete: »Achtung, Achtung, hier spricht die Berliner Polizei. Wir wenden uns an die gutwillige Berliner Bevölkerung. Machen Sie sich nicht mit diesen Subjekten gemein. Räumen Sie so-

Protokoll einer Eskalation

fort den Kurfürstendamm. Es hat bereits ein Todesopfer gegeben: Ein Polizist ist von einem Demonstranten erstochen worden.« Aber wer konnte ein Interesse daran haben, die Polizisten absichtlich in eine Art emotionalen Ausnahmezustand zu versetzen?

»Der ist nicht mein Freund«

Reiner L., der den besten Überblick über die Situation hatte, berichtet weiter: »Es rannten die Polizeigruppen, die drei Stoßgruppen etwa in die Mitte des Demonstrationsgebietes und schlugen auf die Studenten, die sich untereinander dazu aufgefordert hatten, sich hinzusetzen, um keine demonstrative Haltung einzunehmen, von oben auf die Köpfe ein. Ich sah, wie die ersten Studenten zusammenbrachen und die Hände über die Köpfe hielten. Es wurde immer weiter geknüppelt. Jetzt sprangen die Polizisten reihenweise über die Barriere und hieben wahllos auf die Studenten ein.

Ich bin daraufhin vom Baum geklettert und fast erdrückt worden, weil eine Panik ausbrach. Neben mir brach eine Oma zusammen, zwischendurch waren Kinder, die fast zerquetscht wurden. Die Leute

[26] In der Bismarckstraße: Ein Teil der Demonstranten ist bereits in Richtung Krumme Straße abgedrängt worden. Dadurch entsteht überhaupt erst die Möglichkeit sich hinzusetzen, um Friedfertigkeit zu demonstrieren.

waren verzweifelt, sie konnten nicht ausweichen. An meiner Stelle schob die drückende Menge die dahinter aufgestellten Berek-Plakate [Plakatwände einer Berliner Werbefirma, die an dem Bauzaun befestigt waren – d. V.], drückte sie ein, um nach hinten flüchten zu können. Nun stellte sich allerdings heraus, dass die Polizei auch hinten abgeriegelt hatte und jeden, der versuchte, zu entkommen, mit Polizeihunden wieder in die niedergeknüppelte Menge zurückdrängte. […] Da der Fluchtdrang aber so groß war, konnten die Polizisten nicht mehr das Herausquellen der Leute verhindern. Daraufhin setzte die Polizei auf einer anderen Seite her mit Stoßtrupps, mit Gummiknüppeln und mit Eisenstangen, die von der Baustelle geholt wurden, kam auf die Demonstranten zu. Ich konnte in Richtung Krumme Straße über die Baustelle entfliehen. Beim Umsehen sah ich jedoch, das die Bereitschaftspolizei nun diese Fluchtlücke entdeckt hatte und auf die herausquellenden Leute mit Gummiknüppeln, Eisenstangen und mit Hunden losging.«

Irmgard P. war schon um 19 Uhr an der Oper eingetroffen. Sie hielt sich mit mehreren Personen direkt vor dem Eingang auf. Per Lautsprecherdurchsage wurde die Gruppe darum gebeten, sich hinter die Absperrungen auf der anderen Straßenseite zu begeben; Polizisten geleiteten sie hinüber. Etwa gegen 19.30 Uhr beobachtete sie, wie Polizisten von dem Baugrundstück kommend Demonstranten vom Bauzaun herunterprügelten, indem sie mit ihren Knüppeln auf die Hände der dort oben Sitzenden schlugen. Zigarettenkippen, die man nicht austreten konnte, weil es in dem »Schlauch« viel zu eng war und die deshalb auf die Straße geworfen wurden, seien von Polizisten zurück in die Menge geworfen worden, ebenso wie die Rauchkerzen der Kommune 1 oder Tränengaskerzen.

Ein Polizist in der Reihe direkt vor ihr habe sich für das Verhalten seiner Kollegen geschämt und hat mit Gesten versucht, die Demonstranten zu warnen. Auf das Verhalten eines Kollegen angesprochen, äußerte er: »Der ist nicht mein Freund.« Dieser Polizist ist unter seinen Kollegen eine verschwindende Minderheit. Aber nicht ganz allein: »Es gibt auch andere Polizisten. Einen zum Beispiel, den man beobachtet, wie er mit ausgebreiteten Armen zwei seiner brutal prügelnden Kollegen aufzuhalten versucht. Einen anderen, der ausholt, um zu schlagen, und es sein lässt, als man ihm zuruft ›wir gehen doch‹. Oder dieser, der sich bei einer schwerverletzten Studentin

[27 – links] In der Bismarckstraße: Wieder wird ein Protestierender vor aller Augen von mehreren Polizisten misshandelt.

[28 – unten] In der Bismarckstraße: Fassungslos wird beobachtet, wie die Polizisten »in die Leberwurst stechen«.

entschuldigt: ›Um Gottes willen, glauben Sie bloß nicht, dass alle so sind.‹« (Jürgen Zimmer in der *Zeit* vom 9.6.1967)

Unmittelbar vor dem Angriff der Polizisten, nachdem diese sich in großer Zahl vor den Demonstranten aufgebaut hatten, »waren alle konsterniert«, berichtet Irmgard P. weiter. »Alles starrte gebannt auf die Maßnahmen, die jetzt die Polizei ergreifen wollte. Es herrschte fast Ruhe in dem Moment. Dann kam direkt an unserer Stelle plötzlich ein Trupp von Polizisten mit herausgerissenen Knüppeln.« Um über die Barriere zu gelangen, stützten sie sich auf den Studenten ab, die sie zu verprügeln beabsichtigten. Sofort erschall die Parole »Hinsetzen«, in der irrigen Hoffnung, dass die Polizisten es nicht fertig brächten, auf Sitzende einzuschlagen. Als die Demonstranten begriffen, dass das den Polizisten ziemlich egal war, entstand Panik.

»Das hätte nicht passieren dürfen«

»Ich habe unter mir eine Studentin liegen sehen, die um Hilfe schrie, weil sie einfach überrannt wurde. Und ich habe hinter mir Schreie gehört von Studenten, die zusammengeschlagen wurden. Ich habe einfach Angst gehabt um mein eigenes Leben.«

Zu diesem Zeitpunkt hörte Irmgard P. das erste Mal, dass die Polizei die Demonstranten aufforderte, die Bismarckstraße zu räumen. Dass die Räumung ohne vorherige polizeiliche Aufforderung einsetzte, wird von vielen Zeugen bestätigt.

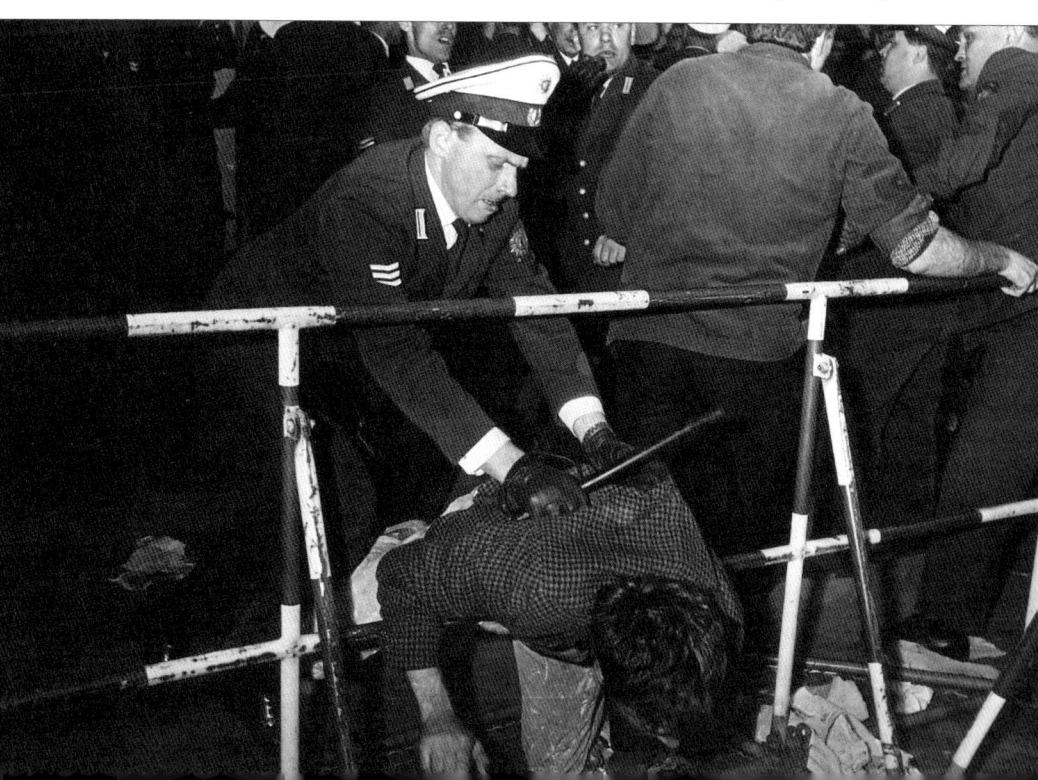

Am späten Abend fragte Irmgard P. einen Polizisten, ob es zuträfe, dass ein Polizist umgekommen sei. »Und da hat er uns noch, kurz nach elf, fest versichert, dass ein Polizist erstochen worden sei. Und wir gingen sehr bedrückt nach Hause und sagten uns, das hätte nicht passieren dürfen.« Andere haben, nachdem sie von dem »toten Polizisten« erfuhren, sofort das Weite gesucht, in der sicheren Annahme, dass das für den weiteren Abend nicht ohne Folgen bleiben könne.

Menschenwerfen

Auch Barbara N. war schon früh vor der Oper und wurde ebenfalls auf die andere

[29, 30] Bismarckstraße: Die Demonstranten im »Schlauch« werden in Richtung Krumme Straße gedrückt – die sogenannte »Leberwursttaktik« des Polizeipräsidenten. Jeder Polizeischüler müßte jedoch wissen, dass Panik entstehen kann, wenn Menschen zusammengedrängt werden.

Straßenseite geschickt. Auch sie hat gesehen, wie Demonstranten vom Bauzaun heruntergeprügelt wurden. Sie beobachtete einen Demonstranten, der über das Polizeigitter geklettert war und zwei Meter weit kam. Er »wurde sofort von drei Polizisten auf die Fahrbahn niedergeworfen, drei

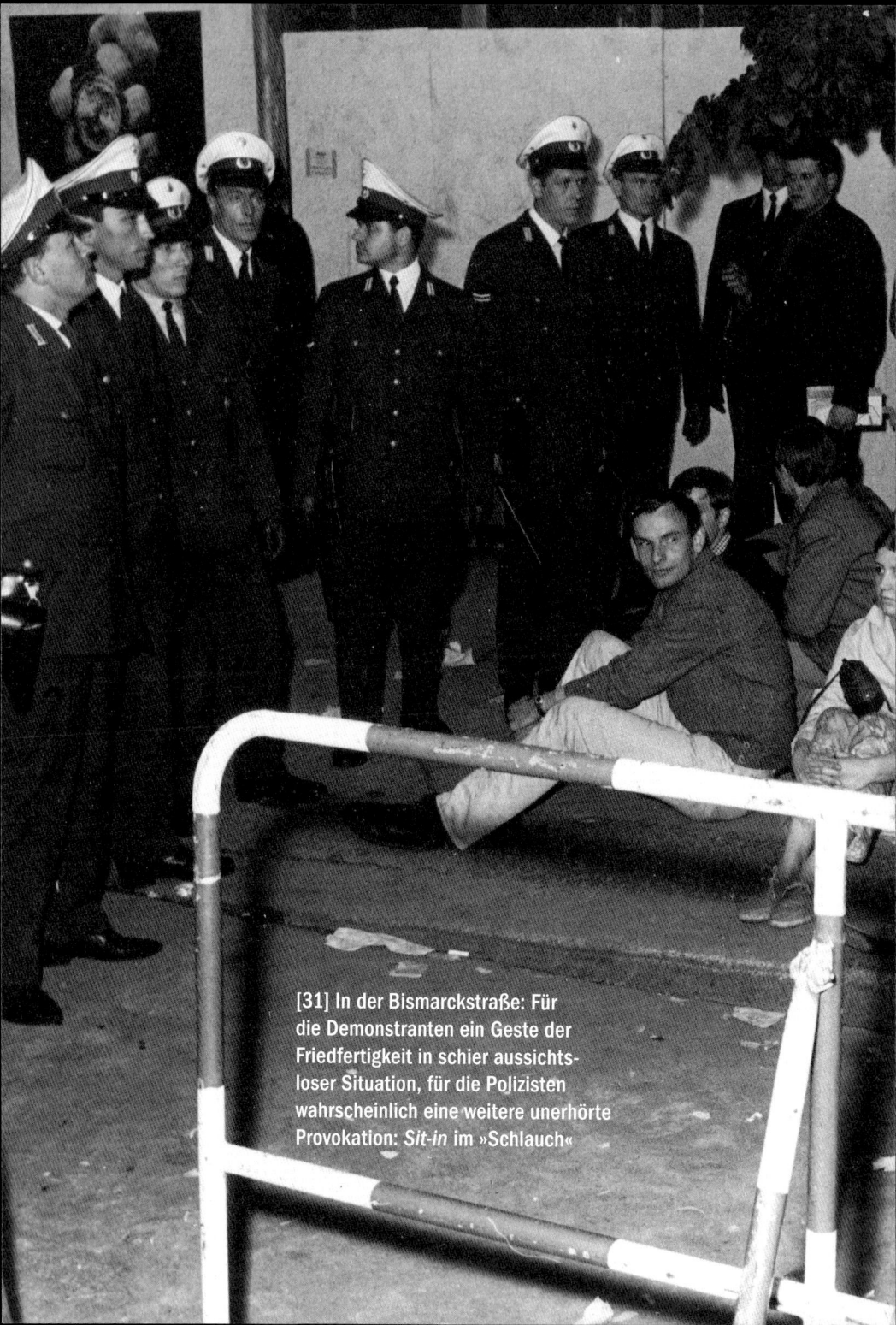

[31] In der Bismarckstraße: Für die Demonstranten ein Geste der Friedfertigkeit in schier aussichtsloser Situation, für die Polizisten wahrscheinlich eine weitere unerhörte Provokation: *Sit-in* im »Schlauch«

Polizisten hauten auf ihn ein, schleppten und zogen ihn über den Asphalt. […] Es war heller Wahnsinn, denn die Polizeikette war so dicht, sie hatten ihn ja auch sofort.« Möglicherweise handelte es sich hier um den Studenten Sebastian W., der versucht hatte, bei Demonstranten diszipliniertes und bei der Polizei weniger aggressives Verhalten anzumahnen.

Ein anderer Student wurde von Polizisten über die Barriere gezogen. »Der wurde aber dann nicht abgeführt, da kam ein weiterer Polizist. Sie nahmen ihn zu zweit […] einer unter den Armen, einer an den Beinen, […] und schleuderten ihn in die Menge, […] worauf ein Junge neben mir oder zwei ihn auffingen, weil er sonst runtergefallen wäre. […] Diesen Polizisten habe ich mir gemerkt. Den würde ich wiedererkennen. Dann kam der Einsatzleiter und ging die Front ab. Dann haben wir den Einsatzleiter gebeten, er möchte uns die Dienstnummer von dem Polizisten geben und er hat nur an den Kopf getippt.«

In den ersten Minuten, nachdem der Schah die Oper betreten hatte, war es noch ruhig. Die Sache war eigentlich gelaufen. Man beratschlagte, was man jetzt machen sollte. Gerade zu diesem Zeitpunkt, als die geplante Räumung unmittelbar bevorstand, hätte sich der Polizei-Lautsprecherwagen ohne Schwierigkeiten Gehör verschaffen können. Er war nicht zu hören, weil es schlicht keine Aufforderung der Polizei gegeben hat. Die wäre im Übrigen auch vollkommen sinnlos gewesen. Wohin hätte man gehen sollen, wenn man von der Polizei umzingelt ist?

Die eben noch inspizierte Front der Polizeibeamten setzte nun zum Angriff an. Wortlos kletterten die Beamten plötzlich über die Absperrung. Auch Barbara N. beobachtete, wie sich die Polizisten dabei auf die in der ersten Reihe stehenden Studenten abstützten. Sie wurde unmittelbare Zeugin des Schauspiels, das der Polizeipräsident später als »in die Leberwurst stechen« bezeichnete. Polizeioffiziell hieß die Aktion, die direkt neben ihr stattfand, einen »Keil eintreiben«.

Der Polizeibeamte Horst Geier in einem Beitrag für den *SFB* im Jahre 2002: »Die Taktik wird bei der Polizei an und für sich geübt, dass man versucht, den Störer in zwei Teile zu teilen, um es leichter zu haben.« Soweit die Theorie.

Die direkt neben ihr Stehenden wurden in Richtung Krumme Straße getrieben. Die Verbleibenden setzten sich und blieben einige Minuten sitzen. Direkt vor ihr auf dem Boden saß Fritz Teufel.[1]

---

[1] An kaum einem anderen Lebenslauf als an dem Fritz Teufels ließe sich deutlicher darstellen, wie aus der brutalen Unterdrückung einer witzigen Revolte eine aussichtslose bewaffnete Konfrontation entstanden ist. Umschlagpunkt dieser Entwicklung dürften die Abendstunden des 2. Juni 1967 gewesen sein, die Fritz Teufel eine 148-tägige Untersuchungshaft für einen unbewiesenen Steinwurf einbrachten.

Protokoll einer Eskalation

»Ist zu spät«

Fritz Teufel war der erste in diesem Teil des Schlauches, auf den die Polizisten dann losgingen. Barbara N.: »Er saß da, den Kopf gesenkt und darauf kam ein Beamter und trat ihm in die Nieren. Das war das erste und allerbrutalste, was ich mit gesehen habe. Er krümmte sich nur und wehrte sich nicht. Daraufhin schlugen sie ihm eins rüber. [...] Als sie ihn getreten haben, krümmte er sich noch mehr zusammen. Auf jeden Fall habe ich ihn noch bewundert, dass er nicht auf sie losgegangen ist. Er ist sitzengeblieben. Das ist das wichtige dabei. Er ist nicht aufgestanden, während die anderen schon aufstanden, weil sie Angst bekamen. Und ich bin auch einfach losgerannt. [...] Es war eine allgemeine Panik und es war natürlich auch gefährlich, dass Leute losliefen. Andere lagen noch da, ich dachte, jetzt wird einer da noch zertreten.«

Die Zeugin versuchte dann, in dem bereits geräumten Teil des Schlauchs, also im Rücken des Polizeitrupps, der die eben noch neben ihr stehenden Demonstranten in die Krumme Straße getrieben hatte, aus der Falle herauszukommen. Plötzlich kamen ihr jedoch diese Polizisten wieder entgegen: »Auf dem Bürgersteig. Die kamen mir entgegen, hieben und holten auch die Knüppel. Ich habe keinen Schlag ab-

[32] In der Bismarckstraße: Panik setzt ein. Die Polizei schiebt, ein Demonstrant hält sich den Kopf.

gekriegt. Vor mir lief einer, der hat einen Schlag abgekriegt. Und die trieben uns praktisch zurück. Und ich sagte: ›Sagen Sie uns, wo sollen wir denn hingehen.‹ Da haben sie gesagt, ›ist zu spät‹.«

»Haben Sie das gehört?«
»Ja.«
»Sie haben gesagt, ›ist zu spät‹?«
»Ja.«

Es gelingt ihr dennoch, die 20 Meter bis zur Krummen Straße zurückzulegen. Ihre Schilderung liest sich wie eine Kriegsberichterstattung: »Ich habe ein Mädchen am Boden blutend gesehen, ich habe einen Jungen bluten gesehen, und ich habe ein anderes Mädchen am Boden gesehen, die sich da krümmte. Die haben sie wahrscheinlich hinten in den Rücken geschlagen.«

»Die vor einer Woche am Opernhaus eingesetzte Polizei hat nicht nur im Affekt, sondern ohne gravierende Notwendigkeit, mit Planung einer Brutalität den Lauf gelassen, wie er bisher nur aus Zeitungsberichten über faschistische oder halbfaschistische Länder bekannt wurde.« Das schrieb nicht das *Neue Deutschland*, sondern die *FAZ* am 12. Juni 1967.

Wenn im AStA der FU, der das studentische Ermittlungskomitee initiiert hatte, jemand auf den Gedanken gekommen wäre, diese Zeugenaussagen kommentarlos zu veröffentlichen, dieses Buch hätte wie eine Bombe in der ohnehin verunsicherten bundesrepublikanischen Gesellschaft eingeschlagen – oder es wäre totgeschwiegen worden.

Auf Hunderten von Schreibmaschinenseiten ist das unglaubliche Fehlverhalten der Polizei minutiös festgehalten. Die geradezu erschlagende Menge dieser Aussagen lässt einen Zweifel an der feigen und brutalen Vorgehensweise der Polizei nicht zu. Und weil das so ist, klingen Äußerungen von Polizisten zu den Ereignissen dieses Tages noch heute trotzig und hilflos-rechthaberisch, wie etwa die Aussagen des Polizisten Geier.

Es gibt aber auch Polizisten, die die Ereignisse des 2. Juni zutiefst bedauern und denen sehr wohl bewusst ist, welche Folgen dieser Tag gezeitigt hat. Ein Polizist im Ruhestand äußerte gegenüber dem Verfasser wörtlich: »Wie kann man nur so dusslig

[33 - links] Bismarckstraße: Die Polizei prügelt, aber keiner kann weg. Eine Demonstrantin hat in dem Chaos ihre Schuhe verloren und wird barfuß in einer panischen Menschenmenge abgedrängt.

[34 - oben] In der Bismarckstraße: In der Bildmitte die stark blutende Hausfrau Helga H. Sie war am Boden liegend von Polizisten mit dem Gummiknüppel geschlagen worden. Fotos von ihr waren auch in den Blättern des Springer-Konzerns zu sehen. Natürlich hieß es dort, sie sei von Demonstranten durch Steinwürfe verletzt worden.

[35] Eine Verletzte darf den »Schlauch« verlassen.

sein!« und meint damit die Kollegen, die für die Räumung vor der Oper verantwortlich waren. Ein anderer Polizist, auch seit vielen Jahren im Ruhestand, hat sich 1968 gemeinsam mit einigen Kollegen konspirativ mit führenden SDSlern getroffen, um sie vor bestimmten Schritten und Aktionen zu warnen. Diese Polizisten waren der festen Überzeugung, dass Polizeiführung und Innensenator – Anfang 1968 waren das Prill und Neubauer – es ihrerseits auf eine Eskalation ankommen lassen wollten und nur auf die passende Gelegenheit warteten.

»Böswillige Verleumdungen«

Der vom Berliner Abgeordnetenhaus noch im Juni eingesetzte parlamentarische Untersuchungsausschuss kommt im September 1967 lediglich zu dem Ergebnis, dass »bei der Ausführung der polizeilichen Maßnahmen nicht in jeder Phase die Verhältnismäßigkeit der Mittel eingehalten wurde.«

Der Ausschussvorsitzende Gerd Löffler, der sich in diese Funktion hineingedrängt hatte, äußerte später in der Debatte im Abgeordnetenhaus: »Es ist objektiv nicht möglich, aus vermeintlichen Indizien folgern zu wollen, dass die Ordnungsmacht es darauf angelegt habe, an den Demonstranten ein Exempel zu statuieren, dass sie, wie es hieß, eine Falle gestellt habe, um dann ihren Unmut an den Studenten auszulassen […] Wer nach der Vorlage dieses Teilberichts weiterhin solche Behauptungen aufstellt […], handelt böswillig und ver-

leumdet die Berliner Polizei. Sie hat einen Anspruch darauf, dass in solchen Fällen mit allen rechtlich zu Gebote stehenden Mitteln von zuständiger Seite geantwortet wird.«

Das kommt einer Drohung an die Adresse der Kritiker gleich. Man fragt sich nur, warum der gleiche Politiker als Beobachter vor der Oper mit allen Mitteln versuchte, Kontakt mit dem Innensenator aufzunehmen. Um mit ihm die »Verhältnismäßigkeit der polizeilichen Mittel« zu diskutieren? Nein, da war er noch über das Verhalten der Polizei empört. Ein interessantes Detail: Der Polizei vor Ort war es »nicht möglich«, ihren höchsten Vorgesetzten, Innensenator Büsch aus der Oper zu holen. Oder wollte sie es nicht? Büsch jedenfalls hielt es zwar »für notwendig, in der Oper Platz zu nehmen«, jedoch »davon ausgehend, dass ich jederzeit unterrichtet werden konnte, wobei der taktische Einsatz der Polizei Aufgabe der Polizei ist.«

[36 – links] Verhaftete Demonstranten hatte nie auch nur die Spur einer Chance, sich gegen die Überzahl der Polizisten zur Wehr zu setzen.

[37 – oben] Am linken Bildrand das Schild der Firma Combé, die Monate später vom Senat Schadenersatz für von der Baustelle entwendete massive Hartgummidichtungen verlangte.

Eine beunruhigende Vorstellung: Während die politische Spitze der Stadt in der Oper eingeschlossen ist, läuft die Polizei draußen vor der Tür Amok und lässt die eingeschlossenen Politiker nicht nur im Unklaren über den Stand der Dinge, sondern verhindert, dass ein führendes Mitglied der SPD-Fraktion (Löffler) den Innensenator informiert. Unter den Demonstranten befand sich auch ein SPD-Mitglied und Mandant des früheren Rechtsanwalts Büsch, dem es ebenfalls nicht gelang, zu Büsch vorzudringen.

[38] Eine junge Frau versucht, den »Schlauch« durch das Absperrgitter zu verlassen.

Weiter stellte Löffler in seiner Rede fest, »dass die Ursache für die schweren Auseinandersetzungen in den Überschreitungen des Demonstrationsrechts zu suchen ist, und dass das Einschreiten der Polizei Wirkung auf diese Ursache darstellt.« Auch das wird Löffler auf der Straße, als Augenzeuge, noch anders gesehen haben. Am späten Abend berichtete der Polizeipräsident Duensing dem Innensenator, das die beiden jungen Abgeordneten (Gerd Löffler und Dietrich Stobbe) durch ihre Anwesenheit und durch ihre Kritik den Polizeieinsatz behindert hätten.

Doch nicht nur vor dem studentischen Ermittlungskomitee, sondern auch vor dem parlamentarischen Untersuchungsausschuss hat es genügend Aussagen über

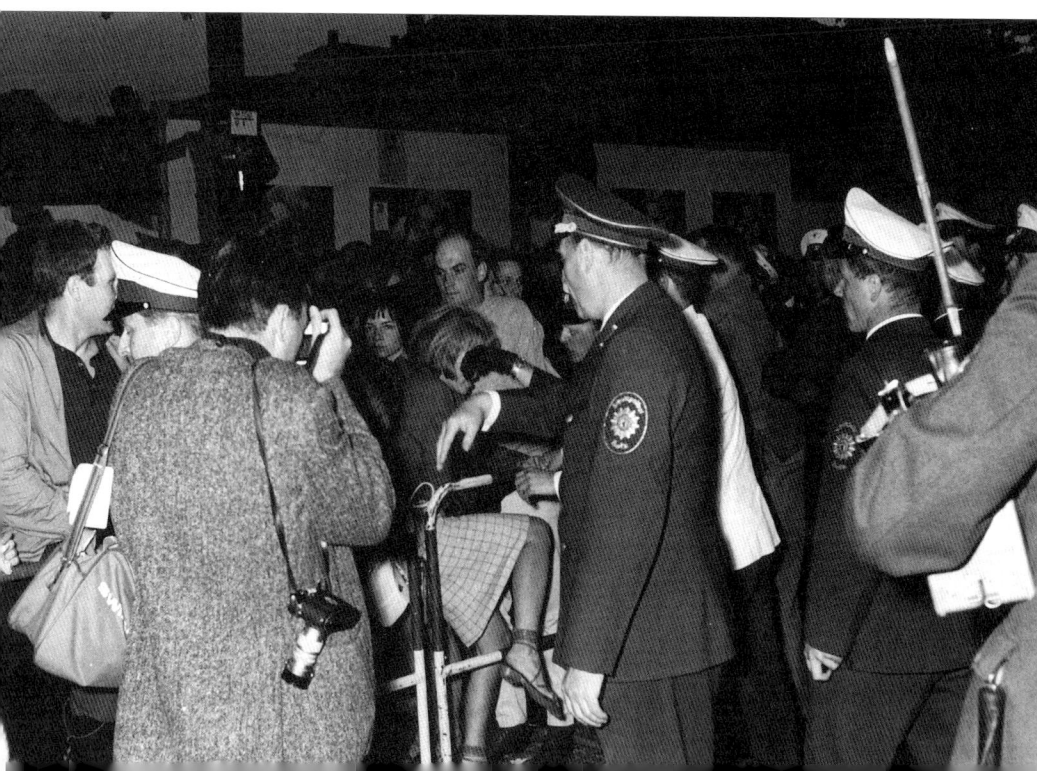

das Verhalten der Polizei gegeben, die an Deutlichkeit nichts zu wünschen übrig lassen.

Ein Lehrer vor der Oper

Der 32-jährige Studienassessor Christoph H., der betont, als Zuschauer, der den Schah sehen wollte – keinesfalls aber als Demonstrant – vor der Oper gewesen zu sein, berichtete dem Ausschuss ausführlich seine Erlebnisse.

Zunächst schildert er die entspannte Atmosphäre. Man lachte und plauderte, und so erfuhr er zum ersten Mal von den Ereignissen mittags vor dem Rathaus Schöneberg. Er konnte die Empörung über das dortige Verhalten der Polizei noch am Abend spüren. Auch H. beschreibt die allgemeine Wut über die unsanfte Art, in der die Leute von den Bauzäunen und den Bäumen heruntergeprügelt wurden. So geriet die Polizei mehr und mehr in den Mittelpunkt des Ärgers. Auch H. hat beobachtet, wie Polizisten Rauchkerzen in die dichtgedrängte Menschenmenge warfen, in der sich auch Kinder befanden.

»Die Erregung steigert sich. Sie steigert sich aber dadurch noch viel mehr, dass nämlich jetzt Polizeitrupps, der, fünf Mann etwa, mit gezogenem Gummiknüppel in diese Kopf an Kopf stehende Menge, wo man hätte annehmen sollen, da geht keiner mehr rein – die Polizei ging rein, allerdings eben mit Gummiknüppeln, und holte einige heraus. Ich konnte nicht wissen, wen sie herausgeholt hat; man konnte nur sehen, dass es sich um junge Leute handelte. Die wurden über die Barriere gezerrt und nicht, wie ich es für richtig und möglich halten würde, mit Polizeigriff abgeführt, sondern an den Gliedmaßen, die man gerade erwischen konnte, wurden sie über die Straße gezerrt und vor aller Augen verprügelt.«

»Um Gottes Willen, was wird hier noch passieren?«

Der Zeuge H., sein Bekannter und dessen Frau bekamen es nun mit der Angst zu tun und wollten die Örtlichkeit verlassen: »Um Gottes Willen, was wird hier noch passieren?« Da die Menge Kopf an Kopf stand, war das jedoch nicht möglich. Nach vorne raus, durch die Barriere, konnte man auch nicht, die Polizisten hatten es schlicht verboten. Warum?

Der Polizeibeamte Horst Geier: »Ja, wir wollen so sagen: Die Demonstranten haben sich unter die gutwilligen Zuschauer gemischt und dadurch war es natürlich für die Polizei sehr schwirig, die Leute auseinander zu bringen. Denn wo steht schon dran ›ick bin Störer‹ und ›ick bin friedlicher Bürger‹, ne?«

Zwischenfrage der Rundfunkjournalistin: »Sind denn alle Anwesenden in diesem Fall ›Störer‹?«

»Ja, ja, ja.«

Musste nicht wenigstens derjenige, der von sich aus es nun vorzog, nach Hause zu gehen, in den Augen der Polizei ein

[39] Das Polizeispalier an der Ecke Bismarck-/Krumme Straße. Die Zigaretten-Werbewand (»Genuß im Stil der neuen Zeit«) befindet sich bereits in der Krummen Straße. Einen Überblick über diese Kreuzung zeigt [15]

»friedlicher Bürger« sein? Mit Mühe ist es H.s Bekannten, zuerst dessen Frau, dann doch noch gelungen, aus dem »Schlauch« herauszukommen.

Inzwischen war der Schah in der Oper eingetroffen und es wurde ruhiger. »In diesem Augenblick – ich habe auf die Uhr gesehen, es muss kurz nach fünf nach acht gewesen sein – kam ein Trupp Polizisten – von meinem Standpunkt aus links gesehen – im Gänsemarsch, im Sturmschritt mit geschwungenen Gummiknüppeln an – ich muss nachtragen, kurz vor acht haben auch die Polizisten, die vor uns in Kette standen, die Gummiknüppel gezogen und in Schlagbereitschaft gestanden –, nun also kommt eine solche Truppe an und geht dicht links von mir in die Menge hinein, stößt so schnell wie überhaupt nur möglich – ja so schnell, wie ich es gar nicht für möglich gehalten hätte – bis zum Bauzaun durch und fängt an zu schlagen, und zwar jeden, den sie treffen konnte, z. B. mich. Ich bin sehr kräftig geschlagen worden.

Und als nun plötzlich rings um mich sehr viel frei wurde, weil nämlich eine ganze Reihe von Leuten auf dem Boden lagen, habe ich versucht, von dem Polizisten, der mir zunächst von vorn auf den Kopf geschlagen hat, die Dienstnummer zu bekommen. Das war nicht möglich, weil er beschäftigt war, einen anderen niederzuknüppeln. Deshalb habe ich seinen Nachbarn, den Polizisten, gefragt. Die Antwort darauf war, dass er den Gummiknüppel ein kleines bisschen höher zog, und daraufhin habe ich natürlich versucht, das Weite zu suchen. Es war sehr schwer, ich habe nur versucht, mein einziges Bestreben war, nicht hinzufallen, nicht zu Boden zu gehen, weil ich sah, wie die Polizisten mit den Füßen über die Liegenden hinweggingen, und das muss besonders unangenehm sein. Ja, ich habe gesehen, wie Anwesende in dem Augenblick noch mal geknüppelt wurden, als sie versuchten, wieder aufzustehen, so dass sie noch mal gefallen sind.«

»Bitte, lassen Sie mich doch raus!«

»Auf diese Weise bin ich in Richtung Krumme Straße entkommen. An dieser Stelle ist der Ausgang von den Barrieren noch enger gemacht worden, als er gewesen wäre, wenn man die Barrieren nicht um die Ecke herum gezogen hätte. Es war eine Barriere umgefallen, ich weiß nicht weshalb, aber gerade an dieser Ecke, und ich versuchte nun, weil der Ausgang Richtung Krumme Straße versperrt war, genau in

[40 – links] In der Bismarckstraße: Blickrichtung Osten. Im Hintergrund das Hochhaus am Ernst-Reuter-Platz

[41 – unten] Fotografen, Rundfunk- und Fernsehjournalisten auf dem Mittelstreifen der Bismarckstraße, Blickrichtung Krumme Straße

der Richtung Reuter-Platz zu entkommen. Und da stand eine Gruppe von Polizisten mit Gummiknüppeln, und ich rief einem zu: ›Bitte, lassen Sie mich doch raus.‹ Ich habe absichtlich ›Bitte‹ gesagt, um ihn vielleicht darauf aufmerksam zu machen, dass ich ihn nicht angreifen will und dass ich trotz der Situation so höflich sein möchte wie möglich.

Ergebnis war, dass ich sofort einen sehr kräftigen Schlag über den Schädel bekommen habe und dann Richtung Krumme Straße getaumelt bin. Ich bin gerade noch herausgekommen unter einem anderen Schlag derer, die den Ausgang noch versperrten, hindurch und hatte es zunächst geschafft.«

Warten auf das Kommando

Mehrere Zeugen berichten von diesem merkwürdigen Ausgang hin zur Krummen Straße, der von knüppelschwingenden Polizisten bewacht wurde. Sebastian Haffner kommentierte im *Stern*: »Die Polizei hat die Demonstranten nicht, wie es üblich ist, verjagt und zerstreut, sie hat das Gegenteil getan: Sie hat sie abgeschnitten, eingekesselt, zusammengedrängt und dann auf die Wehrlosen, übereinander Stolpernden, Stürzenden mit hemmungsloser Bestialität eingeknüppelt und eingetrampelt.« Auch die *FAZ* kritisierte: »Was der Einsatzleiter befohlen hatte, kommt dem gleich, in einem Kino ein Feuer anzuzünden und die Ausgänge zu verschließen.«

Die Journalistin Monika Nellissen berichtete, ebenfalls vor dem parlamentarischen, dem »Löffler-Ausschuss«, über eine merkwürdige Beobachtung unmittelbar vor dem Angriff der Polizei: »Neben mir auf dem Mittelstreifen formierte sich in der Zeit eine Kette von Polizisten – etwa drei oder vier Reihen, ich kann das nicht genau sagen. Ein Mann stand neben mir und er fragte die Polizisten: ›Warum schlagt ihr denn nicht einfach rein, ihr seht doch, was hier passiert.‹ Und da sagte ein Polizist: ›Wir warten ja nur darauf, auf das Kommando.‹«

Es gibt weitere Indizien, die für eine Planung des polizeilichen Angriffs auf die Demonstranten sprechen. Die Studentin Margot W. schnappte die Unterhaltung zweier Polizisten mit einer Gruppe älterer Zuschauer auf, eindeutig keine Demonstranten. Einer der Polizisten sagte mehrmals: »Also ich möchte Sie dringend darum bitten, jetzt wegzugehen, was jetzt kommt wird ganz unangenehm. Bitte gehen Sie jetzt weg, wir müssen Sie dreimal auffordern, also gehen Sie!« Ein anderer Zeuge: »Nachdem der Schah das Opernhaus betreten hatte, wandte sich der mir bekannte und neben mir stehende Student Peter H. an einen vor uns in der Kette stehenden Polizeibeamten und fragte ihn, ob wir die Absperrung verlassen dürften. Der Polizeibeamte antwortete mit nein. Auf eine weitere Frage, warum wir bleiben müssten, antwortete der Polizeibeamte sinngemäß: ›Das wirst Du gleich noch sehen.‹«

Protokoll einer Eskalation

Albertz als Auslöser?

Ein unwiderlegbarer Beweis dafür, dass der nachfolgende Polizeieinsatz schon vor 20 Uhr beschlossen wurde, ist jedoch die Aussage des Einsatzleiters West der Berliner Polizei, Günter Wirth, vor dem parlamentarischen Untersuchungsausschuss: »Ich traf ihn [den Inspektionsleiter – d. V.] etwa – nun – 19.40 Uhr – um diese Zeit. Wir besprachen die Situation. Wir waren uns beide darüber einig, dass der südliche Gehweg geräumt werden müsse. Wir waren uns darüber einig, dass es zu diesem Zeitpunkt nicht geschehen könne, und zwar deswegen nicht geschehen könne, weil die Anfahrt der Ehrengäste vollkommen durcheinander geraten wäre. [...] Später erschien der Polizeipräsident und ebenfalls auch der Kommandeur der Schutzpolizei, etwa um 19.50 Uhr gab der Polizeipräsident den Befehl, nach Beginn der Opernvorstellung zu räumen, ohne eine bestimmte Zeit festzulegen. Wir teilten dem Polizeipräsidenten ebenfalls mit, dass wir zu einer ähnlichen Beurteilung vorher bereits gekommen seien und die Räumung des Gehwegs für unbedingt notwendig erachteten, aber zu diesem Zeitpunkt als unzweckmäßig ansahen.«

Damit dürfte auch ein für alle Mal aus der Welt sein, dass Albertz selbst den brutalen Polizeieinsatz befohlen oder ihn

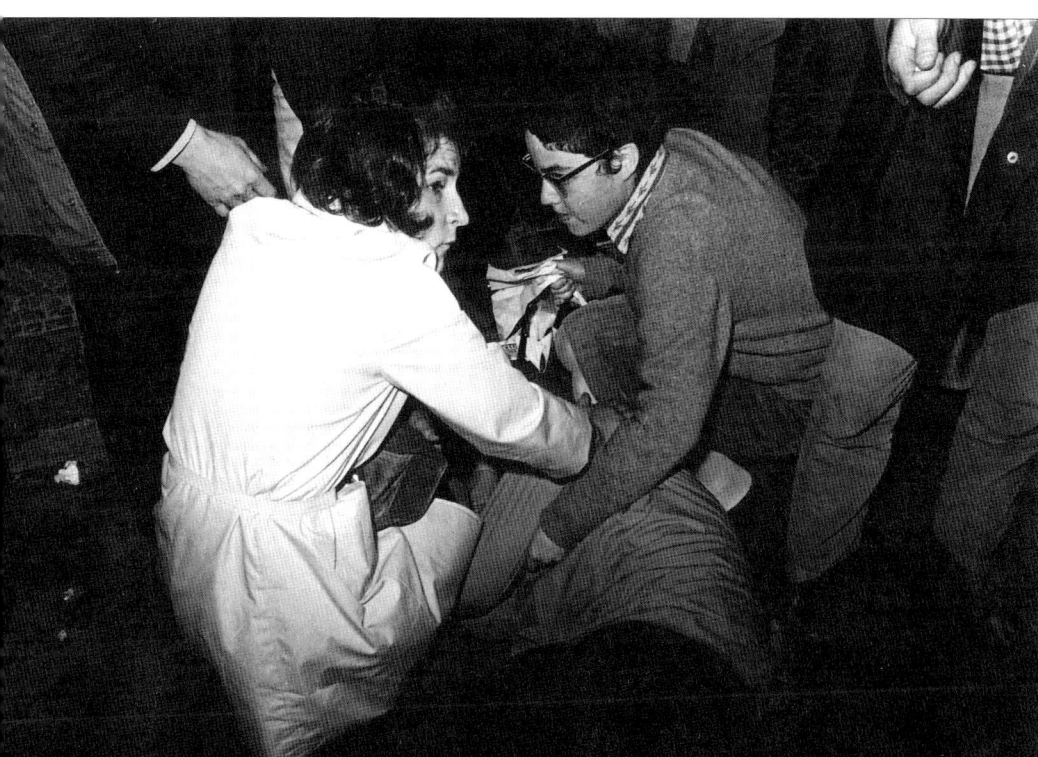

[42] Zwei Demonstrantinnen bemühen sich um eines der ungezählten Polizeiopfer.

[43] »Schlagstockgebrauch nur in unumgänglichen Fällen!« (Zusatzbefehl der Berliner Polizei vom 31.5.1967)

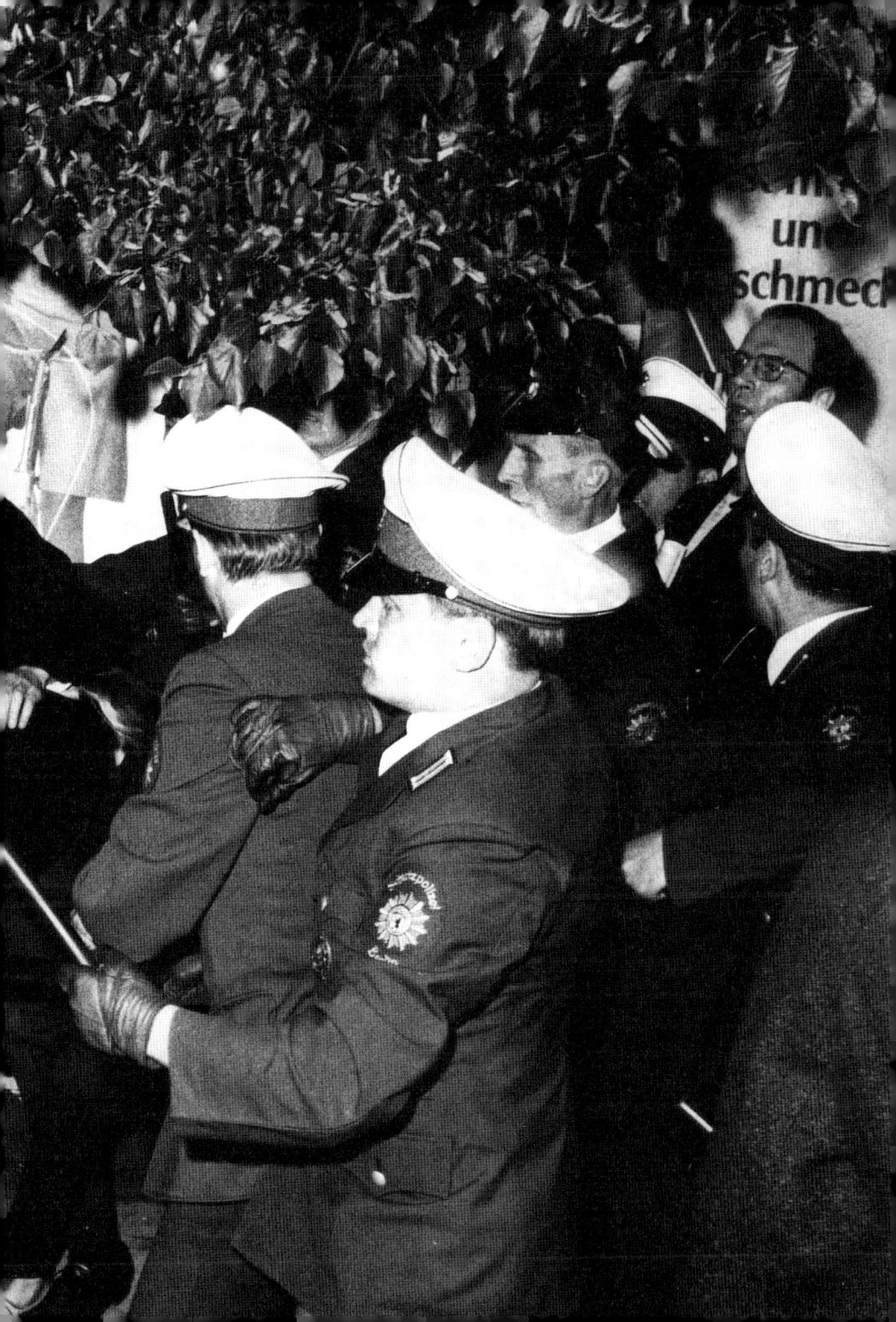

durch seinen Ärger über den Eier- und Tomatenhagel möglicherweise auch nur angestoßen haben könnte. Albertz selbst hat sich sein Leben lang mit dieser Schuld gequält. »Ich weiß,« äußerte sich Albertz 1981 bei einer Lesung im überfüllten Audimax der Tübinger Universität, »dass ich eines Tages für die Ermordung des Studenten Benno Ohnesorg vor meinem ewigen Richter werde Rechenschaft ablegen müssen. Ich war verantwortlich. Ich habe vor seinem Angesicht Rede und Antwort zu stehen.«

Ein religiös, nicht rechtlich motiviertes Schuldbekenntnis ist für Politiker eher unüblich. Er fühlte sich für das, was die Berliner Polizei am 2. Juni 1967 veranstaltet hatte, verantwortlich, denn er hatte, nachdem er die Oper gegen 20 Uhr betreten hatte, gegenüber dem erstbesten Polizeioffizier, der ihm über den Weg lief, geäußert,

[44] Bismarckstraße, vor der Räumung

Protokoll einer Eskalation

er »hoffe, dass sich bei der Abfahrt dieses Schauspiel nicht wiederholt« und fragte sich noch Jahre später: »Vielleicht hat dieser Satz alles weitere ausgelöst. Ich hatte der Polizei keine unmittelbaren Anweisungen zu geben, schon gar nicht für die Form ihres Einsatzes. Das konnte nicht einmal der Innensenator, politisch für die Polizei verantwortlich.« So Albertz 1981 in seiner Autobiographie *Blumen für Stukenbrock*.

Doch der Beschluss, den »Schlauch« zu räumen (und damit die nächste Phase in der abgestuften Eskalationsstrategie der Polizei einzuleiten), war schon eine Viertelstunde früher gefallen.

Hätte Albertz die Sitzungen des Untersuchungsausschusses am Radioapparat verfolgt oder hätte er sich später die Protokolle der Aussagen durchgelesen, hätte er es sich erspart, sich für den Tod Ohnesorgs

in der Art mitschuldig zu fühlen, wie er es bis an sein Lebensende tat. Dass möglicherweise er selbst es war, der den Polizeieinsatz ausgelöst hatte.

Doch die Legende lebt: »Heinrich Albertz, der Regierende Bürgermeister von Berlin,« berichtet der *Spiegel* im Januar 2007, »zischte seinen Einsatzleiter an, dass er die Situation draußen ›bereinigt‹ wünsche, und zwar ›umgehend‹.« In beispielloser Brutalität gingen berittene Polizisten und mit Latten bewaffnete Jubel- und Prügelperser gegen die Studenten vor.«[1]

Dr. Roman Herzog vor Studenten

Die später für die polizeiliche Räumung des Schlauchs vorgebrachte Begründung, man hätte verhindern müssen, dass die Demonstranten nach Ende der Veranstaltung, also beim Verlassen der Oper, erneut den Schah und seine Gastgeber beschimpft oder beworfen hätten – im Grunde die »Albertz-Begründung« – , ist schon angesichts der Dauer einer Aufführung der »Zauberflöte« – dreieinhalb Stunden – schlicht Unsinn.

Man wollte jetzt nach Hause gehen oder in die Kneipe, aber man konnte nicht, weil man eingepfercht war. Da man aber nicht nach Hause gehen konnte, wurde man verprügelt. Kurz: Man wurde eingepfercht, um verprügelt zu werden.

»Am Freitagabend hätte zudem berücksichtigt werden müssen, dass der Schah nicht nach zwanzig Minuten, sondern nach einer mehrstündigen Oper wieder in Erscheinung trat; einmal in der Oper, war seine Sicherheit nicht mehr unmittelbar durch die Demonstranten gefährdet.« Dies erklärte der Ordinarius für Staatsrecht und Politik, Dr. Roman Herzog, am 6. Juni 1967 in einer Vorlesung an der juristischen Fakultät.

Doch der Polizeibeamte Horst Geier rechtfertigte noch im Jahre 2002 gegenüber der Rundfunkjournalistin Margot Overath trotzig das Verhalten seiner Kollegen: »Nee, nee, die hätten sich ja nicht aufgelöst. Die hätten ja jewartet, dass der Schah wieder rauskommt. Und dann hätt's passieren können, dass die vielleicht vorgedrungen wären. Das musste bereinigt werden, bevor der Schah rauskommt. Darum auch die Räumung dieser gegenüberliegenden Straßenseite.«

Der Eskalationsplan der Berliner Polizei für den 2. Juni wurde nach 20 Uhr konsequent fortgesetzt. Eines Winks oder eines »Zischens« des Regierenden Bürgermeisters bedurfte es dazu nicht. Wenn die Aufrechterhaltung oder Wiederherstellung von »Ruhe und Ordnung« tatsächlich das Ziel der Berliner Polizei gewesen sein sollte, dann muss man ihr allerdings bescheinigen, dass alles, was sie an diesem Abend unternahm, das Gegenteil bewirkt hat.

Einigen hundert Demonstranten standen mehrere Tausend Polizisten gegen-

---

1 Am Abend vor der Oper traten keine Polizeipferde in Aktion.

Protokoll einer Eskalation

über, die in der Überzahl und bewaffnet waren und das Recht auf ihrer Seite hatten. Das ausgesprochen feige und hinterhältige Verhalten der Polizisten hat aus der Menschenmenge vor dem Rathaus und vor der Oper, bestehend aus Schaulustigen und Demonstranten, tatsächliche eine einheitlichere Gruppe geschaffen: Es kann kein Zufall sein, dass es eine Fülle von Aussagen vor den verschiedenen Ausschüssen gibt, die von Menschen gemacht wurden, die beteuern, nicht zum Rathaus oder zur Oper gegangen zu sein, um gegen den Schah zu demonstrieren.

Mitleidheischend weist die Polizei darauf hin, provoziert worden zu sein. Sprechchöre! Papierkügelchen! Natürlich hat es diese Provokationen gegeben, auch weitergehende. Die teils beleidigte, teils trotzige, teils rechtfertigende Haltung, die man noch heute aus den Reihen der Berliner Polizei – neben einigen wenigen anderen Stimmen – hören kann, ist ein Ausdruck ihres tief sitzenden Schuldgefühls einerseits, einer schweren Gruppenpsychose, an der kein einzelner Beamte individuelle »Schuld« hat, andererseits. Wer je Berliner Polizisten in Konfliktsituationen erlebt hat, versteht vielleicht, was hier gemeint ist. Hervorzuheben ist aber auch, dass die Berliner Polizei in den letzten Jahren erkennbar um Zivilisierung bemüht ist.

[45] Demonstranten werden in die Krumme Straße abgedrängt.

[46] »Ist denn niemand hier, der helfen kann?« (Friederike Dollinger)

Krumme Straße

Der Schuss, der alles veränderte

Der größere Teil der Demonstranten wurde in die Richtung Krumme Straße gedrängt oder geprügelt. Entweder mussten sie an der Ecke Bismarckstraße/Krumme Straße durch das vorbereitete Spalier schlagender Polizisten hindurch, oder ihnen gelang die Flucht über das Baugelände. Andere schmuggelten sich durch eine Öffnung in der Polizeiabsperrung, die entstand, weil ein Demonstrant das Gitter entriegelt und geöffnet hatte.

Die Polizeikräfte drückten die Demonstranten nun von der Kreuzung Bismarckstraße weg in die Krumme Straße, wobei auch Wasserwerfer zum Einsatz kamen. Eine Polizeikette stapfte durch das kniehohe Gras einer Wiese, die an der

[47] Krumme Straße: Die Arbeit von Fernseh-, Radio- und Pressereportern wurde mehrmals behindert oder unmöglich gemacht. Allerdings gerieten auch Polizisten unter Beschuss, weil die Steuerung der neu angeschafften Wasserwerfer Probleme bereitete.

südöstlichen Ecke der Kreuzung Krumme/ Ecke Bismarckstraße liegt, um Demonstranten, die sich zunächst dorthin geflüchtet hatten, in die Krumme Straße zu treiben [48, 49].

Bedingt durch das geringe Fassungsvermögen der Wasserwerfer war deren Wirkung sehr begrenzt. Wann immer eines der imposanten Fahrzeuge zum Betanken zurückgezogen werden musste, applaudierten und johlten die Demonstranten.

Der Politologe Abraham Ashkenasi, als Berichterstatter für eine amerikanische Zeitung vor Ort, wunderte sich über die nun folgende Unkoordiniertheit des Einsatzes. »Und dann fing es [der Wasserwerfer – d. V.] an zu schießen, hoch und gerade. Es war nicht sehr treffsicher, das Ding. [...] Es sah aus, als ob sie einen Wasserwerfer nie in ihrem Leben betätigt hätten.« Tatsächlich beklagten sich später verschiedene Polizeibeamte, mit der hydraulischen Steuerung der Wasserkanonen nicht zurechtgekommen zu sein.

So ging es mal vor, mal zurück. In der Krummen Straße bestand immer ein

[48] Wasserwerfereinsatz in der Krummen Straße, auf der Wiese an der Kreuzung zur Bismarckstraße.

[49] Polizisten räumen die Wiese an der Ecke Krumme Straße/Bismarckstraße. Am rechten Bildrand (über der Mütze des Polizisten) erkennt man einen Hof. Es ist der nach Norden offene Hof des Hauses Krumme Straße 66/67

Abstand von einigen Metern zwischen der Polizei und den Demonstranten. Keiner der Anwesenden hatte eine derartige Szene je zuvor erlebt. Man war in einer Art Ausnahmezustand. Ashkenasi vor dem Ermittlungskomitee: »Sie müssen verstehen, während der ganzen Sache sprachen Demonstranten mit Polizisten.«

»Ja, das haben wir schon vielfach gehört.«

»Und dann sprachen sie plötzlich mit den Leuten, die vor einer Minute sie über den Kopf gehauen hatten, […] was ich noch nie gesehen habe, soviel Fraternisation […] zwischen einzelnen Mannschaften, immer Mannschaften der Polizei und Demonstranten, auch Argumentation […]«

Was in der Bismarckstraße geschehen war, hatte die Betroffenen ohne Zweifel empört und erregt. War man nicht im Recht, die Polizei im Unrecht? Die Demonstranten waren nun jedenfalls nicht mehr gewillt, einfach nach Hause zu gehen, wie vielleicht noch eine Viertelstunde zuvor, nachdem der Schah vor der Oper eingetroffen und eigentlich alles vorbei zu sein schien. Sie konnten nicht ahnen, dass die Polizei noch mehr Überraschungen parat hatte.

»Füchse jagen«

Denn in der Krummen Straße änderte sich die Taktik der Polizei. Zunächst einmal durch den Einsatz der Wasserwerfer. Es gab

Der Schuss, der alles veränderte

jetzt keine festgelegten Zonen mehr; die Grenzlinie war beweglich. Durch gezielte Zugriffe zivil gekleideter Polizisten auf vermeintliche Rädelsführer wurde die Situation geschaffen, in der schließlich Ohnesorg tödlich getroffen wurde.

Nicht-uniformierte, aber bewaffnete Polizeibeamte stießen blitzschnell in die Menge, griffen sich jemanden, den sie vorher als »Rädelsführer«, als »Fuchs« erkannt zu haben glaubten, aus der Menge der Demonstranten heraus und zerrten ihn hinter die Polizeilinie. Diese zivil gekleideten Beamten gehörten nicht nur der Politischen Polizei an, sondern auch der Schutzpolizei. Sollte Widerstand geleistet werden, standen genug Polizisten bereit, um den Zivilbeamten prügelnd zur Seite zu stehen.

Auch dieser Plan konnte nur zur weiteren Eskalation führen, was Teilen der Polizeiführung durchaus bewusst war. In einer Sitzung des Sicherheitsausschusses des Berliner Abgeordnetenhauses am 19. Dezember 1966 hatte der heimliche Präsident der Berliner Polizei (eben jener Senatsrat Hans-Joachim Prill, der es für »nicht angemessen« erachtet, von einer Sekretärin des Regierenden Bürgermeisters angerufen

[50 – links] Zivile Greiftrupps in Aktion. Fotografen sind diesmal unerwünscht, auch wenn sonst die Polizei die Dokumentation ihrer Arbeit zulässt (s. u.)

[51 – unten] Abgeschleppt

zu werden), in der Innenbehörde am Fehrbelliner Platz zuständig für die Aufsicht der Polizei, vorgeschlagen, zukünftig bei Demonstrationen »gegen die Störer mit Beamten in Zivil« vorzugehen.

Obwohl sich mehrere Abgeordnete sofort gegen diesen Vorschlag aussprachen und keinerlei Beschluss darüber gefasst wurde, ordnete Prill zwei Tage danach mit Hinweis auf die »Übereinkunft« in der Ausschusssitzung diese Vorgehensweise für künftige Demonstrationen an und erweiterte diese Taktik dahingehend, diese zivilen Polizisten zu bewaffnen, was deren Lage nur noch prekärer machen musste: Sie waren einerseits hoch gefährdet und andererseits höchstgefährlich – durch die einzige Bewaffnung, die sie, im »feindlichen Terrain« agierend, bei sich trugen: ihre Dienstpistolen.

»Nicht zufällig gestorben«

In seiner Begründung der Aufhebung des ersten Kurras-Freispruches stellte der Präsident des 5. Strafsenats des Bundesgerichtshofes, Werner Sarstedt, später fest, dass Benno Ohnesorg »in der Tat nicht zufällig gestorben« sei. Mit dem Einsatz von Greiftrupps habe man »eine äußerst gefährliche Lage geschaffen«, sie war »von vornherein geeignet, Konflikte hervorzurufen«. Karl-Heinz Kurras war einer dieser zivilen Greifer.

Die Konsequenzen dieses polizeilichen Vorgehens liegen auf der Hand: Soll-

[52, 53] »Füchse jagen« in der Krummen Straße

ten die Demonstranten zusehen, wie aus ihrer Mitte einzelne herausgegriffen und verprügelt oder verhaftet wurden, zumal von Polizisten, die sich als solche, da in Zivil, nicht zu erkennen gaben? Eine Zeugin beispielsweise war der festen Überzeugung, es bei den Greiftrupps mit einer Art Bürgerwehr zu tun zu haben, die sich spontan gebildet hätte und mit der Polizei zusammenarbeitete, wie es die Jubelperser schon vorexerziert hatten. Tatsächlich hatten verschiedene Fahrer von Senatswagen sich an dem Vorgehen gegen die Demonstranten beteiligt.

Wie sollten sich die Demonstranten angesichts der systematisch vor ihren Augen begangenen Provokationen verhalten?

Lassen wir noch einmal den Jura-Professor und späteren Bundespräsidenten Herzog zu Wort kommen: »Die Aufforderung, sich zu zerstreuen, ist dann rechtswidrig, wenn die Polizei durch sich widersprechende Maßnahmen dies unmöglich macht. Also etwa: wenn sie die Demonstrierenden zwischen zwei Polizeiketten hin und her treibt, in Sackgassen oder Hinterhöfe abdrängt, wenn ein Polizist einem Demonstranten, der sich entfernen will, nachläuft, um ihn daran zu hindern oder gar zu schlagen. [...] Derartige Rechtswidrigkeiten berechtigen die Betroffenen zur Notwehr bzw. Nothilfe. Berechtigt dazu ist jedoch nur, wer gegen eine *objektiv* rechtswidrige Handlung einschreitet (etwa gegen rechtswidrigen Angriff seitens der Polizei). Eine subjektiv falsche Einschätzung berechtigt nicht zur Notwehr und Nothilfe und zieht, in die Tat umgesetzt, eine Strafverfolgung u. a. wegen Widerstands gegen die Staatsgewalt nach sich (Paragraph 113 StGB).«

So ist die Zwangslage der Demonstranten juristisch trocken beschrieben. Wohl jeder wusste instinktiv, dass das subjektive Empfinden, sich zu wehren oder anderen beistehen zu müssen, mindestens auf »Widerstand gegen die Staatsgewalt« hinauslaufen würde. Der Zeuge Georg A. hat die Gefühlslage der Anwesenden dem studentischen Ermittlungskomitee beschrieben: »Ein Mädchen hatte versucht, über den Bauzaun zu entkommen. Das war ihr zunächst auch gelungen, sie rannte schräg in Richtung Krumme Straße über den Platz hinter dem Bauzaun. Sie wurde verfolgt von drei Polizisten, die mit Knüppeln auf sie einschlugen. Gleichzeitig diskutierten die Demonstranten in meiner Nähe, ob man nach diesen drei Polizisten mit Steinen werfen sollte.«

Tatsächlich ist es nach der Räumung zu einzelnen Widerstandsaktionen gekommen, auch einigen Steinwürfen. Es gibt aber auch mehrere Berichte über Situationen, in denen Demonstranten andere Demonstranten – oder Provokateure – daran hinderten, Steine zu werfen. Auch Benno Ohnesorg

Der Schuss, der alles veränderte

soll mäßigend auf einen Steinewerfer eingewirkt haben.

Ging man tatsächlich in Notwehr oder Nothilfe gegen zivile Polizeibeamte vor, musste man bedenken, dass man letztendlich nichts ausrichten konnte: Jeder zivile Polizist war bewaffnet. Das wird vielleicht nicht jedem Demonstranten bewusst gewesen sein, wohl auch nicht Benno Ohnesorg, der bewusst in den Hof hinein ging, in dem ihn der Schuss des Polizisten Karl-Heinz Kurras Minuten später traf.

Keiner der Anwesenden hätte es für möglich gehalten, dass es an diesem Abend noch zum Schusswaffengebrauch kommen könnte. Selbst als der Schuss schon gefallen war, hatten mehrere Demonstranten den Eindruck, es würde nunmehr mit Platzpatronen geschossen, um den Demonstranten Angst einzujagen.

Nichtsahnend begab Benno Ohnesorg sich in tödliche Gefahr. Von etwas älteren Demonstrationsteilnehmern, die die Kriegsjahre noch bewusst miterlebt hatten, ist bekannt, dass sie diesen Hof als unsicher empfanden und an dem Haus vorbei liefen.

Benno Ohnesorg jedoch begab sich in diese Situation, um zu sehen, ob er irgendwie helfen könne. Mit diesen Worten verabschiedete er sich von seiner Frau, die

[54] Demonstranten in der Krummen Straße – unmittelbar vor dem Haus Nummer 66/67

in weniger als 100 Meter Entfernung den Schuss hörte. Zu den vielen Legenden um Benno Ohnesorg gehört, dass er unerfahren und naiv gewesen sei und vielleicht deshalb die Gefahr nicht erkannt habe. Er soll am Abend zuvor in dem linken Berliner Jugendclub »Ca ira« mit einigen erregten Jugendlichen diskutiert haben, die in den letzten Monaten Bekanntschaft mit den Knüppeln der Berliner Polizei gemacht hatten. Benno Ohnesorg, angeblich bekleidet mit Anzug und Krawatte, habe gesagt, er könne sich ein derart brutales Verhalten der Berliner Polizei, wie die Jugendlichen es beschrieben, nicht vorstellen.

Einmal abgesehen davon, dass Benno Ohnesorg selbst nur einige Wochen zuvor seinem Bruder Peter bei einem Besuch in Göttingen von den härter gewordenen Einsätzen der Berliner Polizei berichtet und einem Freund aus den gemeinsamen Schultagen am Braunschweiger Kolleg von den polizeilichen Übergriffen geschrieben hatte: Was sich die Berliner Polizei am 2. Juni 1967 geleistet hatte, konnte sich vorher wirklich niemand vorstellen. So brutal war bisher nicht vorgegangen worden. Es war vor allem noch nie geschossen worden.

Auch wenn es zu Ohnesorg passen würde, sich über viele Zusammenhänge an Ort und Stelle zu informieren, also auch über den linken Club »Ca ira«: Nicht auszuschließen ist, dass es sich bei dem unbekannten Gesprächspartner am 1. Juni nicht

Der Schuss, der alles veränderte

um Ohnesorg gehandelt hat und hier eine Verwechslung vorliegt.

Zärtliche Polizeibeamte

Zurück zum Geschehen in der Krumme Straße: Wieder wurde ein »Fuchs«, ein Rädelsführer, gejagt. Als solcher »erkannt« wurde er, weil er eine Trillerpfeife benutzte. Er lief in diesen Hof, zwei Zivilpolizisten hinterher. (Es gibt auch Beschreibungen, nach denen Zivilbeamte einen »Fuchs« in diesen Hof hineinzerrten.) Vorher haben sie sich mit uniformierten Polizisten abgesprochen. Jemand hörte einen von ihnen sagen: »Ihr dürft uns aber nicht im Stich lassen!«

Viele Demonstranten liefen nun auch in diesen Hof hinein, entweder, um dem Verhafteten zu helfen, einige möglicherweise auch, weil sie sich dort eine Fluchtmöglichkeit erhofften. Der hinter dem Parkdeck liegende relativ große Hof war

[55 - links] Ein Demonstrant, der, aus welchem Grund auch immer, aus der Gruppe der Protestierenden herausgegriffen wurde, wird in Richtung Bismarckstraße abgeführt.

[56 - unten] Nachdem ein Demonstrant vor einem Greiftrupp in den Hof des Hauses 66/67 geflüchtet und nur von zwei oder drei Polizisten verfolgt worden war, folgten ihnen etwa 30 Demonstranten in den Hof.

zur Nordseite hin offen, es fiel dort Tageslicht herein; allerdings gab es einen Zaun an der Nordgrenze des Hofes, den man jedoch erst sehen konnte, wenn man hineingelaufen war. Diesen Zaun zu überklettern, sofern möglich, wäre sinnlos gewesen, weil man zwangsläufig wieder der Polizei auf der Wiese an der Bismarckstraße in die Arme gelaufen wäre.

Andere liefen vor den auf sie zustürmenden Polizisten weg – und in die Falle. Vielleicht hatte aber auch die Polizeikette, die nun nicht mehr gerade über die Krumme Straße stand, sondern schräg, und das Haus auf den Stelzen nahezu aussparte, es manchem nahegelegt, dort hineinzulaufen. Wollte man, durch diese Polizeikette oder indem man einen Demonstranten in diesen Hof trieb oder gar zerrte, wieder »alle Störer auf einem Haufen« haben, wie erst im »Schlauch«, dann in der Krummen Straße, nun in diesem Hof? Das muss Spekulation bleiben. Der Satz der Zivilen an die Schupo-Beamten »Ihr dürft uns aber nicht im Stich lassen!« scheint ebenfalls darauf hinzudeuten, das Geschehen seitens der Polizei bewusst in dieses unübersichtliche Parkdeck verlagern zu wollen.

Rufe waren zu hören: »Ein Bulle allein!« Angeblich auch: »Schlagt sie tot!« Selbstverständlich wurde dieser Ruf später den Demonstranten in die Schuhe geschoben und damit natürlich auch die Verantwortung für die weitere Eskalation. Auf polizeilicher Seite war man geradezu froh, diesen Ruf der Öffentlichkeit versichern zu können. Er hat nie bewiesen werden können. Es ist der wiederholte Versuch der Polizei, die Gegenseite ins Unrecht zu setzen, während man selbst Stunde um Stunde Rechtsbrüche hinnahm und vor allem selbst beging.

Der Student Detlef B. beschrieb eine Szene im Hof des Hauses auf der Grünfläche, in der tatsächlich die Demonstranten in Überzahl waren und ein Demonstrant dennoch misshandelt wurde. Die Umstehenden »waren sich aber unschlüssig, ob sie eingreifen sollten oder nicht.« Ein uniformierter Polizist stand bei der Szene und versuchte mit Schlägen, die Demonstranten auf Abstand zu halten. Einige versuchten, »den Knüppel festzuhalten und die Mütze herunterzuschlagen […] Mit bloßen Händen. Allerdings auch recht ängstlich, keiner hatte recht den Mut, was Rechtes, also wirklich was Anständiges zu unternehmen. […] Das möchte ich nur noch sagen, dass dieser Polizist in Zivil, der ist zwar bedrängt worden, aber er hat keinen Schaden zugefügt bekommen, das habe ich gesehen, weil die Leute, sie haben sich einfach nicht getraut. Sie hätten's vielleicht gerne gemacht, aber sie haben sich nicht getraut.«

Sollte es Rufe wie »Schlagt sie tot!« oder »Schlagt die Bullen tot!« tatsächlich gegeben haben, was nur Polizisten behaupten: Niemand wird je beweisen können, wie viele Provokateure des Verfassungsschutzes sich unter den Demonstranten befanden und welchen Auftrag sie hatten. Ein solcher Ruf rechtfertigt den Polizeieinsatz, und

Der Schuss, der alles veränderte

lautes Rufen einer derartigen Aufforderung ist sicherlich die einfachste aller möglichen Provokationen. Fest steht, dass die Polizei auch als junge Liebespaare getarnte Polizisten und verdeckte Ermittler hinter die »feindlichen Linien« geschickt hatte.

Ein historischer Ort

Durch die versuchte Verhaftung gerieten das Haus Krumme Straße 66/67, dessen offener Parkplatz unter dem auf Betonpfeilern stehenden Gebäude und der dahinter liegende Hof mit Grünstreifen und Teppichklopfstange in den Mittelpunkt des Geschehens – und wurden zu historischen Orten der Bundesrepublik, ohne dass irgendetwas an diesem Haus heute an das Ereignis erinnert. Das Haus selbst scheint nicht zu existieren, die Hausnummer 66/67 findet man nicht, da der Hauseingang, obwohl in der Krummen Straße gelegen, die Nummer 29 der angrenzenden Schiller-

[57] Aufnahme aus der gleichen Perspektive wie [56], aufgenommen im Jahr 2007. Man erkennt deutlich die Fensterfront, die man auch von der Wiese an der Bismarckstraße aus [49] sehen konnte. Das Gitter war 1967 noch nicht vorhanden. Der dunkle PKW steht auf der Stelle, an der am 2. Juni 1967 der VW-Käfer mit dem Kennzeichen B-WM 960 stand. Dahinter lag Benno Ohnesorg.

Krumme Straße

straße trägt. Es gibt auch keine Gedenktafel am Haus, nichts. Nur die Betonpfeiler scheinen oft gestrichen worden zu sein; da dürfte hin und wieder der Name Benno Ohnesorg und das Datum des zweiten Junitages hingekritzelt worden sein. Spricht man Bewohner des Hauses an – oder wird man angesprochen, wie der Verfasser es erlebte, als er dort Fotos machte, um die Perspektiven der Aufnahmen von 1967 nachzuvollziehen –, erlebt man nicht selten echte Überraschung darüber, in einem Haus zu leben, auf dessen Parkplatz sich ein so bedeutender Vorgang abgespielt hat. Ältere Bewohner nehmen eher die Perspektive des typischen *BZ*-Lesers ein und schimpfen auf »die Chaoten«.

An der Kreuzung Krumme/Ecke Schillerstraße trennte sich Benno Ohnesorg von seiner Frau Christa, um zu sehen, was da in dem Hof los sei. Seiner Frau war das zu tumultig, sie fuhr nach Hause. Sie sollte ihn nie wieder sehen.

Das letzte Foto des unverletzten Ohnesorg zeigt ihn in unmittelbarer Nähe der Teppichklopfstange, umgeben von einem

[58] Im Hof Krumme Straße 66/67: Ein Demonstrant wird weggetragen. Die Szene am rechten Bildrand spielt sich an der Klopfstange ab, erkennbar ist auch ein Regenschirm, den ein Demonstrant auf einen Zivilpolizisten geworfen hatte und der jetzt als Gummiknüppelersatz herhalten muss.

uniformierten Polizisten und drei zivil gekleideten Personen, einer davon, nach der Bekleidung zu urteilen, Polizist. Am Boden liegt ein Demonstrant, Dr. Hartmut R., der »Fuchs« mit der Trillerpfeife [59].

Neben Ohnesorg an der Klopfstange steht der Student Wolfgang W.: »Dort bin ich auch fotografiert worden von einem *BZ*-Reporter – das Bild ist ja veröffentlicht worden, deshalb bin ich auf die ganze Sache gekommen, da stehe ich ... neben Ohnesorg, an den ich mich aber nicht erinnern konnte, weil ich ihn nicht kannte.

Etwas davor sah ich, wie ein in einem normalen Anzug gekleideter Zivilpolizist auf einem Demonstranten kniete und schlug – hinter der Teppichstange. [...] Ich brüllte ihn noch an: Hören Sie doch auf, das ist doch Quatsch, Sie schlagen ihn ja tot; und da wusste ich nicht, ob ich ihn nun angreifen sollte, also tätlich gegen ihn vorgehen sollte, ich hatte etwas Hemmungen und ging etwas dumm einige Schritte hin und her, weil ja auch keine anderen Demonstranten in der Nähe waren, wenigstens nicht viele, höchstens zwei oder drei.«

In beiden Händen hält Ohnesorg das zusammengeknüllte Transparent; einzelne Buchstaben sind zu erahnen. Groß, in Sandalen einer Art, die damals »Jesuslatschen«

[59] Das letzte Foto des unverletzten Benno Ohnesorg. In der Mitte der Polizist Horst St., links am Boden Hartmut R., stehend Wolfgang W.

genannt wurden. Zum schnellen Laufen ziemlich ungeeignet. Helle Hose, das in den schwarz/weiß-Aufnahmen dunkel wirkende Hemd war auffallend rot. 1967, das kann man sich heute kaum noch vorstellen, lief man nicht in knallroten Hemden herum, ohne aufzufallen. Seine Frau Christa hatte es ihm kurz zuvor geschenkt.

Auf dem Foto wirkt er beinahe unbeteiligt, beobachtend, obwohl der uniformierte Polizist neben ihm mit einem Gummiknüppel in der Hand und in Bewegung zu sein scheint. Sein Blick und die Richtung seiner Aktion gehen jedoch in eine andere Richtung, an Ohnesorg vorbei.

Die *BZ* schrieb später, dieser Polizist habe dem bedrängten Kurras zu Hilfe eilen wollen. Da dieses Foto »nur Sekunden« vor dem tödlichen Schuss aufgenommen worden sei, beweise es, dass »sich Ohnesorg selbst nicht an dem Überfall auf den Polizisten beteiligt hat«. Dies setzt allerdings voraus, dass es diesen »Überfall« überhaupt gegeben hat. Wolfgang W.: »Dort [in der *BZ* – d. V.] ist auch ein Hergang geschildert, wie es gewesen sein soll nach der *BZ*. Der ist auf alle Fälle falsch. Einige Sekunden nach diesem Bild kann kein Schuss gefallen sein. Den hätte ich auf alle Fälle gehört. Und ich habe keinen Schuss gehört.«

Wolfgang W. hat keinen Schuss gehört, obwohl er nahe am Tatort war, weil er den Hof schon früh wieder verlassen hat. Aus seiner Schilderung lässt sich das sicher schließen, da der Wasserwerfer draußen auf der Krummen Straße noch nicht in Aktion war, als er das Grundstück verließ. Alle, die den Schuss noch gehört haben, sind beim Verlassen des Parkdecks in den Bereich des Wasserwerfers geraten.

Merkwürdige Begegnung

In dieser Situation erschien es den meisten Demonstranten ratsam, sich aus dem Hof zu entfernen. Die Polizei prügelte auf alles und jeden ein. Sie war im Begriff, den Hof zu erobern. Die uniformierten Kollegen hatten die Zivilbeamten tatsächlich nicht im Stich gelassen, genau so, wie man es vorher besprochen hatte. Es hat ein Codewort für das Hereinströmen der uniformierten Polizisten gegeben. Zeugen hörten den lässigen, ja geradezu legeren, dem dramatischen Inhalt vollkommen widersprechenden Zuruf: »Jungs, da drin werden eure Kollegen umgebracht.« War das der Befehl, hineinzustürmen? Dazu die Zeugin Erika S.: »Und das war der Schlachtruf ...«

Wenige Augenblicke stand Ohnesorg in unmittelbarer Nähe zu dem Beamten der Politischen Polizei, Karl-Heinz Kurras. Bei ihnen stand auch Bernd Rabehl, nach Rudi Dutschke, der am 2. Juni auf einer Veranstaltung auf dem Campus der Hamburger Universität sprach, das wohl bekannteste Mitglied des Berliner SDS und an seinem ungewöhnlichen Seemannsbart leicht zu erkennen.

Rabehl berichtet, dass ihm dieser Polizeibeamte, den er später auf Pressefotos wiedererkannte, unheimlich war. Er stand

dort mit hochrotem Kopf, nervös, und es hatte den Anschein, als habe er etwas vor. Intuitiv verließ nun auch Rabehl den Hof, irgendwie fand er eine Lücke, um herauszukommen. Als er die Krumme Straße überquert hatte, hörte er einen Knall.

Auch Ohnesorg muss sich unmittelbar nach dieser Szene, die Rabehl schildert, wieder in Richtung Ausgang, zur Krummen Straße bewegt haben. Da er einer der letzten anwesenden Demonstranten war, geriet er bald in eine aussichtslose Lage.

Hätte er Glück gehabt, wäre er von mehreren Polizisten wie eine Trophäe in einen Polizeiwagen geschleppt worden, wie Dr. Hartmut R., der »Rädelsführer« mit der Trillerpfeife. Oder er wäre »nur« von

[60] Der Medizinstudent Götz F. wird von drei Polizisten geschlagen bzw. getreten. Während dieser Szene fällt der Schuss auf Ohnesorg.

mehreren Polizisten geprügelt und getreten worden, wie es Götz F. in diesen Sekunden widerfuhr.

Die Obduktion hat zweifelsfrei ergeben, dass Ohnesorg auch verprügelt worden war. Richter Geus in der mündlichen Urteilsbegründung: »Es besteht leider der dringende Verdacht, dass auf Benno Ohnesorg auch dann noch eingeschlagen wurde, als er schon tödlich getroffen auf dem Boden lag.«

[61] Benno Ohnesorg liegt getroffen am Boden. Er ist bereits auf den Rücken gedreht worden. Rechts der Einsatzleiter Helmut Starke, hinten in Uniform Horst Geier.

Benno Ohnesorg versuchte, den Hof zu verlassen und hatte bereits einen Teil des Weges nach draußen geschafft, denn die Kugel des Polizisten Kurras traf ihn nicht an dieser Stelle – an der Klopfstange unter freiem Himmel – sondern unter dem Haus, in der Nähe der beiden mit der Front zur Krummen Straße geparkten Fahrzeuge: ein heller Opel Kadett und ein grüner VW-Käfer.

Fest im Griff

Der spätere Vorsitzende des Parlamentarischen Untersuchungsauschusses, Gerd Löffler, der, nach eigener Aussage, vor der Oper und dann in der Krummen Straße war, um »als Abgeordneter direkter Beobachter von Vorfällen [zu] sein, die möglicherweise zu befürchten waren«, sagte bei einer Vernehmung durch die Staatsanwaltschaft aus, dass er einen Knall gehört und einen Lichtschein gesehen habe.

Obwohl er nicht an einen Schuss dachte, wechselte er die Straßenseite und fragte die dort stehenden Personen, was geschehen sei. Insbesondere fragte er nach einem möglichen Schuss, was in einem gewissen Widerspruch zu der Aussage steht, dass er nicht an einen Schuss gedacht haben will.

Löffler weiter: »Ein uniformierter Polizeibeamter gab mir Antwort und erklärte sinngemäß, dass hier ein Schuss gefallen sei. Ich habe daraufhin diesen Beamten gefragt, ob dadurch jemand verletzt worden sei. Der Polizeibeamte antwortete darauf, dass er das nicht wisse. Im weiteren Gespräch erklärte mir dieser uniformierte Polizeibeamte, dass er dem Schützen Vorhaltungen über den Schusswaffengebrauch gemacht habe, da der Demonstrant bereits durch drei Beamte fest im Griff gehalten worden sei, und zum andern der Schütze die anwesenden Polizeibeamten gefährdet habe.«

Wieso antwortet der Polizist, dass er nicht wisse, ob jemand verletzt sei? Was kann die Erwähnung eines festgehaltenen Demonstranten in diesem Zusammenhang anderes bedeuten, als dass eben dieser Demonstrant von Kurras getroffen worden war? Schon diese Aussage erscheint als erstes von vielen Manövern, den Tathergang zu verschleiern.

Aber selbst diese Aussage des Polizisten verrät schon einiges über die Tatumstände: Ohnesorg war von Polizisten umgeben, die selbst von dem Schuss hätten getroffen werden können. Dass Kurras aus »Notwehr« schoss, scheint schon mit dieser knappen Aussage widerlegt. Allerdings gab Kurras auch zu, dass er nicht von Ohnesorg angegriffen worden war, sondern von Unbekannten, in deren Händen »Messer aufblitzten«. Irgendwie sei er zu Boden ge-

[62] Nachdem die drei Polizisten von ihm abgelassen haben, wird Götz F. (links) aus dem Hof gedrängt. Der Zivilbeamte in der Bildmitte ist Karl-Heinz Kurras. Vergleiche auch [66]

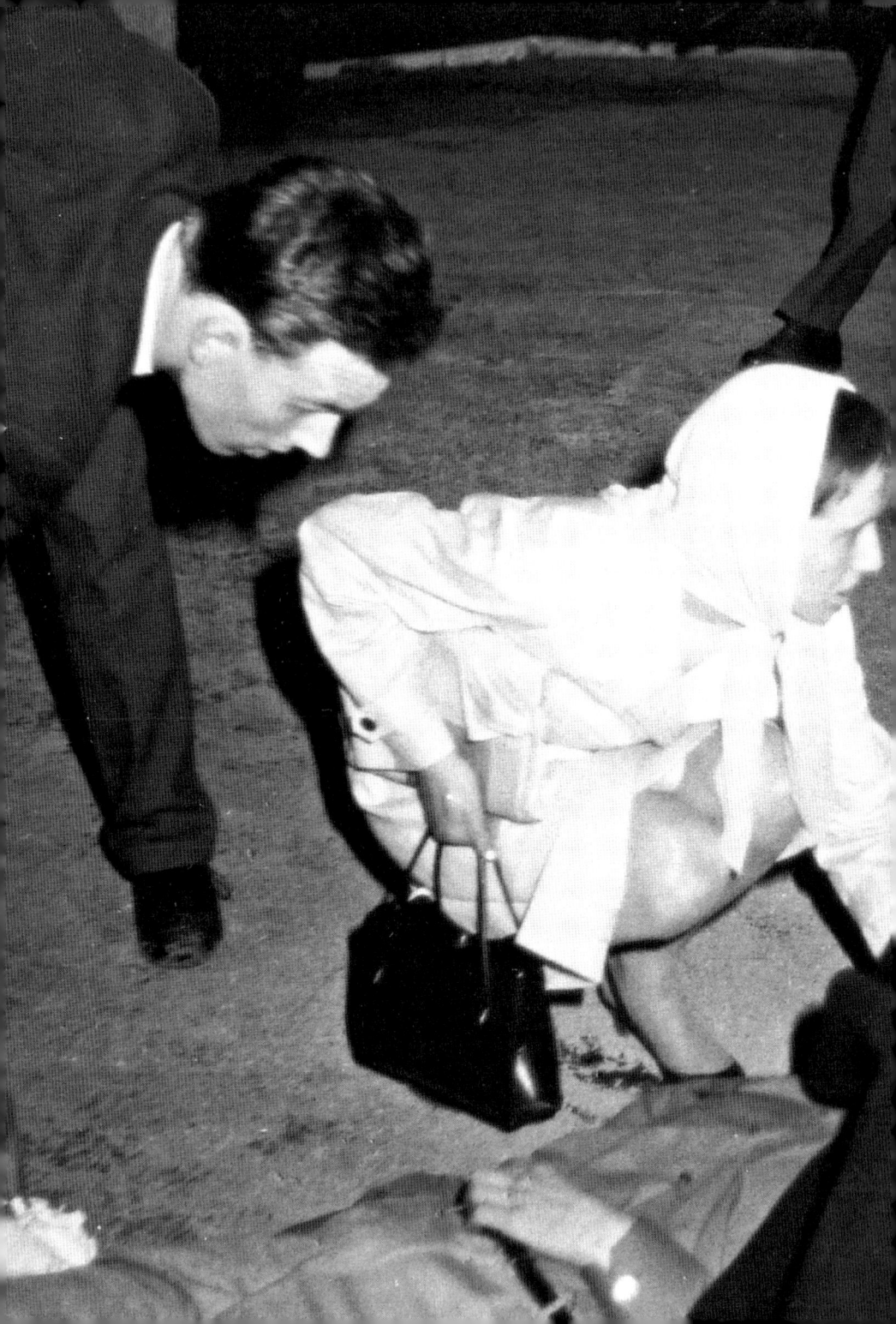

[63] Benno Ohnesorg liegt, teilweise verdeckt, auf dem Parkplatz. Polizeioberwachtmeister Klaus W. (links) nimmt das Transparent aus Ohnesorgs rechter Hand, um es ihm unter den Kopf zu legen. Bei dem Mann rechts mit dem besorgten Gesichtsausdruck handelt es sich um den Beamten der Politischen Polizei, Hans Kaiser, einen Vorgesetzten von Kurras.

gangen, Trauben von Menschen hingen an seinem Arm, und da habe sich der Schuss gelöst und einige Meter entfernt Ohnesorg getroffen. Niemand sonst hat je bewaffnete Studenten gesehen, schon gar keine mit Messern.

Der »wahnsinnige« Schütze

Horst Geier, Polizeibeamter: »Ich hatte 'nen Sonderauftrag und hielt mich also bei diesem Zug auf, der dort eingesetzt war, wo der Todesfall Benno Ohnesorg eintrat nachher.« Geier stand in unmittelbarer Nähe zu Kurras, als der tödliche Schuss fiel. Er spielte im Zusammenhang mit dem Prozess gegen den Todesschützen keine unwichtige Rolle. Als er sich nach dem Schussgeräusch erschrocken umdrehte, sah er Kurras. Geier brüllte den Schützen an, ob er wahnsinnig sei, hier zu schießen. »Die ist mir losgegangen«, stammelte Kurras, der Meisterschütze der Berliner Polizei.[1]

Schon auf einer Pressekonferenz Horst Mahlers, des Anwalts von Christa Ohnesorg, war am 4. Juni eine inhaltlich ähnliche Aussage bekannt geworden: »Mensch, bist du denn verrückt geworden, du hättest ja auch uns treffen können.«

---

[1] In der bereits zitierten Rundfunksendung lässt Geier diesen Aspekt weg und gibt stattdessen die Version von Kurras zum Besten, ohne sie allerdings ausdrücklich zu bestätigen, betont jedoch sein Verständnis für das Verhalten des Kollegen.

Bei dem Polizisten, der dem Abgeordneten Löffler von dem Schusswaffengebrauch berichtet hatte, soll es sich, so wurde allgemein angenommen, um den Polizisten Geier gehandelt haben. Doch bei einer Gegenüberstellung erkennt Löffler den Polizisten nicht wieder. Im ersten Kurras-Prozess dementiert Geier ebenfalls, mit Löffler über den Vorfall gesprochen zu haben. »Ich bin 19 Jahre Polizist, glauben Sie, ich mache einem unbekannten Zivilisten auf der Straße derartige Mitteilungen?« Nicht sehr überzeugend: Löffler hätte sich ja gegenüber Geier als Mitglied des Abgeordnetenhauses ausweisen können – den entsprechenden Ausweis wird er an diesem Abend, wenn er von vornherein Konflikte erwartete, mit Sicherheit dabei gehabt haben.

Tatsächlich wurde in der Gerichtsverhandlung deutlich, dass Löffler mit Geier, und niemanden sonst, gesprochen hatte. Auf die Frage nämlich, ob der Polizist, mit dem er gesprochen habe, eine weiße Mütze aufgehabt hatte, antwortete Löffler: »Ich würde sagen, es war nicht eine weiße.« Vorher hatte das Gericht festgestellt, dass der einzige Beamte von den Uniformierten, die den Hof in der Krummen Straße betreten haben, der keine weiße, sondern eine graue Mütze getragen hat, Geier gewesen war.

Sollte aber nicht Horst Geier mit Löffler gesprochen haben, dann müsste ein weiterer Polizist die gleichen oder ähnliche Wahrnehmungen wie Geier gemacht haben und Kurras ähnliche Vorhaltungen gemacht haben, in der gegebenen Situation

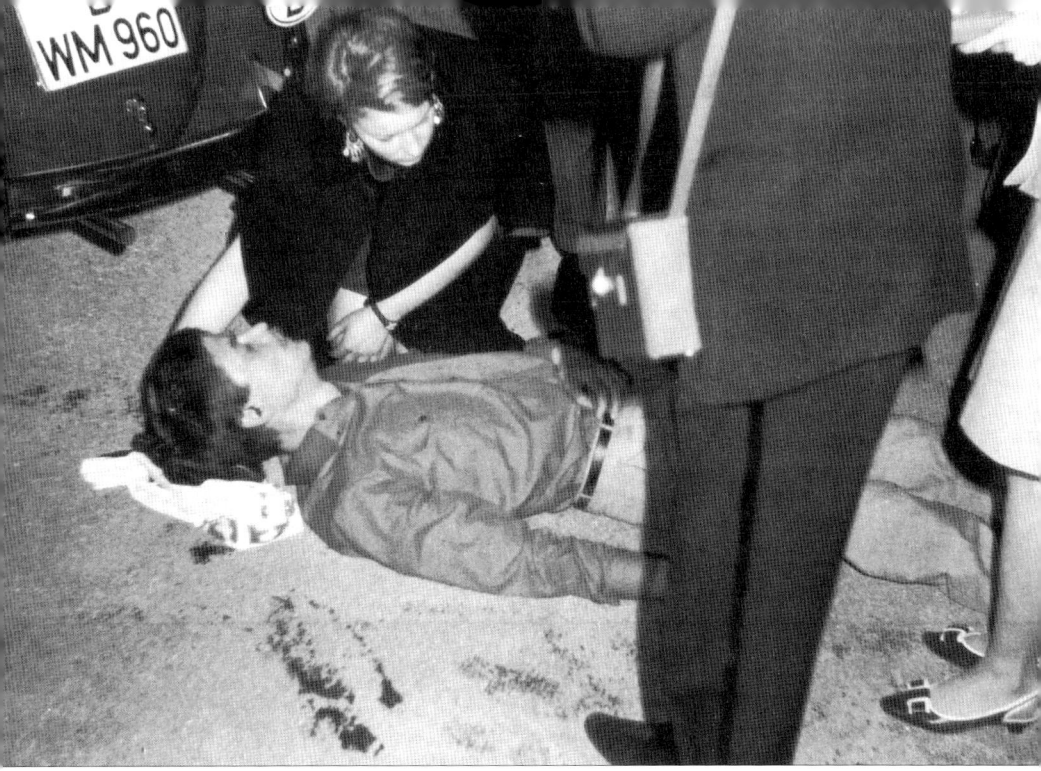

zur Waffe zu greifen und zu schießen. Auch der Beamte der Politischen Polizei, Hans Kaiser, Einsatzleiter von Kurras bis etwa 20 Uhr, berichtete dem Gericht, von Geier eine ähnliche Einschätzung der Lage erfahren zu haben, wie es der unbekannte (?) Polizist gegenüber dem SPD-Abgeordneten Löffler geäußert hatte. Geier laut Kaiser: »Es bestand kein Grund zum Schießen. Es ist keine Notwehrsituation mehr gewesen.«

Bei der Frage, warum Kurras geschossen hat, braucht man sich nicht lange bei den Erklärungen Kurras' aufzuhalten: Mal sprach Kurras von zwei Warnschüssen, dann war es nur ein Warnschuss und ein versehentlich in einem Handgemenge ausgelöster Schuss, auch war von Notwehr

[64] Inzwischen befindet sich Friederike Dollinger bei Benno Ohnesorg. Zusätzlich zu dem Transparent aus Bild [63] hat sie ihre Handtasche unter seinen Kopf gelegt. Am rechten Bildrand die Lehrerin Christa S. mit einem Verbandskasten, den sie aus ihrem Auto geholt hatte.

die Rede. Wahrscheinlich weil sich diese Versionen sämtlich widersprachen, erfand Kurras einen zweiten Schuss, den er abgegeben haben will. So glaubte er vielleicht, seine verschiedenen Begründungen besser – eben auf mehr als einen Schuss – verteilen zu können. Wichtiger noch: Für den zweiten Schuss aus einer Walther PPK wird zum Auslösen wesentlich weniger Kraft benötigt als für den ersten – weil die Pistole dann automatisch bereits entsichert ist. Sollte die Behauptung, dass sich der Schuss in diesem behaupteten Handgemenge löste, glaubwürdiger klingen, wenn er einen zweiten Schuss erfand? Für einen zweiten Schuss fehlt jeder Beweis. Kein zweites Projektil, keine zweite Hülse. Und für den Schuss, den er abgegeben hat, fehlt jede Begründung. Warum hat Kurras geschossen, in einer Situation, in der die unbewaffneten Demonstranten in Panik, die bewaffneten Polizisten in der Überzahl waren?

In einem Gespräch mit dem *Stern*-Redakteur Heiko Gebhardt im Juli 1967 prahlte Kurras mit seinen Schießkünsten: »Wenn ich gezielt geschossen hätte, wie es meine Pflicht gewesen wäre, wären mindestens 18 Mann tot gewesen. Ich schieße mit der Linken genauso gut wie mit der Rechten. Ich brauche beim Schießen nicht einmal ein Auge zuzukneifen.«

Es war, rein juristisch gesehen, Kurras' gutes Recht, zu seiner Verteidigung eine Lügengeschichte nach der anderen aufzutischen. »Er darf lügen«, schrieb der *Tagesspiegel*.

Eine andere Frage ist, ob es »gutes Recht« genannt werden kann, wenn ein durch nichts zu rechtfertigender Schuss in zwei Verfahren zum Freispruch führt; einmal ganz abgesehen davon, welche langfristigen Folgen diese ungerechtfertigten Freisprüche hatten. In den Worten Friederike Dollingers, der jungen Frau, die ihre Handtasche unter den Kopf des verletzten Ohnesorg gelegt hatte: »Ich denke, es war nicht allein der 2. Juni. Sondern es war vor allem der Ausgang des Prozesses, also dass der Kurras freigesprochen worden ist. Das hat einem dann den letzten Rest an Glauben in den Rechtsstaat genommen.«

Was hätten die Richter von einem Angeklagten gehalten, der sich angesichts eines Ladendiebstahls nacheinander auf Mundraub, ein versehentliches Entwenden und schließlich damit herausgeredet hätte, dass jemand ihm das Diebesgut in die Tasche gesteckt hätte? Und schließlich verkündet, dass er besser den ganzen Laden ausgeräumt hätte, wie es seine verdammte Pflicht gewesen wäre? Sie hätten ihn verurteilt.

»Kurras, gleich nach hinten! Los! Schnell weg!«

Kurras wurde freigesprochen. Unter Hinweis auf den Termindruck der Kammer wurden Beweisanträge der Nebenkläger – die Familie Ohnesorgs – abgeschmettert. Dabei handelte es sich vor allem um das Abhören eines Tonbands des Toningenieurs Rainer Bosch vom *Süddeutschen Rundfunk*. Darauf ist nicht nur zu hören, dass nur ein Schuss fiel, sondern auch die kurz darauf einsetzenden »Mörder, Mörder«-Rufe von Demonstranten.

Man hätte aber noch etwas anderes hören können, wenn man das Band zugelassen hätte: den Ruf einer männlichen Stimme »Kurras, gleich nach hinten! Los! Schnell weg!« – etwa eine Minute nach dem Schuss. Wer das gerufen hat, konnte nicht ermittelt werden – weil das Tonband vom Gericht unterdrückt wurde. Würde nicht in jedem anderen Verfahren fieberhaft nach demjenigen gesucht werden, der hier (dem Anschein nach wie ein Vorgesetzter von Kurras) Befehle zu geben scheint?

Kurras wurde freigesprochen, obwohl die Beweisaufnahme eindeutig ergeben hatte, dass der Angeklagte Ohnesorg getötet hatte, diese Tötung rechtswidrig war und eine Notwehr auszuschließen ist. Anhaltspunkte für eine vorsätzliche Tötung oder einen gezielten Schuss habe man nicht gefunden. Vieles spräche für Fahrlässigkeit, aber man müsse einem Angeklagten konkret nachweisen, was er falsch gemacht habe.

Zwar gäbe es keinen Zeugen für die behauptete Notwehrsituation, aber vielleicht haben es ja einige Zeugen vorgezogen, »nicht vor Gericht zu erscheinen, weil sie befürchten mussten, sich einem Verfahren wegen Landfriedensbruchs und Widerstands gegen die Staatsgewalt« auszusetzen (aus der Urteilsbegründung). Und so klingt, was man wohl einen Freispruch

[65] Heinrich Albertz und Karl-Heinz Kurras in einer Pause während der Gerichtsverhandlung im November 1967.

nicht zweiter, sondern dritter oder vierter Klasse nennen muss: »Kurras weiß mehr, als er sagt,« so der Richter, »und er hinterlässt den Eindruck, als wenn er in vielen Dingen die Unwahrheit gesagt hat.«

Nicht nur Kurras: Eine Bewohnerin des Hauses über dem Parkdeck, die sich spät und aus eigenem Antrieb als Zeugin gemeldet hatte, wurde gegen Ende des Prozesses gehört. Sie bestätigt bis ins Detail die Darstellung von Kurras.

Warum sie das nicht bereits Anfang Juni dem Kripo-Beamten erzählt habe, der alle Bewohner des Hauses (zumindest soweit er sie angetroffen hatte) vernommen hatte? Sie antwortet, dass sie nicht nach ihren Beobachtungen auf dem Hof gefragt worden sei. Der vernehmende Kriminalbeamte wird herbeitelefoniert. Vollkommen unmöglich sei das, sagt dieser, schließlich habe er gerade deshalb sämtliche Mieter des Hauses befragt. »Auch diese Zeugin leistet einen Eid, an dem ein Fragezeichen hängt. Denn es gibt ebenfalls beeidete Aussagen anderer Zeugen, sogar von Polizisten, die teilweise selber in dieser Ecke [des Hofes – d. V.] waren und nichts beobachtet haben«, stellt *Der Abend* in seiner Gerichtsberichterstattung fest.

Die Zeugin ist die Ehefrau eines Polizisten.

Anonymer Anruf

Solange Kurras und seine früheren Kollegen schweigen, ist man auf andere Zeugen angewiesen. Nicht nur Kurras selbst weiß, was geschehen ist. Im Juni 1967 erhielt der Assistent des Vorsitzenden des Sicherheitsausschusses des Berliner Abgeordnetenhauses, Franz Ehrke, einen anonymen Anruf, vermutlich eines Polizisten. Er habe genau gesehen, dass Kurras nicht in Notwehr, sondern aus eigenem Antrieb geschossen habe. Von wem dieser Anruf kam, war und ist nicht feststellbar.

Der entscheidende Kern der Aussage – keine Notwehrsituation – wird auch von einem früheren hohen Polizeibeamten im Ruhestand, der ungenannt bleiben möchte, bestätigt. Benno Ohnesorg war von Polizisten umgeben, der Schuss war »Wahnsinn«, nicht nur, weil der hier zitierte Beamte selbst hätte getroffen werden können. Es gab keinen Grund.

»Kurras hat die Welt verändert«, fügt dieser Polizist, der den gesamten Polizeieinsatz »idiotisch« nennt, nicht ohne Bitterkeit hinzu. Der Tod Benno Ohnesorgs sei der Anfang einer Entwicklung zu etwas viel Größerem gewesen, als man es in der Situation hätte erahnen können.

Es gibt eine Fülle weiterer Zeugenaussagen, die jedoch alle den Nachteil haben, dass niemand Kurras in dem Moment der Schussabgabe gesehen hat beziehungsweise die Polizisten, die ihn doch gesehen haben, nicht oder, siehe oben, nur anonym aussagen. Es sind auch nicht alle zum Tatzeitpunkt in der Krummen Straße 66/67 anwesenden Personen in der Gerichtsverhandlung befragt worden.

Die »Hansi«-Vernehmung

Wie in einem mittelmäßigen ›Tatort‹ ist es ausgerechnet ein neunjähriger Junge, dessen Aussage Kurras am meisten belastet hätte, wenn sie nicht als von vornherein als unglaubwürdig abgetan worden wäre. Das Protokoll der Vernehmung durch die Kriminalmeisterin L. im Wortlaut:

»Hansi, weißt du, warum du heute hierherkommen solltest zur Polizei?«

»Ich soll erzählen, was ich gesehen habe, vorgestern, am Freitag.«

»Was hast Du denn da gesehen?«

»Wie der Polizist auf einen ›Denunstranten‹ geschossen hat.«

»Das hast du gesehen?«

»Ja, vom Küchenfenster aus.«

»Das erzähle bitte mal ganz genau.«

»Na ja, am Küchenfenster habe ich gestanden und gesehen, wie die ganzen ›Denunstranten‹ auf den Hof kamen, und dann hat ein Polizist geschossen. Und davon ist jetzt an ›die‹ Deutsche Oper das Kreuz mit Blumen und das Bild und da steht noch was geschrieben.«

»Woher weißt du, dass ein Polizist geschossen hat?«

[66] Götz F. wird von dem Polizisten Sch. aus dem Hof gedrängt. Im Hintergrund Karl-Heinz Kurras (mit weißem Kragen, siehe auch [62]). Als F. Polizisten auf seine blutende Kopfverletzung aufmerksam macht, bekommt er zur Antwort: »Hab Dich nicht so!«

»Weil ich das gesehen habe, und weil ich gehört habe, dass ein Schuss gefallen ist.«

»Was hatte der Polizist denn an?«

»Das weiß ich nicht mehr, aber der hat ja geschossen. Meine Mutter hat gesagt, der hat geschossen, weil da ein paar Menschen auf einen Balkon gerannt sind.«

»Hansi, überleg noch mal genau, warum du meinst, dass es ein Polizist war, der geschossen hat.«

»Na, weil nur ein Polizist eine Pistole hat, andere Leute haben ja keine Pistole.«

»Weiß du, ob der Mann, der geschossen hatte, einen Hut oder eine Mütze aufhatte?«

»Nein, einen Hut nicht und eine Mütze auch nicht.«

»Kannst du dich vielleicht erinnern, ob er ein Hemd oder eine Jacke anhatte?«

»Nein, ich weiß nur, dass der Tote ein rotes Hemd anhatte und einen Schnurrbart hatte.«

»Weißt Du denn, wie sonst ein Polizist aussieht?«

»Ja, die haben eine blaue Hose an, ein blaues Hemd, und eine ›Regenjacke‹, und manchmal auch einen großen Mantel, auch in blau an. Sie haben auch einen ›Hut‹ auf, der blau ist und vorne so was Schwarzes hat. (Kind zeigt Schirm). Manchmal ist der Hut auch weiß. So was hatte der Mann aber, der geschossen hatte, nicht an. Aber was er angehabt hat, weiß ich auch nicht.«

»Hansi, du hast dem Vati erzählt, dass du bei ein paar Männern, die auf dem Hof waren, gesehen hast, dass die etwas in der Hand hatten, was war denn das?«

»Na, Stöcker. Ein ›Inunstrant‹ und ein paar andere hatten welche. Und wo sie von ›die Polizisten‹ gekriegt worden sind, haben sie die Stöcker weggeschmissen.«

»Weißt du denn genau, dass das Polizisten waren, die die Männer gekriegt haben?«

»Ja, die hatten ja weiße Mützen und blaue ›Hüte‹ auf.«

»Hast du gesehen, ob jemand ein Messer hatte?«

»Nein, nur dass manche schwarze und rote Fahnen hatten, das war, glaube ich, gestern. Und dann habe ich heute noch Zeitung gelesen und da stand drin, dass Männer mit Messer da waren.«

»Hast du das selbst gelesen oder hat es dir jemand vorgelesen?«

»Nein, ich habe es gelesen, und da war auch ein Bild von einer Frau, die so doll am Ohr geblutet hat. Und an der Deutschen Oper haben sie mit Rauchbomben und Knallkörpern geworfen.«

»Wie sah denn die Pistole aus, die du gesehen hast?«

»Schwarz, weiter weiß ich nichts.«

»Woher weißt du denn, dass geschossen worden ist?«

»Na, weil ich einen Knall gehört habe, und weil gestern im Fernsehen zu sehen war, dass der Mann da lag. Mein Vati wollte mir das ja erst nicht glauben, dass geschossen worden ist, aber jetzt glaubt er mir das doch.«

»Was war denn das für ein Knall?«

»Das war nur einmal und gar nicht so laut, aber gleich, wo der Schuss gefallen ist, ist der Mann umgefallen.«

»Weißt Du noch was?«

»Nein, mehr weiß ich nicht. Es war ja auch alles so durcheinander, mal war ich am Küchenfenster, mal am anderen Fenster und mal auf der Straße, und überall waren so viele Menschen.«

Ein neunjähriger Junge, der deutlich unterscheiden kann zwischen selbst beobachteten, gelesenen und im Fernsehen gesehenen Informationen, der Zeitung liest und altersentsprechend logisch argumentiert. Er kann die Darstellung von Kurras nicht untermauern, vielmehr ist es so, dass er Kurras belastet, weil er keinerlei Kämpfe, in die Kurras bei der ungewollten Schussabgabe verwickelt gewesen sein soll, erwähnt. Auch das rote Hemd Ohnesorgs kann er nur »live« gesehen haben, weil die damalige Medienwelt eine schwarz/weiße war. Doch diese Aussage wird mit einem Federstrich entsorgt:

Vermerk der vernehmenden Kriminalmeisterin L.: »Hans-Hermann B. machte seine Angaben in recht kindlicher Form. Er wirkte körperlich sehr zierlich und schien auch geistig nicht altersgemäß entwickelt

[67] Am Boden Götz F.: Jeder der Beamten habe mindestens fünf Mal zugeschlagen, so ein Zeuge. Während dieser Szene fiel der Schuss.

Krumme Straße

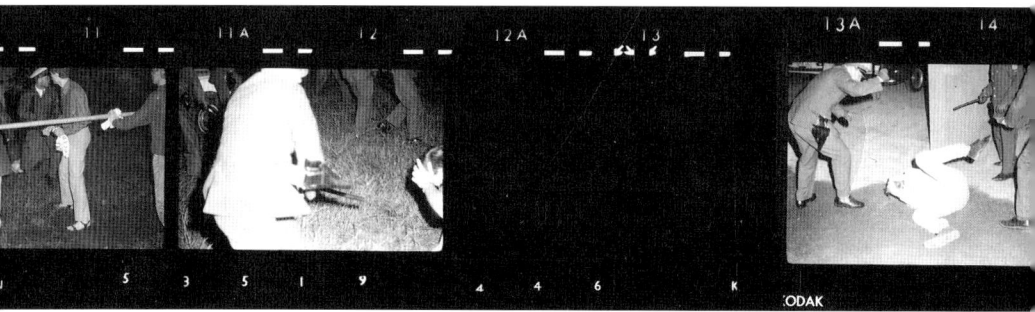

zu sein. Es wurde der Eindruck gewonnen, dass er zwischenzeitlich aufgrund äußerer Einflüsse (Fernsehen, Zeitung, Unterhaltungen mit Erwachsenen und Kindern) in keiner Weise in der Lage war, tatsächliches Geschehen wiederzugeben. Er wurde nach der Vernehmung dem Vater übergeben.«

Die Foto-Zeugen

Ein Zeuge des Geschehens im Parkdeck ist der Medizinstudent Götz F. Er wurde, am Boden liegend, von drei uniformierten Polizisten verprügelt und getreten, während der Schuss fiel.

Auch er hatte das Grundstück als Fluchtweg benutzen wollen und wurde unter dem Parkdeck eingekreist. Auf dem Negativstreifen des *BZ*-Reporters Uwe Dannenbaum ist die Szene festgehalten. Nach dem bereits erwähnten Ohnesorg-Foto [59] sieht man als Nächstes auf diesem Film ein Foto, auf dem lediglich zu erkennen ist, dass es auf dem Grünstreifen zu einer Auseinandersetzung gekommen ist, sowie ein Foto, dass extrem unterbelichtet ist, weil das Blitzgerät noch nicht wieder aufgeladen war.

Die nächsten zwei Fotos [67] [60] zeigen dann, wie die uniformierten Polizisten Thomas H., Ulrich K. und Klaus N. den Studenten Götz F. verprügeln und treten. Schon auf der nächsten Aufnahme sieht man Benno Ohnesorg seitlich und mit offenen Augen auf dem Boden liegen [69], umgeben von drei Polizisten (einer davon in Zivil). Allergrößter Wahrscheinlichkeit nach handelt es sich hierbei um das erste Foto des getroffenen Ohnesorg.

Der Schuss fiel, während die drei Beamten auf Götz F. einprügelten. Götz F. hat den Schuss nur sehr vage in Erinnerung, als ein »flaches« Geräusch und nicht sehr laut. Möglicherweise haben die drei Polizisten sehr abrupt das Interesse an Götz F. verloren (wie dieser später aussagte), weil sie durch den Schuss abgelenkt wurden.

Das nächste Foto [70] zeigt nun wieder Götz F., der sich den Kopf hält und dabei ist, den Garagenhof zu verlassen. Am

Der Schuss, der alles veränderte

[68] Kontaktabzug des Films der entscheidenden Szene, aufgenommen vom *BZ*-Reporter Uwe Dannenbaum

linken Bildrand ist der VW-Käfer zu erkennen (hinter dessen Heck Benno Ohnesorg liegt).

Es existiert ein weiterer Film (des damaligen *Stern*-Reporters Bernard Larsson), der zwar nicht die vorausgegangene Prügelorgie zeigt, jedoch ebenfalls die Szene festhält, wie Götz F., wieder auf den Beinen und sich in der gleichen Art die linke Kopfseite haltend, von dem Kriminalbeamten Heinz Sch. aus dem Hof gedrängt wird [66]. Dieses Foto muss unmittelbar vor dem ganz ähnlichen Foto des *BZ*-Reporters Dannenbaum aufgenommen worden sein, wie sich unschwer an der Perspektive des Fotografen (im Hintergrund eine rückwärtige Häuserfront des ersten Hauses der Schillerstraße im Innenhof) erkennen lässt.

Auf diesem Filmstreifen von Larsson ist auf der übernächsten Aufnahme ebenfalls Benno Ohnesorg zu sehen, der hier jedoch bereits auf dem Rücken liegt, wie auf allen weiteren Fotos, die in den nächsten Minuten von Benno Ohnesorg aufgenommen worden sind, ehe er abtransportiert wurde. Dass Benno Ohnesorg zuerst auf der rechten Seite lag, lässt sich auch zweifelsfrei daran erkennen, dass (zumindest auf den technisch besseren Fotos) immer eine kleine Blutlache zu erkennen ist genau an der Stelle, an der sich unmittelbar nach dem Schuss der Kopf befand.

Der Larsson-Film zeigt also ein früheres Bild von Götz F. als der Dannenbaum-Film, danach ein späteres Foto von Ohnesorg (später als der Dannenbaum-Film Ohnesorg am Boden liegend zeigt).

Logischer Schluss aus der Verknüpfung beider Filme, wenn man einrechnet, dass Dannenbaum mit Blitz fotografierte und die Aufladezeit seines Blitzgerätes 12 bis 15 Sekunden betrug, kann nur sein, dass die Fotos in folgender Reihenfolge aufgenommen worden sind: Erst das Foto von Ohnesorg auf der Seite liegend [69], dann das Larsson-Foto von Götz F. mit der Hausrückwand im Hintergrund [66], dazu sehr zeitnah das von Götz F. mit der Betonstütze im Hintergrund (Dannenbaum) [70], dann erst das Foto des nunmehr allein und auf dem Rücken liegenden Ohnesorg (Larsson). Alle hier erwähnten Dannenbaum-Fotos (von Ohnesorg an der Teppichstange bis zu Kurras hinter dem Kameramann) sind in einem Zeitraum von mindestens eineinhalb Minuten entstanden, wahrscheinlich nur wenig mehr. Kurras hat mindestens 15 Sekunden vor dem Herausdrängen des Götz F. geschossen.

[69] Die erste Aufnahme von dem tödlich verletzten Benno Ohnesorg

In dem Moment, wo Götz F. aus dem Hof gedrängt wird, kann man im Hintergrund der ersten Larsson-Aufnahme unscharf Kurras erkennen – umgeben von Polizisten [62]. Kein Chaos, kein Tumult. Er ist vollkommen unbedrängt.

Sollte er soeben in einen »Kampf auf Leben und Tod«, wie er zu seiner Rechtfertigung behauptete, verwickelt gewesen sein, so sind ihm Spuren dieses Kampfes jedenfalls nicht anzusehen.

Als der Chef der Politischen Polizei, Alfred Eitner, gegen 23 Uhr von Kurras im Polizeipräsidium zur Berichterstattung aufgesucht wird, hat dieser an Kurras' Anzug weder Blut noch Grasflecken bemerkt. »Ich darf aber sagen, dass ich darauf nicht geachtet habe,« fügt er hinzu. Verletzungen

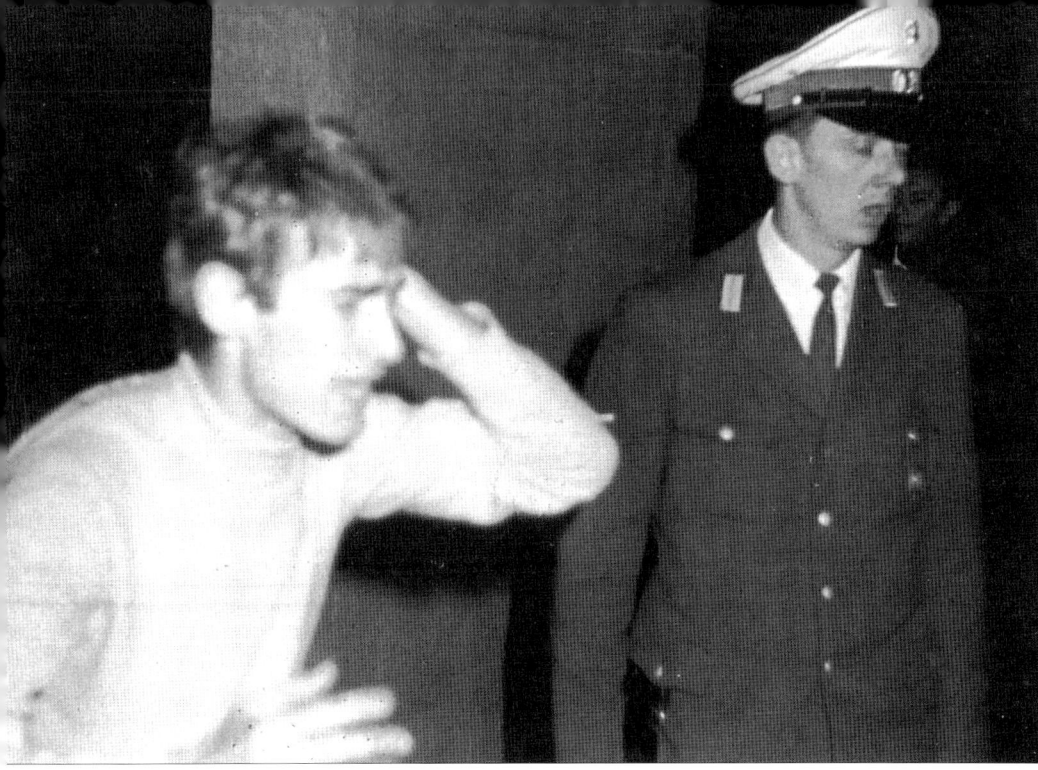

an einer Hand von Kurras hat er ebenfalls nicht wahrgenommen.

Im ersten Kurras-Prozess hat der Anwalt der Nebenkläger, Horst Mahler, den Versuch unternommen, zu beweisen, dass diese Aufnahme noch vor dem Schuss gemacht wurde. Damit wäre Kurras einer Verurteilung sehr nahe gekommen, denn seine Behauptung eines Kampfgeschehens unmittelbar vor der Schussabgabe wäre widerlegt.

Mahler hatte versucht, seine Annahme zu beweisen, indem er die Ansicht vertrat, dass Ohnesorg auf diesem Foto zu sehen sein müsste, wenn er bereits von Kurras getroffen worden wäre. Doch ist diese Behauptung unzutreffend, weil die Aufnahme des Fotografen zu weit in die Richtung des Hinterhofes gerichtet ist und unabhängig davon ein uniformierter Polizist zusätzlich die Sicht auf den liegenden Ohnesorg versperrt. Kurras scheint vor sich auf den Boden zu blicken – auf sein Opfer? Er

[70] Diese Aufnahme befindet sich auf dem Negativstreifen unmittelbar nach dem Foto, das Ohnesorg noch auf der Seite liegend zeigt [69]. Der Betonpfeiler direkt hinter Götz F. ist auf Bild [57] zu sehen (es ist der Pfeiler im Hintergrund der linken Bildhälfte). Dieses Foto hier ist jedoch vom Hof aus aufgenommen worden.

sieht jedenfalls genau auf die Stelle, an der Ohnesorg liegt – in der Mitte des Grundstücks, noch unterhalb des Hauses. Kurras selbst steht bereits unter freiem Himmel, im Hof. Der dunkle Schatten über ihm stammt von einem Laubengang im ersten Obergeschoss.

Dennoch belastet dieses Foto Kurras durchaus auch dann, wenn es *nach* dem Schuss aufgenommen ist (wofür eigentlich alles spricht): Die Behauptung eines soeben durchgestandenen Kampfes und dabei erlittener erheblicher Verletzungen ist mit diesem Foto nicht in Übereinstimmung zu bringen. Sollte die Schilderung des Polizeipräsidenten Duensing, Kurras habe ausgesehen wie »zwei Mal durch den Dreck gewälzt« zutreffen, dann müsste Kurras diesen Zustand, wie auch immer, *nach* dieser Aufnahme hergestellt haben.

Und Notwehr? Wo sind die Menschentrauben, die eben noch an seinem Arm hingen? Bei dem einzigen Demonstranten, der zu sehen ist, handelt es sich um Götz F. der zum Zeitpunkt des Schusses von drei Polizeibeamten verprügelt wurde. Und: Warum hat keiner der allein auf diesem Foto (teilweise schwer) zu erkennenden acht (!) weiteren Polizisten Kurras in seinem »mörderischen Kampf« geholfen? Die neun Polizisten auf diesem Foto: zwei unifor-

[71] Eine Zeugin bemüht sich um Benno Ohnesorg. Auf der Krummen Straße Wasserwerfereinsatz.

mierte Polizisten am linken Bildrand, der zivil gekleidete Beamte mit dem verzerrten Gesichtsausdruck, an dessen Hinterkopf der helle Rand einer Polizeimütze zu erkennen ist, ein weiterer uniformierter Polizist wird von Götz F. teilweise verdeckt. Bei Kurras (im Hintergrund mit weißem Kragen) steht ein weiterer Zivilist (im Schatten und schwer zu erkennen, den man aber sicher als einen weiteren Beamten annehmen darf; Blickrichtung wahrscheinlich ebenfalls zu Ohnesorg), vor ihnen ein Polizist in Uniform sowie ein weiterer Polizist am rechten Bildrand.

Warum kann nicht ein einziger dieser vielen Beamten Kurras' Beschreibung der Vorgänge bestätigen? Wahrscheinlich

[72] Eine unterbelichtete Aufnahme von Bernard Larsson, aufgenommen unmittelbar nach [66]. Von Götz F. sieht man nur noch einen Teil des Ellenbogens. Der uniformierte Polizist hat sich umgedreht. Links im Bild der Polizeibeamte Sch. im Profil.

hätten einige der auf den Fotos erkennbaren Beamten zu einer Aufklärung des Geschehens beitragen können – aber eben nicht im Sinne von Kurras. Allein dieses Foto [66], dass ja dem Gericht vorlag, weil Mahler an Hand dieses Fotos eine nicht beweisbare These zu belegen versuchte, hätte im Zusammenhang mit Zeugenaussagen zu einer Verurteilung führen können, ja müssen. Ob alle auf diesem Foto abgelichteten Beamten im Kurras-Prozess vernommen wurden, kann nach 40 Jahren nicht mehr festgestellt werden.

Das nächste Foto [72] auf dem Film von Larsson ist unterbelichtet und verwackelt, und aus annähernd der gleichen Position aufgenommen worden wie das vorherige. Da Larsson ohne Blitz fotografierte, war er auf das Vorhandensein von anderen Lichtquellen angewiesen. Götz F. wird aus dem Hof gedrängt. Man sieht nur noch seinen Ellbogen. Er befindet sich nun hinter dem Polizisten vorne rechts, der sich jedoch inzwischen umgedreht hat und genau in die Richtung sieht, wo Ohnesorg liegt, der jedoch nicht zu erkennen ist, weil es dort zu dunkel ist.

Der Fotograf Larsson hat sich nach diesen Aufnahmen dem Geschehen um Ohnesorg zugewandt, und es sind eine Reihe Fotos entstanden, die zeigen, dass sich nun mehrere Zivilpersonen besorgt um Ohnesorg kümmern. Larsson hat dann in der Folge auch die Szene fotografiert, wie sie, aufgenommen von dem Fotografen der Westberliner SEW-Zeitung *Die Wahrheit*, Jürgen Henschel, zu einem »Jahrhundertfoto« geworden ist.

Der *BZ*-Reporter Dannenbaum, der in den nächsten Minuten mehr oder weniger parallel zu Larsson fotografierte, hat jedoch zuvor noch eine Aufnahme gemacht, die einen Polizisten, dahinter einen Zivilisten, dahinter den *SFB*-Kameramann Dietrich Bertram und schließlich dahinter Kurras zeigt. Im Hintergrund ist auch hier wieder die Rückseite des Hauses in der Schillerstraße zu erkennen. In dieser Situation wurde Bertram an Filmaufnahmen und der freie Fotograf Paul G. Herrmann an weiteren Fotos gehindert. Soweit die Auswertung der Fotos vom Tatort.

Augenzeugen

Wenden wir uns nun den Beschreibungen der zahlreichen Augenzeugen zu.

Reinhard B. verfolgte von einem »Logenplatz« aus das Geschehen auf dem Parkplatz und dem Hof des Hauses Krumme Straße 66/67, da er sich auf eine Mülltonne stellte, ursprünglich in der Absicht, über die vielen Menschen, die auf der kleinen Begrenzungsmauer des Grundstücks standen, hinweg auf die Straße sehen zu können.

Er beobachtete, wie ein Demonstrant aus der Menge heraus von Greifern abgeführt und misshandelt wurde. Der nächste, der verhaftet werden sollte, flüchtete sich in den Hof, verfolgt von zwei Zivilisten und einem uniformierten Beamten. Auf dem Rasenstück hinter dem Haus, in der Nähe der Teppichstange, wird der Demonstrant überwältigt und der am Boden Liegende wird geschlagen. Da bald darauf etwa ein Dutzend Demonstranten um die Szene herum standen, konnte er nicht mehr erkennen, was sich dort weiterhin abspielte.

Nun kamen Polizisten im Laufschritt in den Hof, »es wurde gerufen: Achtung!

Der Schuss, der alles veränderte

Und die sich hier befanden, stieben auseinander ... in alle Richtungen.« Auf der Straße war nun der Wasserwerfer in Aktion, deshalb liefen Leute in den Hof hinein und die, die schon im Hof waren, liefen hinaus. »Die Polizeibeamten, die von der Krummen Straße hereingekommen waren, trieben alle Leute heraus; und in dem Moment war ein wildes Durcheinander, die Fliehenden, in hastiger Eile, versuchten herauszulaufen. Und da fiel der Schuss. Ich konnte beobachten ...«

Frage des Rechtsanwalts des Ermittlungskomitees: »Augenblick. Hatte sich diese Gruppe da schon aufgelöst?«

»Das wollte ich gerade sagen; dass sich zu dem Moment des Schusses, hinter der Teppichklopfstange, da wo die beiden zu Fall gekommen waren, sich kein Mensch mehr befand.«

»Überhaupt niemand?«

»Überhaupt niemand.«

»Da sind Sie ganz sicher?«

»Da bin ich ganz sicher, ja. [...] Ich hörte einen Knall, ich hörte einen einzigen Knall und habe gedacht, es sei ein Schreckschuss.«

[73] Ganz hinten Kurras, davor der Kameramann Bertram, ein Zivil- und ein Schutzpolizist. Im Hintergrund die Wohnung der Familie B., am Fenster, schwer zu erkennen, ein Beobachter (wahrscheinlich Hansi B.). Links der VW-Käfer der Zeugin Christa S.

Der Zeuge benennt den Bereich, von wo er den Knall gehört haben will: etwa zwischen der Teppichstange und der ersten hinteren Säule. Mündungsfeuer hat er nicht gesehen.

Frage: »Sind Sie dann noch dort bei Ihrer Position geblieben? Haben Sie die Dinge weiter beobachtet?«

Zeuge: »Ich habe noch gesehen, wie jemand zwischen diesen beiden Säulen …«

Frage: »… also zwischen der vorletzten und der letzten Säule … ?«

Zeuge: »… hinstürzte, und zwar mit dem Kopf in dieser Richtung; das war in nördlicher Richtung.« (zeichnet) »Und zwar weglaufend; der Mann war auf der Flucht, und zwar kam er von hier. Aus dem Bereich der Schallquelle. […] Ich habe auch gedacht, der wäre gestolpert. […] Ich hab praktisch nur noch den Fallenden gesehen, dann wurde ich aus meinem Standort weggeprügelt. […] Ich kauerte hier zwischen Aschentonne und Mauer, weil von hier die Wasserwerfer spritzten und hab die Polizeibeamten praktisch gar nicht bemerkt, ohne Vorwarnung hab' ich – wurde ich geschlagen. […] Ich wurde dann hier hinter vorgezerrt und auf den Hinterkopf und auf den seitlichen Kopf geschlagen und auf den Arm und so weiter …« Auf der ersten Seite dieser Aussage ist handschriftlich »jetzt im Urbankrankenhaus Innere Abteilung« vermerkt.

Peter Sch.: »Ungefähr ein halbe Minute, nachdem es leer war, stand noch ein einzelner Mann, und ich vermute, dass es der Ermordete war, er hat nämlich ein rotes Hemd angehabt, er war groß, schmal, hat ein rotes Hemd angehabt. Er hatte die Hände über dem Kopf so zusammengefaltet, und Polizisten schlugen auf ihn ein … mit Knüppeln. Ich weiß nur, er hat fürchterlich geschrien, das ist mir in Erinnerung geblieben.«

Hans-Georg P.: »Ich habe *nur* Polizisten gesehen.«

»Was taten die da?«

»Die standen, […] das war ebenfalls ein ganz kurzer Blick nur … Ich guckte, sah – registrierte die Polizisten und hörte dann einen Knall und sah einen Lichtblitz aus der Gruppe.

»Aus dieser Gruppe in der oberen Grundstückshälfte?«

»Entweder unterhalb des Gewölbes […] oder ganz dicht an der Grenze zum offenen Teil.«

»Haben Sie dann weitere Beobachtungen gemacht, die mit diesem …«

»Ich kann Ihnen nur sagen, da ich den Blitz gesehen habe und bildete mir ein, es war ein Feuerwerkskörper, und sagte mir, so ein Blödsinn, das Ding jetzt zu werfen […] in einer Höhe von 80 cm über dem Boden bis 1,4 Meter, auf keinen Fall tiefer und auf keinen Fall höher.«

Gerd T.: »In dem Moment hörte ich dann von hinter mir den Ruf ›die Bullen kommen‹ und lief dann, nachdem die hier die ihnen im Weg Stehenden sofort geprügelt wurden ohne Vorwarnung, ohne alles, lief dann […] raus auf den Bürgersteig und

Der Schuss, der alles veränderte

da hörte ich, wie es hinter mir knallte. Ich drehte mich um und sah 'ne Rauchwolke hochsteigen [...] und hörte nur, wie der vor mir rief ›die schießen ja‹.«

Günter Sp.: »Ich blickte auf diese Wasserwerfer. Als ich den Knall hörte, habe ich mich spontan umgedreht, und auf das Grundstück geblickt. Ich dachte es käme daher. Ich habe im ersten Moment wohl gedacht, Schüsse oder Schuss und habe das dann ausgeschlossen, gemeint auszuschließen zu dürfen, weil die objektive Lage da keinen Anhaltspunkt gab. Es war kein Tumult mehr da. Ich habe es deshalb auch auszuschließen gemeint, weil der Knall eben nicht sehr laut war und er eher an das Geräusch eines Knallkörpers erinnerte.«

Augenzeugen berichten, unmittelbar vor dem Schuss den Ruf »Bitte nicht schießen« gehört zu haben. Die Krankenschwester Annemarie K., die gerade vom Dienst nach Hause gekommen und so in das Geschehen in der Krummen Straße geraten war, hat nur den Ruf »nicht schießen« gehört, der theoretisch auch von einem Kollegen von Kurras gekommen sein könnte. Es soll nach dem Schuss auf dem Grundstück auch Streit zwischen Polizeibeamten gegeben haben.

[74] Ein Demonstrant, vermutlich Hartmut R., der an der Teppichstange gelegen hatte, wird aus dem Hof auf die Straße getragen

[75] Wasserwerfereinsatz in der Krummen Straße (nach dem Schuss). Am linken Bildrand die südliche Begrenzungsmauer des Parkhofes Krumme Straße 66/67

Krumme Straße

Achim H. stand zunächst in dem »Schlauch« vor der Oper. Als die Polizisten über die Barriere kletterten, wurde ihnen sogar in der unmittelbaren Nähe H.s eine Gasse gebildet. Er witterte keinerlei Gefahr, selbst dann noch nicht, als die Polizisten mit gezogenem Knüppel direkt vor ihnen standen.

[76] Während im Hof der Student Götz F. von drei Polizisten verprügelt wurde, wird der Student, der in den Hof geflüchtet war, auf dem Gehweg vor dem Haus Krumme Straße 66/67 abgelegt. Zum Zeitpunkt dieser Aufnahme hörte der Fotograf ein schussähnliches Geräusch.

Die Polizisten wurden beschworen, mit der Knüppelei aufzuhören, da ja niemand weggehen konnte, solange die Menschen an den Enden der »Leberwurst« nicht begriffen, dass die Geprügelten in der Mitte sich erst dann entfernen könnten, wenn die Ausgänge frei wären.

Später kam der Zeuge H. dann in die Krumme Straße. Die zivilen Polizisten, alle in hellen Sommeranzügen, also beinahe uniformiert, griffen mehrmals und ohne jede Veranlassung einzelne Demonstranten heraus und führten sie ab.

Er sieht im Hof, wie ein Zivilpolizist mit einem Stockschirm auf einen Demonstranten einschlägt. (Siehe [58]. Aus einer anderen Aussage geht hervor, dass im Bereich der Teppichstange ein Demonstrant

den Schirm gegen den einen überwältigten Demonstranten misshandelnden Polizisten geworfen hat.)

Als die uniformierten Polizisten den Hof räumen, verlässt H. mit den meisten anderen Demonstranten den Hof, kehrt aber nach kurzer Zeit zurück und beobachtet zwischen den Autos stehend die weiteren Vorgänge. »Ich sah ungefähr hier an einem Auto vorbei, sah ungefähr hier eine leblose Person liegen. (Er zeichnet die Person in den Plan ein). Ich habe zwei Beobachtungen zu gleicher Zeit gemacht. Ich sah die Person hier liegen, sah hier die Polizisten auf einen Kameramann einschlagen.«

Auch der Zeuge Hans Ulrich L. lief in den Hof, um den weiteren Vorgang beobachten zu können, nachdem sich ein sehr massiver Zivilbeamter auf einen Demonstranten gestürzt hatte. Als uniformierte Polizisten begannen, den Hof zu räumen, sei ein Schuss gefallen: »Das Mündungsfeuer befand sich meines Erachtens nach, sagen wir so 1,50 m ungefähr über dem Erdboden, ist also höchstwahrscheinlich von einem stehenden Mann abgegeben worden. Während das Mündungsfeuer schon zu hören war, wurden wir einzeln von der uniformierten Polizei auseinandergetrieben in dem Hof, dabei stürzte ich kurz vor dem den Hof nach links begrenzenden Drahtzaun und wurde anschließend von einem Polizisten geschlagen mit dem Gummiknüppel und zwar am ganzen Körper u. a. auch an der Seite des Schädels, die Folge ist eine leichte Gehirnerschütterung.«

Im Archiv des *WDR* befindet sich ein Tonband mit einer Aussage eines namentlich nicht genannten Zeugen. Der Wortlaut: »… und einmal sind sie in Richtung dieses Hofes zugestürzt, diese Polizisten, zunächst die in Zivil, gleich hinterher die in Uniform. Die ganze Masse bewegte sich auf diesen Hof zu, auch die Studenten, die wollten wahrscheinlich ihren Kommilitonen da zu Hilfe kommen. In diesem Hof gab's ein Handgemenge. Ich selbst hab mich einigermaßen rausgewunden daraus, bis sich der Hof langsam leerte. Es waren hauptsächlich nur noch Polizisten nachher drin. Ich stand am Rande dieses Hofes und hab dann gesehen wie eine Traube von Polizisten um diesen Mann da in dem roten Hemd herumgruppiert waren und auf ihn losschlugen. Und dieser war völlig wehrlos …«

Frage des Reporters: »Lag er auf dem Boden?«

»Nein er lag noch nicht auf dem Boden, er wurde halb gehalten von den Polizisten. Er konnte kaum fallen, weil die ganz dicht auf ihn herauf drängten und ihn beprügelten.«

»Schlug er die Polizisten wieder?«

»Nein! Nein, er war völlig passiv. Und dann hab ich plötzlich das Mündungsfeuer von der Pistole gesehen und den Knall von der Pistole. Im nächsten Moment habe ich gesehen, wie er halb hinter einem Auto auf dem Boden lag und sich nicht mehr regte.«

Noch genauer sind die Beobachtungen der Zeugin Erika S., die ihre Aussage mehrmals wiederholte und aus denen hier zusammenfassend zitiert wird: »Der Mann im roten Hemd stand mit dem Gesicht zur Krummen Straße im Garagenhof des Hauses Krumme Straße 67 hinter einem Volkswagen. In einer Hand hatte er ein weißes Tuch. Er versuchte offensichtlich, die Straße zu erreichen. Zwei uniformierte Beamte, die rechts und links in Höhe der hinteren Sitzreihe des VW standen, mit Schlagstöcken in den Händen, versuchten ihn daran zu hindern.«

In diesem Moment wurde der »Rädelsführer« Hartmut R. von mehreren Polizisten aus dem Hof getragen. Ein Foto eines anderen *BZ*-Reporters, Wolfgang Schöne, zeigt, wie Hartmut R. auf dem Gehweg vor der Einfahrt des Hauses von Polizisten abgelegt wird. Während dieser Szene, da ist sich der Fotograf sicher, hat er ein Knallgeräusch wahrgenommen, ohne dieses, wie so viele, als Schuss wahrgenommen zu haben. Als er noch einmal den Hof betritt, sieht er Ohnesorg am Boden liegen und fotografiert ihn [61]. Ohnesorg liegt inzwischen auf dem Rücken. Man sieht auch hier die Blutflecken rechts neben seinem Oberkörper. Bei dem Polizisten im Vordergrund handelt es sich um den Vorgesetzten von Kurras, Helmut Starke. Im Hintergrund vor dem Betonpfeiler erkennt man den uniformierten Polizisten Horst Geier.

Der Einsatzleiter von Karl-Heinz-Kurras, Helmut Starke, als Zeuge in der Gerichtsverhandlung über die Sekunden vor dem Schuss: »Da stand ich plötzlich einem Demonstranten in rotem Hemd gegenüber. Er schlug mit Fäusten und stieß mit Füßen. Dann drehte er sich ab und lief aus dem Grundstück heraus auf die Krumme Straße zu. Von dort sah ich zwei bis drei Beamte kommen, die ihm den Weg verlegten. Da habe ich mich nicht mehr um ihn gekümmert.« Ob dieser Demonstrant Benno Ohnesorg gewesen sei? »Da bin ich mir absolut sicher.« Und weiter: »In diesem Augenblick war die Situation auf dem Hof etwas übersichtlicher. Es waren zwar noch Demonstranten da, aber sie bildeten für die anwesenden Polizisten keine Gefahr mehr.« Einen Schuss habe er nicht gehört, zumindest nicht registriert. Als ihm als Einsatzleiter der Politischen Polizei später Meldung von dem Schusswaffengebrauch gemacht wurde, war ihm das nach seinen Worten »unvorstellbar«. Auf die Frage des Richters, warum dies so gewesen sei, antwortet er: »Eine solche Situation, die das gerechtfertigt hätte, habe ich nicht bemerkt.«

Zurück zur Aussage von Erika S.: »Da wurde das Blickfeld wieder frei und ich sah einen Mann im roten Hemd hier stehen hinter dem VW, links und rechts eingekeilt von zwei Polizisten, die in Hüfthöhe den Gummiknüppel hielten, und er versuchte zu entweichen. Er hatte ein weißes Tuch in der rechten Hand. Ich sah dann, dass von hinten ein uniformierter Polizist kam, von der hinteren Grundstücksmauer, und schlug den Mann mit dem roten Hemd auf den Kopf. Er war in Bewegung, versuchte zu entkommen und hatte die Hände so in

[77] Ein »Fuchs« wird abgeführt. Im Hintergrund der Antiquitätenladen gegenüber dem Haus 66/67, auf dessen Eingangsstufen der Abgeordnete Löffler das Geschehen beobachtete.

dieser Höhe, also ich hatte das so als Ergebung gedeutet.« In einer anderen Beschreibung benutzt die Zeugin hierfür das Wort »Beschwichtigungsgeste«.

»Der Getroffene sank langsam in sich zusammen und nun kamen die beiden Polizisten, die erst rechts und links des VW gestanden hatten, hinzu und zu dritt schlugen sie auf ihn ein. [...] Für den Bruchteil einer Sekunde hielten die Beamten inne und ich sah, dass der Mann im roten Hemd auf der Seite lag mit dem Rücken zu mir, ein Arm war etwas angewinkelt. [Dies entspricht der Lage auf dem Dannenbaum-Foto – d. V.] Sie schlugen dann weiter, bis der Liegende eine nahezu Rückenlage erreicht hatte, ein Polizist trat auf die rechte Hand und den Arm und beide Polizisten rechts und links in die Beckengegend des Liegenden.

Ich habe zwischen all diesen Geschehnissen einen Knall gehört, den ich aber nicht als Schuss deutete. Deshalb kann ich keine zeitliche Reihenfolge angeben.«

Nach dieser Darstellung muss der Schuss gefallen sein, als Ohnesorg verprügelt wurde. Er sackte jedoch nicht in sich zusammen, weil er verprügelt wurde, son-

[78] Kurz vor dem Abtransport Benno Ohnesorgs

dern weil er von einer Kugel getroffen wurde. Kurras hatte tatsächlich in einer Situation geschossen, die für die Polizisten, die gerade damit beschäftigt waren, Ohnesorg zusammenzuknüppeln, nicht ganz ungefährlich war. Kurras war einer der besten Pistolenschützen der Berliner Polizei.

Die Zeugin Erika S. hindert die Polizisten daran, weiter auf Ohnesorg einzuschlagen: »Ich bin rübergelaufen und hab mich so halb rüber geworfen und hab die Polizisten leise angesprochen. Sie haben mir nichts getan. Ich habe gesagt: nicht mehr schlagen. Bitte holen Sie die Ambulanz.« Friederike Dollinger kommt nun dazu und legt ihre Handtasche unter Ohnesorgs Kopf.

Mehrere Zeugen sagen aus, dass Polizisten die Aufforderung, einen Krankenwagen zu rufen, mit den Worten »Nö, wieso, das hat Zeit!« beantworteten. Friederike Dollinger wird von erregten Polizisten angebrüllt: »Dem helfen Sie noch?«

Licht aus! Licht aus!

Erika S. winkte dann ein Filmteam zu dem Verletzten. »Die sind rüber gekommen und haben alles ausgeleuchtet. Und das sind die Aufnahmen, die da entstanden sind. Daraufhin kam ein Polizist und hat geschrieen: Licht aus! Licht aus!«

Nachdem der Krankenwagen mit Ohnesorg abgefahren war, kam Friederike Dollinger auf die Straße. Ein Arm war voller Blut. Sie ist auf Polizisten losgegangen.

»Sie hat geschrieen: ›Was habt ihr gemacht, ihr habt ihn erschlagen, er ist tot und [auf ihre blutigen Hände zeigend – d. V.] guckt euch das an!‹, und da drehten sie sich um und wollten sie schlagen. Und in dem Moment hab ich sie von hinten festgehalten und hab ihr den Mund zugehalten und hab auf sie eingeredet und sie dann ungehindert rausgeführt aus der Menge.« Friederike Dollinger hat als erste und stellvertretend für eine ganze Generation den Schock über den Tod eines Demonstranten erlitten – und die emotionale Anklage formuliert.

Störender Arzt

In diesen Minuten erschien der 46-jährige Arzt Alfred Alexander M. in der Krummen Straße direkt vor dem Haus, auf dessen Parkplatz Benno Ohnesorg verletzt und unversorgt lag. Er war gegen 20.30 Uhr aus der Oper gekommen, wo er seine Frau, erste Solotänzerin an der Oper, abgeholt hatte. Er hatte seine Arzttasche bei sich und ging durch die Krumme Straße. Er hörte einen Knall in etwa 100 Meter Entfernung zu dem Haus mit dem Parkdeck. Aufgrund seiner Kriegserfahrung identifizierte er das Geräusch sicher als Schuss. Er ist sich ganz sicher, nur einen Schuss gehört zu haben. Er erfuhr von einem Verwundeten und machte sich daran, ihn zu suchen. Er wandte sich an einen Schutzpolizisten mit dem Angebot, Erste Hilfe zu leisten. Der Polizist verlangte eine Legitimation. M. zeigte seinen Personalausweis und Dokumente, die

[79] In der Krummen Straße: Gefechtspause für drei Polizisten und einen Fotografen

ihn als Medizinalassistent und als norwegischen Schiffsarzt auswiesen.

»Und da hat er mich mit der Begründung abgewiesen, ich dürfe das nicht, ein Medizinal-Assistent sei kein Arzt und ein norwegischer Arzt würde hier nicht im Geltungsbereich Westberlins und der Bundesrepublik seinen Arztberuf ausüben und da sagte ich, ich will ja gar nicht meinen Arztberuf ausüben, ich will Erste Hilfe leisten, genau wie ich im Kriege als Sanitäter Tausenden von Menschen geholfen habe und wenn Sie mich jetzt nicht ranlassen, wenn ich nicht helfen darf, also von mir aus nicht helfe, dann kann ich überhaupt zur Approbation als Arzt in Deutschland nicht zugelassen werden. Wenn ich noch Kandidat der Medizin an einer deutschen Universität wäre, würde man mich relegieren. Das hat er wohl zur Kenntnis genommen, aber darüber gelächelt. [...] Dann wurde er misstrauisch. Vielleicht weil auch noch einige Zivilisten da waren, die mehr wie Kriminalbeamte aussahen, von der Politischen Polizei wohlgemerkt, also, da hat man irgendwie einen Blick als ehemaliger illegaler Widerstandskämpfer.«

Das Gespräch dauerte etwa zehn Minuten. Der Polizist behauptete, es stün-

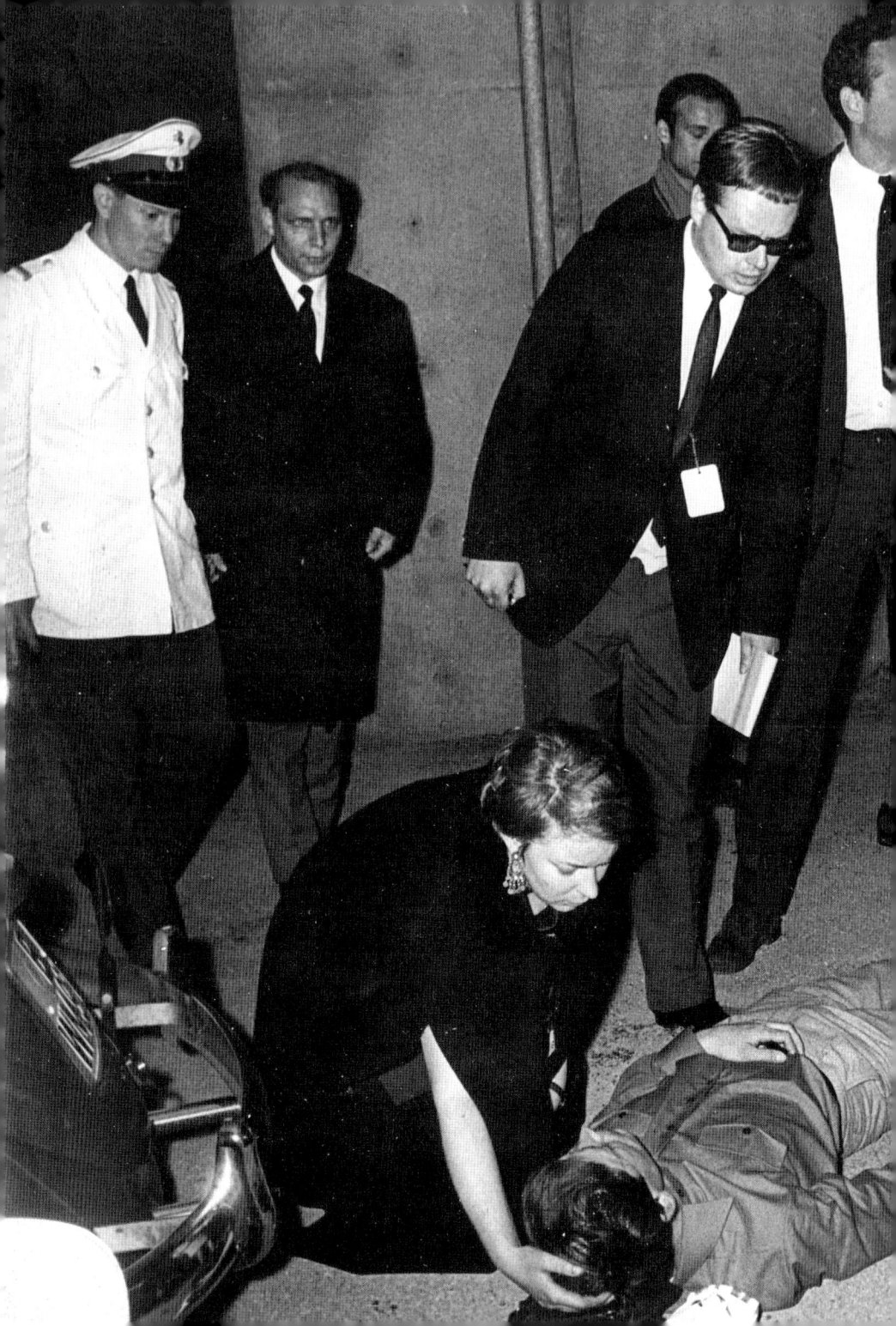

[80] Die chaotische Situation in dem Parkhof hat sich beruhigt. Friederike Dollinger kniet bei Ohnesorg, daneben steht Christa S. mit einem Verbandskasten in der Hand. Alle anderen Personen auf dieser Aufnahme können derzeit nicht benannt werden.

den Krankenwagen und Ärzte bereit, doch nichts geschah. Niemand war in der Lage, dem Verletzten wirklich zu helfen. »Verbandszeug, Injektionsspritzen, Ampullen gegen Schmerzen und andere Ampullen auch zur Wiederbeatmung des Brustkörpers hatte ich, außerdem noch die Blutlösung NDC, das ist ein Ersatz für direkte Bluttransfusion. Man kann dieses, Blutersatzsalz sagt man auch dazu, das ist gelöst, an Ort und Stelle verwenden, wo die Verletzung ist, z. B. bei Autounfällen, dafür ist es ja an sich hauptsächlich gedacht.«

Ferner befinden sich in der Tasche Stethoskop, Perkussionshammer und Abschnürgurt. Er hat dem Polizisten den Inhalt der Tasche gezeigt. »Ich hätte zumindest erst mal einen Schutzverband angelegt und sofort an Ort und Stelle auf dem Boden dort eine Blutersatzlösung als Infusion gegeben. [...] Wenn diese Blutersatzlösung sofort angewendet wird, kann man dem Patienten zumindest bis zum Krankenhaus noch viel Hilfe leisten.«

Schließlich entdeckte der Polizist das Abzeichen der »Fédération International Résistance« an der Jacke des Arztes. Als M. dann noch sagte: »Es ist ja eigenartig, wenn ich mit diesen Zeugnissen hier in die DDR komme, das weiß ich, denn ich habe eine Zeit lang dort gearbeitet, da gelte ich als Arzt, nur hier nicht«, war der Fall für den Polizisten endgültig klar: »Ach so, ein Kommunist!«.

Nach Mitteilung von M. sind nach dem Gespräch mit dem Polizisten noch einmal fünf bis zehn Minuten vergangen, bis Ohnesorg abtransportiert wurde. Zunächst einmal ist festzustellen, dass Ohnesorg nicht in eines der nächstgelegenen Krankenhäuser (das Albrecht-Achilles-Krankenhaus oder die Westend-Klinik) gebracht wurde – möglicherweise waren diese schon mit den bereits eingelieferten Verletzten an ihre Kapazitätsgrenzen gestoßen. Allerdings waren im Westend-Krankenhaus schon am Nachmittag – wahrscheinlich auf polizeiliche Anordnung – Krankenbetten freigemacht worden.

Ein Besuch bei der Witwe

Die Umstände dieses Transports veranlassten den begleitenden Sanitäter, Gerhard G., sich am Abend des 3. Juni zur Familie des Getöteten zu begeben. Peter Ohnesorg, ein Bruder, sprach mit ihm an der Wohnungstür. Er wollte Christa Ohnesorg, die in der Nacht auf die Nachricht des Todes ihres Mannes mit einem Schreikrampf reagiert hatte, nicht noch zusätzlich beunruhigen.

Den Sanitäter bedrückte, dass sie 45 Minuten lang kreuz und quer durch die Stadt gefahren waren. Der Sanitäter des Transports erinnerte sich in einem Gespräch mit dem Verfasser im Jahre 2003, am Ende der Irrfahrt von der Polizei in das Krankenhaus Moabit dirigiert worden zu sein. Einer verletzten Demonstrantin, Jutta B., die in dem Wagen mitgefahren war, wurde im Krankenhaus Moabit die Behandlung verwehrt, weil sie sich weigerte, ihre Personalien anzugeben, offensichtlich aus Angst, mit einem Strafverfahren überzogen zu werden. Der Sanitäter G. erinnert sich, der jungen Frau aus Mitleid einen 50-Mark-Schein zugesteckt zu haben.

Ohnesorg starb – nach dem Totenschein, den der diensthabende iranische Arzt T. ausstellte – etwa zweieinhalb Stunden, nachdem er durch die Kugel des Beamten der Politischen Polizei, Karl-Heinz Kurras, getroffen worden war. Für das Warten auf den Krankenwagen und die anschließende Odyssee kann man etwa eine Stunde veranschlagen. Dem entspricht, dass sich G. sicher erinnert, dass es bereits fast dunkel war, als er mit Ohnesorg im Krankenhaus Moabit eingetroffen war (Sonnenuntergang war etwa gegen 20.30 Uhr.) Es blieben nach der verschenkten ersten Stunde immerhin noch eineinhalb Stunden, um Ohnesorg zu retten. Der offizielle Todeszeitpunkt ist auf dem Todesschein mit 22.55 Uhr angegeben.

Der *Spiegel* schrieb in seiner Ausgabe vom 12. Juni 1967: »Der Sanitätswagen stoppte. Krankenträger hasteten mit einer Bahre in die Rettungsstation des Städtischen Krankenhauses Moabit. Der Patient blutete aus Mund, Nase, Ohren und aus einer Wunde am Hinterkopf. Vergebens

[81] Der Sanitätshelfer G. (Bildmitte, weißer Kittel) der sich später bei der Familie Ohnesorg für die Odyssee des Krankenwagens entschuldigte.

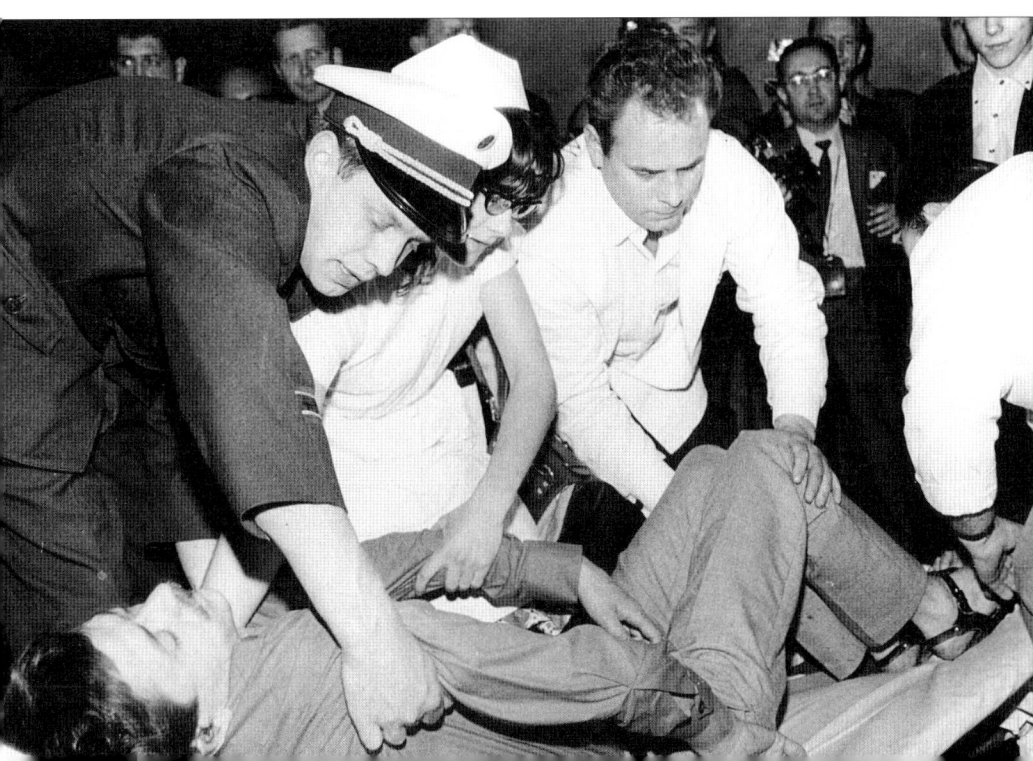

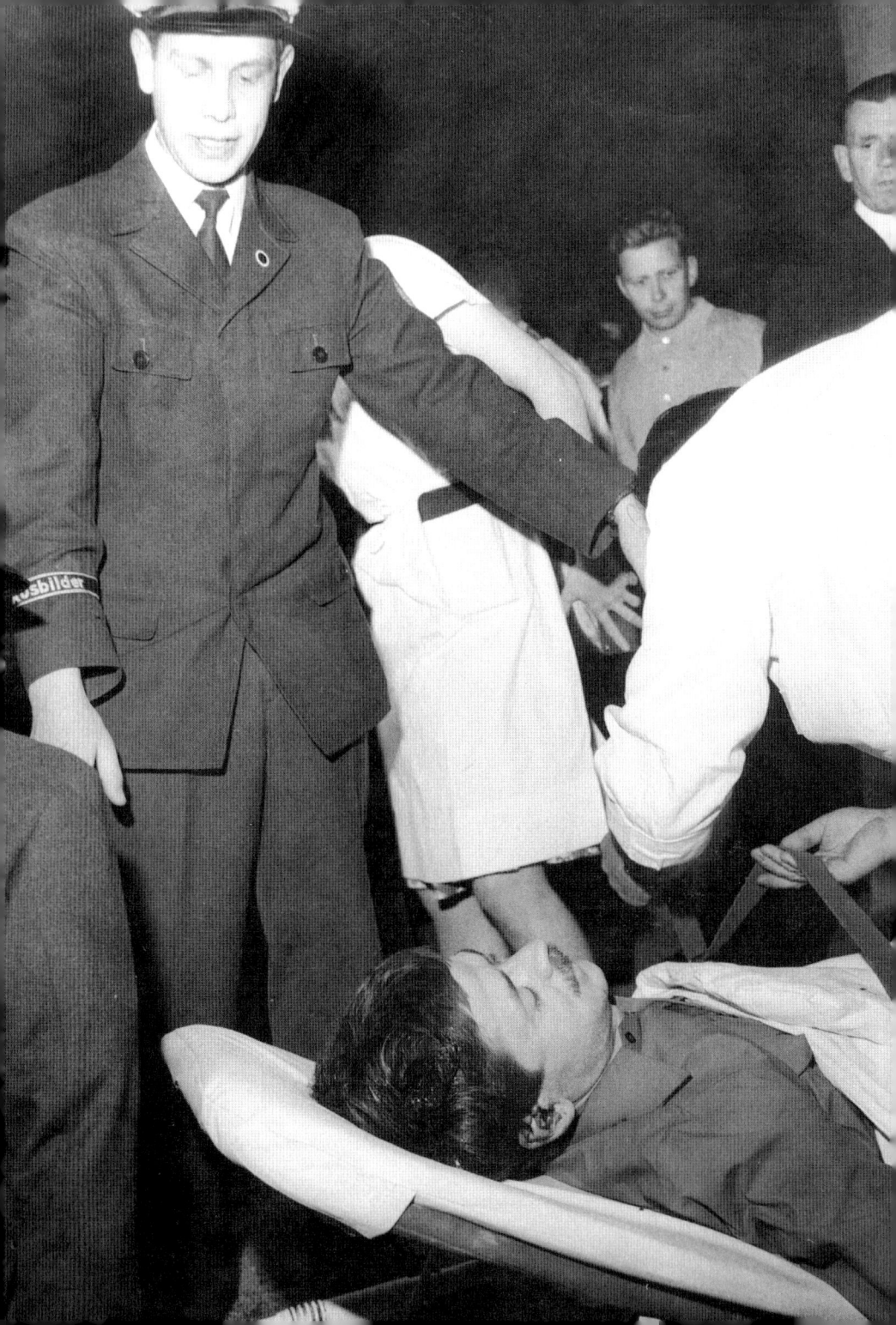

versuchte der Aufnahmearzt, die Wundblutung zu stillen. Vergebens bemühten sich wenige Minuten später die Chirurgen, den Verletzten zu retten. Während sie aus der Schädeldecke ein Knochenstück in der Größe von sechs mal sieben Zentimetern entfernten, setzte der bereits schwache und unregelmäßige Herzschlag aus. So starb am Freitag, dem 2. Juni, kurz nach 21 Uhr, Benno Ohnesorg, 26, Student der Germanistik und Romanistik an der Freien Universität Berlin (FU).«

War es so? Nach dem Bericht von G. kann der Krankenwagen erst deutlich nach 21.00 Uhr im Krankenhaus eingetroffen sein. In einem polizeilichen Fernschreiben ist für die Ankunft der Zeitpunkt 21.25 Uhr festgehalten. Ein Arzt hat die Besatzung des Krankenwagens nach einer kurzen Untersuchung des Verletzten angeblafft: Wieso sie ihm einen Toten ins Krankenhaus brächten. Das könnten sie nicht beurteilen, schließlich seien sie keine Ärzte, antworteten die Sanitäter. Diese Äußerung des Arztes kommt der Feststellung des Todes des Patienten gleich, was mit der Aussage der in dem Wagen mitfahrenden ebenfalls verletzten Demonstrantin, der Krankenschwester Jutta B., übereinstimmen würde, die während der Odyssee des VW-Busses den Tod Ohnesorgs festgestellt haben will.

[82] Benno Ohnesorg wird auf der Trage befestigt. Deutlich erkennbar sind die Blutungen an seinem Kopf

Zutreffend an dem Bericht ist der Hinweis auf das herausgesägte Knochenstück. Laut Obduktionsbericht wurde aus dem Schädel Ohnesorgs ein sechs mal *vier* Zentimeter großes Knochenstück herausgetrennt – die Einschussstelle. Anschließend wurde die Wunde vernäht und das Knochenstück weggeworfen. Warum wurde an einem Toten herumoperiert? Welchen medizinischen Sinn soll es haben, den Teil des Schädelknochens herauszusägen, in dem sich die Einschussstelle befindet? Warum wird die zu vermutende und angesichts des Einschusslochs eindeutige Todesursache – ein Schuss – nicht festgestellt und stattdessen ein Beweisstück vernichtet? Wurde der Todeszeitpunkt auf 22.55 Uhr festgelegt, um die merkwürdige »Behandlung« des bereits Verstorbenen zu legitimieren, indem man sie als Rettungsversuch ausgibt?

Im Urteil des Kurras-Prozesses findet sich übrigens keine Zeile über diesen empörenden Vorgang. Es heißt dort: »Diese Todesursache [Gehirnsteckschuss – d. V.] war jedoch von dem behandelnden Arzt nicht erkannt worden. Erst die am folgenden Tage, dem 3. Juni 1967, durch den medizinischen Sachverständigen Professor Dr. Krauland vorgenommene Obduktion offenbarte die Einschussstelle, den Schusskanal sowie das deformierte Geschoss und damit auch die zweifelsfreie Todesursache.«

»Gegen die von Studentenseite erhobene Behauptung, dass die Todesursache vertuscht worden sei, dass man die Einschusswunde vernäht habe, gegen diese in der Tat Ungeheuerliches unterstellende Behauptung haben inzwischen die Ärzte des Städtischen Krankenhauses Moabit protestiert und eine Entschuldigung des AStA verlangt. Wie auch immer – noch ist das Dunkel über die Vorgänge nicht aufgeklärt, aber wäre der Berliner Rechtsanwalt Horst Mahler nicht zur Stelle gewesen, so wären die wichtigsten Tatsachen weiterhin der Öffentlichkeit verborgen geblieben. Da war kein Parlamentarier, der Protest erhob. Da war nur eine Verschwörung des Schweigens«, schrieb Karl Heinz Bohrer am 12. Juni in der *FAZ*.

Nachdem die Krankenschwester Jutta B. vom Moabiter Krankenhaus abgewiesen worden war, ist sie teilweise mit einem Auto, teilweise zu Fuß zurück zur Oper gefahren bzw. gelaufen. Sie wurde dort gegen 22.00 Uhr von drei Studenten in einer Menschenmenge auf dem Gehweg an der Schiller-/ Ecke Krumme Straße am Boden liegend aufgefunden. Einer der Zeugen, Rolf H.: »Sie blutete stark aus der rechten Schläfen- und Hinterkopfgegend. Außerdem war ihr Hals stark mit Blut verschmiert, so dass wir nicht feststellen konnten, ob dies von den Kopfverletzungen herrührte oder aber auf davon unabhängige Halsverletzungen zurückzuführen war. Daneben war ihr Hals von Platzwunden entstellt.

Ein mir unbekannter Mann half mir beim Aufheben des Mädchens und half beim Einladen ins Auto. Meine Bekannte [...] setzte sich im Auto hinter das Mädchen, um sie während der Fahrt aufrecht zu halten. Auf meine Frage, warum sie denn nicht längst sich in ärztlicher Behandlung befinde, antwortete sie, dass sie mit einem Krankenwagen ins Krankenhaus Moabit (gegen ihren Willen?) gefahren worden sei und dass man sie dort unter groben und unflätigen Beschimpfungen ohne ärztliche Betreuung (sogar ohne Erste Hilfe) wieder abgewiesen habe, als sie sich weigerte, ihre Personalien und eine genaue Schilderung des Hergangs, der zu der Verletzung führte, zu geben. [...] Im Wagen ist sie dann dreimal in sich zusammengefallen und hatte eine grünliche Gesichtsfarbe.«

Post von einem Toten

Benno Ohnesorg wird von vielen, die ihn kannten, als ein Mensch beschrieben, der sich genau informierte, lange prüfte und abwog, eher er sich ein Urteil erlaubte. An seinem Todestag schickte er den Abo-Coupon eines soeben neugegründeten Informationsdienstes ab. Die Redaktion dieses *Berliner Extra-Dienstes* fand die Bestellung des erschossenen Studenten am 5. Juni in ihrem Briefkasten vor.

In den späten sechziger Jahren gehörte der *Extra-Dienst* zur Pflichtlektüre linker Berliner. Darüber hinaus lasen auch viele Journalisten der großen Zeitungen das Blatt, weil es vor allem über die Zustände innerhalb der Berliner SPD hervorragend unterrichtet war. Chefredakteur Guggomos war früher Redakteur des *Vorwärts* gewesen. Bemerkenswert, wie früh Ohnesorg von dieser unscheinbaren Zeitung Kenntnis genommen hatte.

Benno Ohnesorg ist bis heute in geradezu grotesker Weise bekannt und doch unbekannt, auch wenn die Schulfreundschaft mit Uwe Timm ein spätes Buch von diesem über diese Freundschaft hervorgebracht hat. Es war sein früher und gewaltsamer Tod, der Ohnesorg berühmt machte. Aber er war nicht das unbeschriebene Blatt, als das er immer wieder dargestellt wird.

Ohnesorg wurde als mittlerer von drei Brüdern am 15. Oktober 1940 in Hannover geboren. Seine Mutter verstarb, als er neun Jahre alt war. Ein weiterer Halbbruder ist 15 Jahre jünger. Nach der Schule machte er eine Lehre als Schaufensterdekorateur. Für einen längeren Schulbesuch reichte das Geld nicht. Als er die Ausbildung beendet hatte, meldete er sich – wie sein Bruder Willibald – in Braunschweig auf dem Kolleg an, um das Abitur nachzuholen. Trotz vieler Bewerber wurde er nach bestandener Aufnahmeprüfung angenommen – allerdings für den erst ein Jahr später beginnenden Kurs. Er war noch zu jung. Dieses Zwischenjahr nutzte er für Reisen, die er sich durch Jobs finanzierte. In Frankreich arbeitete er als Helfer bei der Weinernte.

In ihrem Gutachten über den Bewerber Benno Ohnesorg schrieb die Psychologin Dr. Elisabeth Müller-Luckmann: »Ohnesorg ist sehr sensibel, eindrucksempfänglich, vor allem in ästhetischer Hinsicht. Er wirkt indessen zwar zart in seiner ganzen Art, aber doch nicht weich oder unentschieden. Bei aller Verhaltenheit oder auch Neigung zur Introversion, bei aller Neigung nur zum Schönen ist er doch weder weich noch energielos. Leicht wird es ihm zwar von Natur aus nicht immer fallen, sich dauerhaft anzuspannen, aber er hat deutlich wirksame Motive, sich weiterzubilden, aus seinem bisherigen Niveau herauszugelangen, und man kann ihm zutrauen, dass er dieselben zielstrebig verwirklicht. Seine Intelligenz ist gut; oft wird er zwar mehr reflektieren als sich äußern, aber er hat doch Sinn für das Wesentliche einer Sache. Mitmenschlich ist er kein schwieriger Partner, vielleicht manchmal geneigt, sich auf sich selbst zurückzuziehen, aber doch auch ansprechbar und auch kontaktwillig. Er hat durchaus Ansätze, jemand zu werden, der nicht ganz alltäglich ist.«

Ohnesorgs engster Freund im Kolleg, Eckhard P., empfindet noch heute jeden dieser Sätze der Psychologin als 100-prozentig zutreffend. »Der letzte Satz ist unglaublich. Wie soll ich heute abend noch arbeiten; ich bin völlig aufgewühlt. Da kommt alles mit Benno wieder ins Bewusstsein«, äußerte er, als er 1999 diese Zeilen der Psychologin, mit der er selbst auch ein Gespräch hatte, als er sich am Braunschweig-Kolleg bewarb, erstmals vernahm.

In einem Brief an das Kolleg schrieb Ohnesorg Anfang 1960 (dieser Brief war zwingend vorgeschriebener Teil der Bewerbung): »Sehr geehrter Herr Dr. Rassmann! Wir sind vier Jungen. Meine Eltern konnten uns nur den Besuch der Mittelschule, nicht aber den der Oberschule ermöglichen. Der Beruf des Schaufenstergestalters, den ich nach Abschluss der Mittleren Reife ergriff, befriedigt mich nicht. Ich habe den Wunsch, Kunsterzieher zu werden. Um dieses Ziel zu erreichen, ist der erste Schritt das Abitur. […] Ich male, zeichne, mache Linolschnitte und Plastiken. […] In der Literatur bevorzuge ich Lyrik und das Drama […] Ich höre literarische Vorträge. […] Auf allen Gebieten der Kunst bemühe ich mich um das Verständnis für das gegenwärtige Schaffen.«

Im Frühjahr 1961 begann der Abiturlehrgang. Eckhard P. teilte sich mit Benno Ohnesorg ein Zimmer auf dem Schulgelände, das aus einem Schulgebäude aus der Nazi-Zeit, einer ehemaligen »Führernachwuchsschule«, wie die Kollegiaten das Gebäude spöttisch, aber durchaus zutreffend benannten, und den auf dem Gelände verstreuten einstöckigen Wohnhäusern bestand. Es liegt in Braunschweig zwischen der Straße nach Wolfenbüttel, der Oker und einer großen Grünanlage.

Das erste, was Benno auspackte, als man sich in den Zimmern einrichtete, war ein Plattenspieler. Und er brachte Bücher mit. Eckhard P., der sich das Zimmer mit Ohnesorg teilte, sagt noch heute, nach einem langen Berufsleben als Lehrer und schließlich als Studiendirektor einer Handelsschule, dass Benno Ohnesorg ihn stark geprägt hat.

Für beide war es ein Aufbruch in eine vollkommen neue Welt – die Welt des Wissens. Eckhard P. hatte Schlosser gelernt und einige Jahre in Nordengland gearbeitet. Er war der politisch Interessiertere von den beiden. Benno Ohnesorg wunderte sich anfangs darüber, dass Eckhard P. jeden Tag im Radio Nachrichten hörte.

Irgendwelchen Küchenresten haben sie gemeinsam kulinarische Genüsse entlockt – Bratkartoffeln mit Zwiebeln, so man welche ergattern konnte, dazu ein Glas Rotwein. Vom Plattenspieler tönte oft die »Carmina Burana«, Maurice Ravel oder eine Platte von Klaus Kinski, auf der er Texte von Villon sprach. Das konnten sie bald auswendig und rezitierten die Texte mit Inbrunst.

Uwe Timm, der ebenfalls das Kolleg in Braunschweig besuchte, hält es für denkbar, dass Ohnesorg ein bedeutender Lyriker hätte werden können. Eckhard P. hält das ebenfalls für möglich. Sicher hingegen ist er sich, dass Benno Ohnesorg ein sehr guter Lehrer geworden wäre. Zum Jahreswechsel 1963/64, ein gutes halbes Jahr nach dem Abitur, verbrachte er mit Benno Ohnesorg einen Winterurlaub im Harz, aber es mangelte an Schnee. In der Herberge war auch eine Kindergruppe zu Gast, die offensichtlich in einem Heim lebte. Irgendwie bekamen sie Kontakt zu dieser Gruppe und entlasteten die Betreuer. Noch heute ist P. von der Art beeindruckt, mit wieviel Ruhe und Einfühlungsvermögen Benno Ohnesorg mit den Kindern umgegangen ist.

Gleich am ersten Tag spielten sie mit diesen Kindern ein Spiel, in dem nachein-

Der Schuss, der alles veränderte

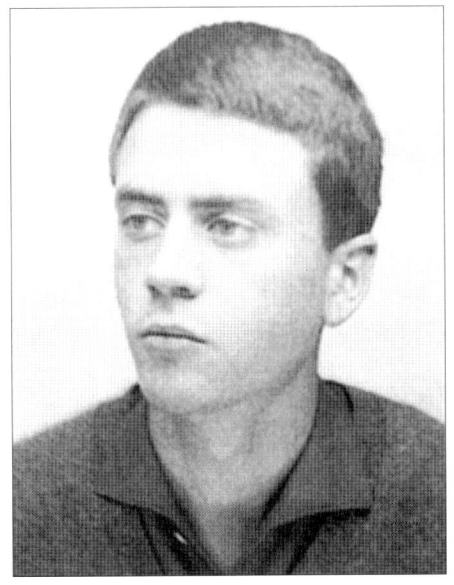

[83 – links] Benno Ohnesorg 1959, zur Zeit seiner Bewerbung am Braunschweig-Kolleg

[84 – rechts] Benno Ohnesorg im August 1966 auf einem Segeltörn in der Kieler Förde

ander die Namen der Anwesenden erraten werden mussten. Benno ist ein eher seltener Name; die Kinder rätselten lange herum und nannten Benno Ohnesorg schließlich »Lukas«. Der Name gefiel ihm und so entstand später die Idee, das gemeinsame Kind von Christa und Benno Ohnesorg Lukas zu nennen, falls es ein Junge würde.

Sechs Wochen vor seinem Tod hatte Benno Ohnesorg geheiratet. Seine Frau war schwanger. Es gab die Überlegung, noch vor der Geburt umzuziehen und die Prüfungen an einer anderen Universität, möglicherweise in Göttingen, abzulegen.

Benno Ohnesorg hatte eine Petition der Kampagne gegen Abrüstung unterschrieben, wie der Berliner Verfassungsschutzpräsident im Untersuchungsausschuss zu berichten wusste. Vor dem 2. Juni 1967 hatte Benno Ohnesorg bereits einmal an einer Demonstration gegen die als verfehlt geltende Bildungspolitik teilgenommen. Die Teilnahme an den Protesten gegen den Schah-Besuch war also nicht die erste Teilnahme Benno Ohnesorgs an einer

Demonstration – wie es seit dem 2. Juni 1967 so oft behauptet wird.

Ohnesorg fuhr oft und gern nach Ostberlin, um sich Brecht-Stücke anzusehen, meist mit seinem Freund Alex Schubert, einem Chilenen deutscher Abstammung, der in Westberlin studierte, den Ohnesorg aber in Ostberlin beim FDJ-Pfingsttreffen 1964 kennen gelernt hatte. Bei diesem Treffen wurde bis in die Nacht auf den Straßen in größeren Gruppen diskutiert, bis schließlich Wasserwerfer dem Spuk ein Ende bereiteten. In einer dieser nächtlichen Diskussionsgruppen hatte Schubert Benno Ohnesorg wiedergetroffen und man verabredete sich. »Ich war damals gerade nach Berlin gekommen. Ich kam aus Chile und war kein Linker. Benno, nicht nur sein Tod, hat mich zu einem Linken gemacht.«

Für Westberliner Studenten, die mit dem Pfennig rechnen mussten, hielt Ostberlin zwei kulturelle Attraktionen »zum Nulltarif« bereit: Buchhandlungen und Theater, vor allem natürlich das Berliner Ensemble am Schiffbauerdamm. Benno Ohnesorg erklärte seinem Freund die Stücke, der, bürgerlicher Herkunft, mit ihnen zunächst nicht viel anfangen konnte: Drei-Groschen-Oper, Mutter Courage, Die Tage der Kommune. »Der Benno hat mir das beigebracht. Und er hat mich konfrontiert mit meinen reaktionären Einstellungen.

[85] Die Hochzeit von Christa und Benno Ohnesorg Ende April 1967

Ich war an einer deutschen Schule in Chile gewesen und ziemlich weit rechtsaußen. Diese Haltung hat der Benno bei mir angefangen in Frage zu stellen.«

Den Tod Ohnesorgs hat Alex Schubert am Morgen des 3. Juni aus dem Radio erfahren. »Ein Schock. Das Einzige, was ich machen konnte, war, zu Christa zu gehen. Wir haben uns gemeinsam ausgeheult. Bis sie nach Hannover umzog, war ich oft mit ihr zusammen.« Er ist sich sicher: »Hätte es am 2. Juni jemand anderen getroffen als den Benno, dann hätte ihn das genauso radikalisiert, wie es bei so vielen anderen in diesen Jahren der Fall war.«

Die Eltern Schuberts waren gerade zu Besuch. Am Mittag des 3. Juni wurde bei Freunden der Eltern gegessen. Er war am Boden zerstört und berichtete, sein bester Freund sei umgebracht worden. Sein Vater sagte, das sei vielleicht ganz gut so, damit er lerne, »keinen Unsinn zu machen.« Der Tod eines Aufrührers wurde geradezu gefeiert, obwohl es der beste Freund des Sohnes war.

In den frühen siebziger Jahren gehörte Alex Schubert, inzwischen Ökonom, dem Regierungsapparat Allendes an und wurde nach dem Putsch in Chile 1973 inhaftiert und später von Hans-Jürgen Wischniewski »befreit«. Helmut Gollwitzer, der sich nach Ohnesorgs Tod um dessen schwangere Frau Christa gekümmert hatte und gemeinsam mit seiner Frau die Patenschaft für den Sohn Lukas übernahm, bat Gustav Heinemann darum, sich bei der Bundesregierung für den Freund Ohnesorgs einzusetzen. So geriet er auf eine Liste von 40 Deutschen, für die die SPD-geführte Bundesregierung bei Pinochet Schutz reklamierte. Auch Peter von Oertzen war mit dem Vorgang befasst. Uwe Wesel verteidigte Schubert vor dem chilenischen Militärgericht.

Durch einen Zufall lernte Alex Schubert 1970 in England Rudi Dutschke kennen und half ihm beim Umzug von London nach Cambridge. Jahre später, nachdem er aus der Haft der chilenischen Militärjunta freigekommen war, besuchte er ihn in Dänemark.

»Der Benno erscheint immer so als ein unpolitischer Mensch«, sagt Schubert, »das war er nicht. Dass wir uns beim FDJ-Treffen kennen gelernt haben, zeigt auch schon dass der Benno keine unpolitische Person war. Aber er war auch kein Revoluzzer. Er war kein Marxist. Er war keiner, der an vorderster Front Steine geworfen hätte. Er war der sanfteste und liebevollste Mensch, den ich damals kannte. Selbst wenn er sich über etwas aufregte, wurde er nicht aggressiv. Er hat sich sehr über die Ungerechtigkeit in den Ländern der Dritten Welt, auch im Iran, aufgeregt. Das Buch von Nirumand hatte er gelesen, und es hat ihn sehr empört. Was ich heute noch genau nachvollziehen kann, was auch zeigt, dass Benno kein unpolitischer Mensch – ganz im Gegenteil – gewesen ist, dass er es war, der mich politisiert hat.« Alex Schubert hatte nach seiner Freilassung noch viele Jahre Kontakt mit Christa und Lukas Ohnesorg.

Schon vor seinem Studium hatte Benno Ohnesorg damit begonnen, arabisch zu lernen, nachdem er 1962 nach Marokko getrampt war. 1965 und das Frühjahr 1966 verbrachte er in Frankreich, wo er ein Schulpraktikum absolvierte. Sowohl gegenüber seinem Bruder als auch gegenüber Eckhard P. äußerte Ohnesorg im Mai 1967 seine Empörung über das härter gewordene Vorgehen der Berliner Polizei, die im April versucht hatte, ein *Sit-in* an der FU aufzulösen, bis Duensing die Aktion abbrach, weil es nur so möglich war, eine sinnlose Konfrontation zu vermeiden. Trotzdem war der Eindruck verheerend, für die Universitätsleitung, die ein Tabu gebrochen hatte – und die Polizei.

In den letzten Monaten seines Lebens lebte Benno Ohnesorg mit Christa in einer großen Wohnung in der Wilmersdorfer Prinzregentenstraße, gemeinsam mit einem Freund aus Kolleg-Tagen, der ihnen zwei Zimmer in seiner viel zu großen Wohnung angeboten hatte. In den ersten Tagen nach Ohnesorgs Tod liefen hier automatisch alle Fäden zusammen, hier wurden der Trauerzug und der dem Leichenwagen nach Hannover folgende Fahrzeug-Konvoi geplant.

[86] Ausflug mit Eckhard P. in den Grunewald im Mai 1967. Christa ist schwanger mit Lukas. In diesen Tagen kauften sie gemeinsam das rote Hemd, dass Ohnesorg am 2. Juni trug.

Nach dem Schuss

Eine Stadt im Ausnahmezustand

[87] Am 3. Juni in der weiträumig abgesperrten Krummen Straße. Nur einzelne Personen durften die Sperren passieren, keine Gruppen.

Nach dem Schuss

Sekunden nach dem Schuss sind auf der Aufnahme des Stuttgarter Toningenieurs Rainer Bosch spontan einsetzende vielstimmige »Mörder, Mörder«-Rufe zu hören. Wie es zu diesen Rufen gekommen ist und ob sie sich allein auf das Schussgeräusch beziehen, ist aus heutiger Sicht nicht mehr sicher festzustellen. Dass überhaupt geschossen werden könnte, war für die Mehrzahl der Anwesenden, geht man nach den Zeugenaussagen, außerhalb jeder Vorstellung.

Nach 21 Uhr verlagerte sich das Geschehen in Richtung Kurfürstendamm. Versprengte Demonstrantengruppen, die von der Polizei verfolgt wurden, zogen in die Innenstadt. Die Polizei verbreitete am späten Abend auf dem Kurfürstendamm noch immer das böse Gerücht von dem getöteten Polizisten.

In der Wielandstraße wurde im eigentlich noch nicht eröffneten Republikanischen Klub die Lage diskutiert, ebenso im SDS-Zentrum am Kurfürstendamm. Noch war nicht bekannt, dass ein Demonstrant getötet worden war. Deutlich vor 23 Uhr meldete sich beim SDS ein anonymer Anrufer aus einer Station eines nicht genannten Berliner Krankenhauses und teilte mit, dass dort ein Student der FU verstorben sei. Der Anrufer habe seriös und nicht besonders aufgeregt gewirkt; eher nicht wie jemand, der zur linken Szene gehörte. Die Telefonnummer des SDS könnte er ohne weiteres dem Telefonbuch entnommen haben.

Schon vor diesem Anruf war im SDS-Zentrum am Kurfürstendamm eine junge Frau in eine Diskussionsrunde geplatzt und forderte die Anwesenden auf, eine Polizeikaserne zu überfallen, um sich zu bewaffnen. Es drohe die physische Vernichtung der Opposition. »Das ist die Generation von Auschwitz, mit denen kann man nicht diskutieren.« Der SDS sei als einziger Verband in der Lage, den Ernst der Situation zu durchschauen, und nur mit dem SDS könne die notwendige Stürmung der Poli-

[88] Sonderausgabe des *FU-Spiegel*, herausgegeben vom AStA, mit einem Titelfoto von Jürgen Henschel

Eine Stadt im Ausnahmezustand

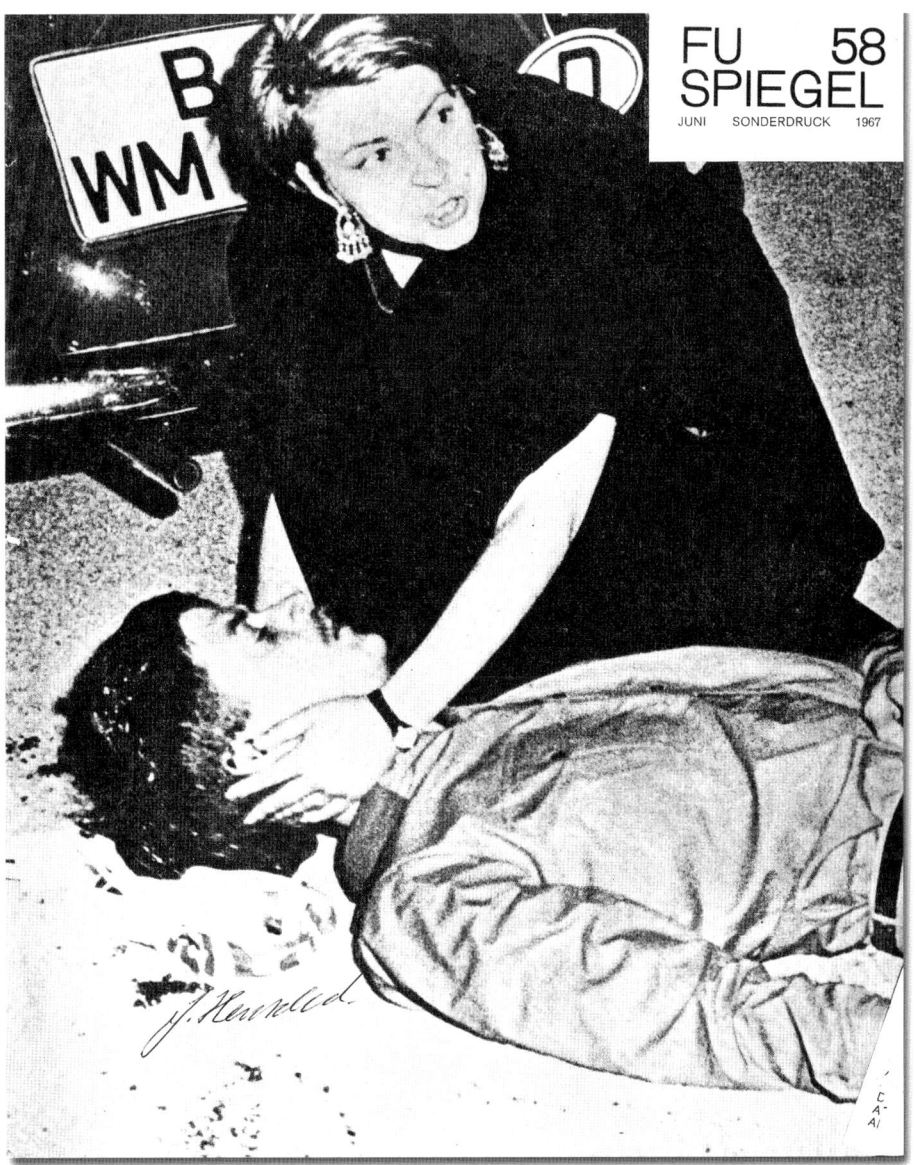

FU SPIEGEL 58
JUNI SONDERDRUCK 1967

Nach dem Schuss

zeikaserne durchgeführt werden. Es wurde einige Zeit darüber diskutiert, ob diese Einschätzung zuträfe und welche Folgerung aus ihr zu ziehen wäre.

Schließlich bereitete der SDS-Funktionär Tilman Fichter der Diskussion ein Ende, indem er feststellte, dass die zufällige Runde, die da zusammengekommen sei, sowieso nichts beschließen könne, und von seinem »Hausrecht« Gebrauch machte. Er wollte an diesem Tag nicht im SDS-Haus übernachten, darum machte er sich noch vor Mitternacht mit seiner Freundin auf den Weg in deren Wohnung. Das SDS-Haus schloss er hinter sich ab. Allen Anwesenden wurde noch mitgeteilt, dass man am nächsten Morgen in der FU eine Vollversammlung abhalten werde, und es wurde gebeten, in den einschlägigen Kneipen diese Information weiterzuverbreiten. Thema dieser Versammlung sollte der Polizeieinsatz sein, nicht der Tod eines Studenten, was zu diesem Zeitpunkt kaum mehr als ein unbestätigtes Gerücht war.

Die junge Frau, die die sofortige Bewaffnung propagierte, um sich vor der Polizei zu schützen, war Gudrun Ensslin.

»Mach eine Erklärung!«

Am nächsten Morgen »watete« Albertz tatsächlich im Blut, wie er sich im März, noch siegesgewiss und nicht ohne Zynismus, über seine Kämpfe mit der Berliner SPD im *Spiegel* ausgedrückt hatte. Noch in der Nacht, der Tod eines Demonstranten war ihm in-

Eine Stadt im Ausnahmezustand

zwischen bekannt, nicht jedoch die genauen Umstände, ließ Albertz eine Erklärung verbreiten, die den Tenor der Kommentare der Springer-Presse des nächsten Tages vorwegnahm. Sie lautete: »Die Geduld der Stadt ist am Ende. Einige Dutzend Demonstranten, unter ihnen auch Studenten, haben sich das traurige Verdienst erworben, nicht nur einen Gast der Bundesrepublik Deutschland in der Deutschen Hauptstadt beschimpft zu haben, sondern auf ihr Konto gehen auch ein Toter und zahlreiche Verletzte – Polizeibeamte und Demonstranten. Die Polizei, durch Rowdies provoziert, war gezwungen, scharf vorzugehen und von ihren Schlagstöcken Gebrauch zu machen. Ich sage ausdrücklich und mit Nachdruck, dass ich das Verhalten der Polizei billige und dass ich mich durch eigenen Augenschein davon überzeugt habe, dass sich die Polizei bis an die Grenzen der Zumutbarkeit zurückgehalten hat.«

Mehr Öl hätte man nicht ins Feuer gießen können. An dieser Erklärung stimmte nichts, aber auch gar nichts – ausgenom-

[89, 90] Das Buchstaben-Ballett auf dem Kurfürstendamm: Unter Umgehung des Demonstrationsverbots fordern acht Studenten am 11. Juni 1967 den Rücktritt des Regierenden Bürgermeisters Heinrich Albertz. Die Polizei nahm die Demonstranten wegen »erheblicher Störung des Verkehrs« fest. Ganz rechts im Bild Gudrun Ensslin

Nach dem Schuss

men vielleicht der erste Satz: »Die Geduld der Stadt ist am Ende.« Damit gab Albertz einer Stimmung in der Stadt Ausdruck, die auch seine eigene war. Er tat so, als ob er selbst alles in Ordnung fände, was passiert war. Darin ähnelte Albertz seinem Polizeipräsidenten, dem er bis zum 2. Juni 1967 absolut vertraute – schließlich hatte Duensing Albertz im Krieg geschützt, als es Albertz in dessen Kompanie verschlagen hatte.

Nicht nur Albertz wird diese Pressemitteilung in den nächsten Tagen, Wochen und Monaten mehr als einmal verflucht haben. Wie kam es zu dieser furchtbaren Verlautbarung? Albertz hatte seinen Pressesprecher Hanns-Peter Herz telefonisch angewiesen: »Mach eine Erklärung!« Herz gestand (im Gespräch mit dem Verfasser im Dezember 2004) ein, dass diese von ihm formulierte Erklärung ein »schwerer politischer Fehler« war.

Keinesfalls habe Herz jedoch diese Erklärung herausgeben wollen, ohne vorher die Zustimmung von Albertz einzuholen. Albertz hat seinerseits nie bestritten, die Erklärung, die ihm telefonisch vorgelesen worden war, abgesegnet zu haben. Aber auch Duensing habe sich eingemischt und versucht, dass eine möglichst scharfe und polizeifreundliche Erklärung abgegeben

[91] Unmittelbar nach dem 2. Juni begannen die Bemühungen von studentischer Seite, einzelne Polizeibeamte zu identifizieren.

würde, fügt Herz hinzu. Der junge Innensenator Büsch wurde wieder einmal übergangen. Albertz war der Chef und vielleicht auch ein bisschen zu lange Innensenator gewesen, um sich mit Büsch abzusprechen.

Anonyme Bombendrohung

In der Bedrängnis, in die Albertz durch die dramatischen Ereignisse geraten war, beging er von nun an Fehler auf Fehler. Noch in der Nacht unterließ er es, sich persönlich und vor Ort über die Vorfälle zu informieren. »Ich fuhr nach Hause. Ja, ich fuhr nach Hause. Warum fuhr ich nach Hause? Warum nicht ins Polizeipräsidium – und warum nicht von dort ins Krankenhaus zu dem toten Studenten? Äußerlich war alles klar. Ich war nicht Innensenator, ich wusste noch nicht einmal verlässlich, ob ein Mensch und wer erschossen sei. Ich musste meine Frau heil nach Hause bringen. Ich war todmüde und angeekelt von allem, was geschehen war.« Albertz hat in den nächsten Wochen versucht, von dem Tenor seiner ersten Erklärung in vorsichtigen Schritten ganz allmählich abzurücken.

Noch viel komplizierter stellte sich die Problematik für den jungen Innensenator Büsch dar, der politisch für die Polizei verantwortlich war: Einerseits wusste er oder ahnte es zumindest, dass die Polizei an ihm vorbei und hinter seinem Rücken agiert hatte. Er war jedoch, seit gerade einmal zwei Monaten, politisch für diese Polizei verantwortlich. In der Oper war er nicht über die Vorgänge informiert worden, obwohl er darum gebeten hatte. Er verblieb auch nach der Pause im Zuschauerraum, weil er entschieden hatte, eine anonyme Bombendrohung zu ignorieren. Er hätte ja nicht die Bombendrohung für irrelevant erklären und dennoch die Oper verlassen können. Dass er sich in dieser Zwangslage so entschied, statt vor die Oper zu treten und sich den Einsatz »seiner« Polizei anzusehen, ist ihm später natürlich heftig vorgeworfen worden. Der Urheber der Bombendrohung ist nie ermittelt worden.

Dass sofort, also am Sonnabend und nicht erst am Montag, eine Obduktion Ohnesorgs durchgeführt wurde, setzte Büsch lautstark gegenüber der Polizeiführung durch. Selbst wenn er am liebsten die gesamte Polizeiführung ausgetauscht hätte – wie hätte er das tun sollen? Er glaubte, sich vor seine Leute stellen zu müssen. Und zugleich vorsichtig Kritik anzubringen.

Von seinen leitenden Polizeibeamten forderte er einen Bericht nach dem anderen, so am 16. Juni 1967: »In dem Bericht bitte ich darzustellen, wie der Einsatz im einzelnen geplant war und welche Änderungen oder Abweichungen von dem ursprünglichen Plan während seiner Durchführung – etwa auf Grund vorangegangener besonderer Vorkommnisse im Laufe des Staatsbesuchs – notwendig waren. Der Bericht wird sich im übrigen nicht nur auf taktische Betrachtungen zu beschränken haben, sondern auch eine polizeirechtliche Würdigung aller Fälle der Anwendung des unmittelbaren Zwanges enthalten müssen.« Man spürt die innere Erregung des Innensenators, der durch die Handlungen seiner Polizei und durch die bewusst verschleppten Informationen politisch schon längst ein »toter Mann« war.

Nachdem Albertz eine Rede von ihm im Abgeordnetenhaus als »zu polizeifreundlich« kritisiert hatte, notierte Büsch in einem Vermerk: »Ich erklärte, eine Rede des Innensenators, der sich nicht abgewogen zur Polizei äußert, sondern die Polizei grundsätzlich kritisiert, kann nur abgegeben werden, wenn der Innensenator zurücktritt.« Seinen Rücktritt, den Büsch anbot, lehnte Albertz jedoch ab. Da er seinen Rücktritt angeboten hatte, liegt es nahe, anzunehmen, dass er lieber die Polizei »grundsätzlich kritisiert« hätte.

Publizistischer Ausnahmezustand

Am Samstagmorgen brodelte es in der Stadt. Sie befand sich in einer Art Ausnahmezustand. Vor allem Zeitungen der Springer-Presse tobten, sie logen und fälschten, was das Zeug hielt, so dass einige Redakteure bald darauf beschlossen, sich von diesem Verlag zu trennen. Ein *RIAS*-Moderator, Pseudonym Sam Jensen, zugleich *Stern*-Mitarbeiter, wurde suspendiert, weil er in seiner regelmäßigen Sendung am Samstagmorgen einen Kommentar der *BZ* auf- und scharf angriff.

In der *BZ* konnte man lesen: »Berlin hatte bisher den Ruf einer fleißigen, arbeitsamen Stadt. [...] Eine Minderheit ist auf dem besten Wege, diesen Ruf zu zerstören. Sie will Berlin in ein Rabaukennest verwandeln. [...] Was gestern in Berlin geschah – es hat mit Politik nichts mehr zu tun. Das war kriminell. Das war kriminell in übelster Weise. Diese Leute können von der Bevölkerung kein Verständnis mehr erwarten. [...] Zwischen politischem Protest und sinnloser Pöbelei ist ein himmelweiter Unterschied. Die Berliner haben keinen Sinn und kein Verständnis dafür, dass ihre Stadt zur Zirkusarena unreifer Ignoranten gemacht wird, die ihre Gegner mit Farbbeuteln und faulen Eiern bewerfen.«

Der Kommentar der *BZ* (»Berliner Zeterblatt« schrieb Dieter E. Zimmer ausgerechnet in der Ausgabe der *Zeit* vom 2. Juni 1967) endet mit dem schon fast legendären Satz: »Wer Terror produziert, muß Härte in Kauf nehmen.«

Kaum anders die *Berliner Morgenpost* am nächsten Tag: Unter der Überschrift »Heinrich Albertz bleibt hart« führt der Politikchef Rudolf Stiege aus: »Die gleichen Leute, die am Freitagabend den Schah von Persien anpöbelten, die Eier, Tomaten, Rauchkerzen, Knallfrösche und Steine auf die Berliner Polizisten warfen und die lange, quälend lange Zeit die geduldigen Ordnungshüter mit Schmährufen bedachten, suchten gestern der Polizei die Schuld am blutigen Straßenkampf vor der Deutschen Oper in die Schuhe zu schieben.

Die Polizei trägt keine Schuld an den Zusammenstößen, die eindeutig von un-

15 Pf
A 2032 A

B·Z·

Nr. 127 · 91. Jahr / Berlin, Sonnabend, 3. Juni 1967
Die größte Zeitung Berlins

Ein Todesopfer beim Schah-Besuch

Straßenschlacht vor der Oper!

- **Zahlreiche Verletzte in Krankenhäusern**
- **Polizei mußte Wasserwerfer einsetzen**
- **Rauchbomben, Knallkörper, faule Eier**

Berlin, 3. Juni BZ — Eine Straßenschlacht, wie sie Berlin seit Kriegsende nicht mehr gesehen hat, lieferten gestern abend linksradikale Demonstranten der Polizei. Nach ersten Berichten gab es ein Todesopfer und zahlreiche Schwerverletzte. Demonstranten waren mit Rauchbomben, Steinen und Eiern gegen die Polizei vorgegangen. Die Unruhen, die anläßlich des Schah-Besuchs ausgebrochen waren, hielten gegen Mitternacht noch an. (S. 3, 13–16.)

WETTER: Gewitter / 24 Grad
BZ-Telefon 61 081

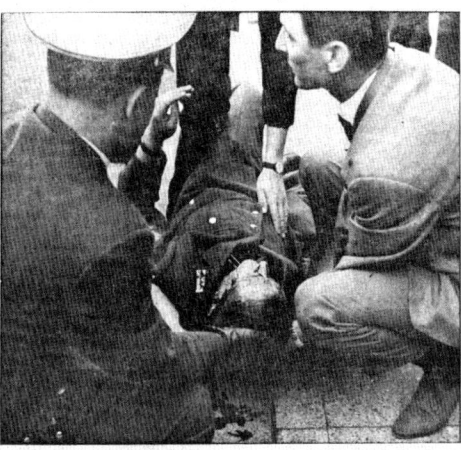
VON EINEM STEINWURF schwer verletzt – ein Polizist.

EINE BLUTÜBERSTRÖMTE FRAU wird in Sicherheit gebracht.

seren Krawall-Radikalen provoziert wurden. Die Polizei tat ihre schwere Pflicht. Der unglückliche Schuss, der Ohnesorg tötete, wurde nach menschlichem Ermessen in Notwehr abgegeben. Benno Ohnesorg ist nicht der Märtyrer der FU-Chinesen, sondern ihr Opfer. [...] Einige Lümmel forderten den Rücktritt von Polizeipräsident Duensing. [...] Das Maß ist nun voll. Die Geduld der Berliner Bevölkerung ist erschöpft. Wir sind es endgültig leid, uns von einer halberwachsenen Minderheit, die noch meist Gastrecht bei uns genießt, terrorisieren zu lassen.«

Die *Bild*-Zeitung: »Gestern haben in Berlin Krawallmacher zugeschlagen, die sich für Demonstranten halten. Ihnen genügte der Krach nicht mehr. Sie müssen Blut sehen. Sie schwenken die rote Fahne und sie meinen die rote Fahne. Hier hören der Spaß und die demokratische Toleranz auf. *Wir haben etwas gegen SA-Methoden. Die Deutschen wollen keine braune und keine rote SA. Sie wollen keine Schlägerkolonnen, sondern Frieden.* Wer bei uns demonstrieren will, der soll es friedlich tun. Und wer nicht friedlich demonstrieren kann, der gehört ins Gefängnis. *Bild*«

Den Leserinnen der Illustrierten *Frau* wurde das Problem folgendermaßen

[92] Das Kaschieren der Schußwunde hatte zur Folge, dass zunächst keine Zeitung die Todesursache vermelden konnte: Titelseite der *BZ* vom 3. Juni

erklärt: »Kriminalobermeister Kurras sah plötzlich sein Leben bedroht. Er dachte an seine Frau daheim, er bekam plötzlich ganz verständliche Angst, wie jeder andere Mensch sie auch in seiner Situation bekommen hätte. Die Rowdys schlugen auf den entsetzten Beamten ein, schlugen ihn sogar krankenhausreif. Als Kurras glaubte, ein Messer aufblitzen zu sehen, griff er zur Dienstpistole, er wollte Warnschüsse abgeben – wie er später aussagte. Zu diesem Zeitpunkt hielt sich der 26-jährige Benno Ohnesorg in einigen Metern Entfernung auf. Kurras' Rechtsanwalt Gerd Joachim Roos erzählte mir später: ›Benno Ohnesorg beteiligte sich gar nicht an der Schlägerei!‹ Und ihn, den offenbar unbeteiligten Studenten, traf der Schuss des Polizisten Kurras. Tödlich! Karl-Heinz Kurras musste verletzt ins Krankenhaus eingeliefert werden. Hätte Kurras nicht geschossen, Frau Ohnesorg brauchte heute nicht um ihren Mann Benno zu trauern. Frau Kurras aber wäre möglicherweise Witwe.«

Ein »Sprengstoffanschlag«

Am Vormittag hatte Albertz zunächst die protokollarische Verpflichtung wahrzunehmen, den Schah auf dem Weg zum Flughafen zu begleiten und dort zu verabschieden. »Ich fragte ihn,« so berichtet Albertz in seinen Erinnerungen, »ob er von dem Toten gehört habe. Ja, das solle mich nicht beeindrucken, das geschehe im Iran jeden Tag«, habe der Schah geantwortet und hinzugefügt: »Sie müssen viel mehr erschießen, dann haben Sie hier Ruhe.«[1]

Albertz fuhr ins Rathaus, um einen Bericht des Polizeipräsidenten entgegenzunehmen. Nachdem in der Nacht noch von einem Schädelbruch als Todesursache berichtet worden war, kamen nun nach und nach die Todesumstände ans Tageslicht, wobei hier ein Teil der Presse ihrer Aufgabe geradezu vorbildlich gerecht wurde. Dies führte schließlich dazu, dass der Senatssprecher Herz verärgert von einer Pressekonferenz zurückkehrte und dem Regierenden Bürgermeister klagte, dass die anwesenden Presseleute über mehr Informationen verfügten als er selbst. Herz wusste nicht einmal, wo genau der tödliche Schuss gefallen war und tischte den Journalisten noch die längst widerlegte Version vom Querschläger auf.

Duensing versuchte noch am Vormittag, Albertz mit einem vereitelten Sprengstoffanschlag auf den Schah zu beeindrucken. »Als ich am nächsten Morgen pünktlich beim Regierenden Bürgermeister erschien, traf ich auf den Polizeipräsidenten, der von einem angeblich vorbereiteten Bombenattentat auf den Flugplatz Tempelhof berichtete«, schildert der spätere Kanzleramtsminister Willy Brandts, Horst Grabert, seit dem 1. Juni 1967 frischgebackener Chef der Senatskanzlei, die Situation. »Die Polizei habe einen mit Sprengstoff gefüllten PKW am Platz der Luftbrücke gestellt und den Fahrer, einen Studenten, verhaftet. Ich hielt diese Meldung für unglaubwürdig und hatte den Eindruck, die Polizei wolle von etwas ablenken. Möglicherweise hing das mit dem Tod des jungen ›Störers‹ zusammen, der gestern ums Leben gekommen war. Ich schlug vor, dass ich sofort zum Platz der Luftbrücke fahren würde, um einen Eindruck von der Sachlage zu bekommen. Der Polizeipräsident protestierte und verbat sich Zweifel an seinem Bericht. Albertz aber sagte: ›Fahren Sie, CdS!‹ [Chef der Senatskanzlei – d. V.]

Nach zehn Minuten traf ich am Platz der Luftbrücke ein und musste sehr energisch die Absperrung überwinden. An der Einfahrt zum Flughafen stand ein Volkswagen mit weit geöffneten Türen. Auf dem Rücksitz befanden sich einige Kisten mit aufgeklebten Schildern, die ihren Inhalt als Feuerwerkskörper deklarierten. Der begleitende Polizeioffizier warnte mich vorm Herantreten. Es handele sich um Sprengstoff, der jederzeit explodieren könne. Es waren weder Verbindungskabel noch Zündschnüre zu entdecken. Ich dachte, wenn einer eine Bombe durch die Stadt fährt, dann würde man die doch in den Kofferraum legen und nicht auf den Rücksitz, wo sie jedermann sieht. Ich ging zum Wagen und nahm eine Kiste heraus. Nichts geschah. Es waren Feuerwerkskörper. Ich nahm ein Exemplar an mich, fuhr sofort ins Rathaus zurück, stellte das Ding auf den Schreib-

---

1 Die letzte Äußerung hat Albertz nicht in seinen Erinnerungen wiedergegeben, sondern berichtete sie Jürgen Treulieb.

Eine Stadt im Ausnahmezustand

tisch des Regierenden Bürgermeisters und sagte, dass dies die Bombe des Herrn Polizeipräsidenten sei, der sich ›weitere Schritte‹ vorbehielt und das Rathaus eiligen Schrittes verließ.

Jetzt hatten der Regierende Bürgermeister und sein Chef der Senatskanzlei ein sehr langes und freundschaftliches Gespräch. Im Ergebnis wurde festgelegt, dass der Senatssprecher die noch in der Nacht abgegebene Erklärung des ›Regierenden‹ relativieren und auf die stattfindende staatsanwaltliche Untersuchung verweisen solle, bevor eine Beurteilung des Vorganges erfolgen könne.«

Grabert schließt diese Darstellung mit den Worten: »Für mich hatte dieser Vormittag eine neue Erfahrung gebracht: nie mehr einer amtlichen Verlautbarung zu trauen, wenn es auch nur einen leisen Zweifel an ihrer Richtigkeit gab. Der Ablauf des 2. Juni, an dem der unbeteiligte Student Benno Ohnesorg durch eine gezielte Polizeikugel ums Leben kam, ist durch eingehende Untersuchungen und Strafprozesse aufgeklärt worden.« Dies ist eben nicht geschehen, und die Vertuschung begann noch am späten Abend: Obwohl die Einschussstelle freigelegt und daran herumoperiert worden war, will tatsächlich niemand die Schussverletzung bemerkt haben?

[93] »Laßt mich mit dem Tyrannen nicht allein.« Gastgeber Albertz (rechts), der Schah und die Kaiserin

Überraschung bei der Obduktion

Am Vormittag des 3. Juni fand die Obduktion Ohnesorgs statt, so wie es Büsch verlangt hatte. Kripo-Chef Sangmeister wurde laufend telefonisch über den Stand der Untersuchung informiert. Für die Witwe Benno Ohnesorgs nahm der Rechtsanwalt Mahler an der Obduktion teil. Er befand sich in einer gläsernen Kuppel über dem Sektionstisch und konnte durch Mikrophon und Lautsprecher mit dem Obduzenten kommunizieren.

Die Obduktion begann. Der leitende Arzt, Professor Krauland, diktierte die Befunde. Plötzlich stockte er, seine Stimme wurde lauter. Er hatte entdeckt, dass – offensichtlich in der Nacht zuvor – eine große Operationswunde am Kopf des Toten mit einer Kreuznaht verschlossen worden war und zeigte sich darüber sehr überrascht. Ein übereifriger Assistent schaltete sofort den Lautsprecher in Mahlers Kabine ab, was natürlich umgehend zu heftigen Protesten führte; schließlich hatte Mahler seine Teilnahme an der Obduktion gefordert, um aus erster Hand zu erfahren, was wirklich mit Ohnesorg passiert war. Zu diesem Zeitpunkt, da offenbar wurde, dass an der Leiche manipuliert worden war, den Ton abzuschalten, war geradezu absurd.

Unter der vernähten Wunde entdeckte der Obduzent, dass ein sechs mal vier Zentimeter großes Knochenstück aus dem Schädel herausgesägt worden war. Es handelte sich dabei um die Einschussstelle. Der die Obduktion beaufsichtigende Kriminalkommissar J. ordnete auf der Stelle an, dass eine Streifenwagenbesatzung im Krankenhaus Moabit die Abfälle der vergangenen Nacht nach diesem Knochenstück zu durchsuchen hätte. Eine diensthabende Krankenschwester und die beauftragten Polizisten weigerten sich, diesem unangenehmen Anliegen nachzukommen und die Polizisten nahmen kurzerhand die große blaue Abfalltüte mit, die sonst im Müll gelandet wäre. Krauland durchsuchte die Mülltüte selber, wurde aber nicht fündig.

Das Vernähen der Wunde wurde später als eine Handlung erklärt, die man der Würde eines Toten schuldig sei. Das Heraussägen und Beseitigen des Knochenstücks mit der Einschussstelle – was man angesichts eines Tötungsdelikts durchaus als Vernichtung eines Beweismittels werten kann –, wurde nicht erklärt.

Es fällt schwer, das Vernähen der Operationswunde anders als den Versuch zu interpretieren, die Entnahme des Knochenstücks mit der Einschussstelle zu verbergen. Wenn, wie ursprünglich geplant und an einem Wochenende wohl auch üblich, die Obduktion erst am Montag stattgefunden hätte, wäre die Tatsache, dass Benno Ohnesorg von einer Polizeikugel getötet worden war, erst einige Tage später bekannt

[94] Erhielt noch in der Nacht zum 3. Juni das Mandat von Christa Ohnesorg: Rechtsanwalt Horst Mahler

geworden. Aber auch so war der politische Schaden der vor dem Senat geheim gehaltenen Todesursache immens. Es ist schwer vorzustellen, dass Albertz die Erklärung von Herz gebilligt hätte, wenn er um die Schussverletzung gewußt hätte.

Es ist ein gravierender Unterschied, ob ein Demonstrant an den Folgen eines überharten Polizeieinsatzes gestorben ist, oder ob er erschossen wurde. Brutal verprügelt wurden am 2. Juni 1967 viele Demonstranten, doch der Schuss in den Kopf Benno Ohnesorgs war »ein Schuss in viele Köpfe«, wie Michael Sontheimer seinen Artikel über den 2. Juni 1967 20 Jahre später in der *Zeit* überschrieb.

Berliner Notstand

Die Demonstranten hatten am 2. Juni den Polizeieinsatz vor der Oper immer wieder in Sprechchören als »Notstandsübung« bezeichnet. Am nächsten Tag gab sich der Senat alle erdenkliche Mühe, dieser Annahme der Studenten gerecht zu werden. Am frühen Nachmittag fand er sich zu einer Krisensitzung zusammen. Es wurde beschlossen, in den kommenden 14 Tagen sämtliche Demonstrationen zu verbieten. Da das verfassungswidrig war, wählte man später die Formulierung, sämtliche Demonstrationen in diesem Zeitraum »nicht zu genehmigen.«

Auf dem Weg zur Senatssitzung begegnete der weit über die Stadt hinaus als SPD-Bildungsexperte angesehene Schulsenator Carl-Heinz Evers dem Polizeipräsidenten auf der Rathaustreppe. »Nun hätten *die* ihren Toten,« berichtet Evers in seinem Buch *Zwischenfälle* eine Äußerung Duensings, »aber er sage mir, einer sei denen noch zu wenig. Mir verschlägt's die Sprache.«

Der Senator mit dem Riesenressort Jugend, Sport, Gesundheit und Soziales, Kurt Neubauer, forderte, die Rädelsführer aus Berlin abzuschieben. »In der auf den 2. Juni folgenden Senatssitzung beherrschte er [der Vorgang des 2. Juni – d. V.] die Tagesordnung«, berichtet Horst Grabert. »Nach einem Bericht des Innensenators, der viele Fragen offen ließ, brach eine emotionale Debatte los, wie sie wohl noch nie stattgefunden hatte.«

Von »kriegerischer Einmütigkeit«, wie sie Jacques Schuster in seiner Albertz-Biographie beschreibt, kann jedenfalls nicht die Rede sein. Justizsenator Hoppe kündigte Schnellgerichte an, und es war im Gespräch, Demonstranten psychiatrisch begutachten zu lassen.

Grabert berichtet weiter: »Ein Senatsmitglied stellte den Antrag, die ›paar hundert Störer‹ zu erfassen und aus der Stadt auszuweisen. Auf meinen Einwand, dass die Verfassung Berlins und das Grundgesetz dafür keine Handhabe böten, wollte dieser Senator, dass die Senatskanzlei sich eine entsprechende Anordnung der Alliierten besorgen solle. Der Regierende Bürgermeister wies den Antrag als unzulässig zurück, die Senatsmehrheit unterstützte die Zurückweisung. Es wurde vereinbart, diesen Vorgang nicht zu protokollieren. Ich hatte den Eindruck, die schöne Fassade der Politik war dabei zusammenzubrechen. Wie wollte der Senat die nächste Zeit überstehen, in der mit zahlreichen Demonstrationen gegen Polizei und Senat zu rechnen war? Wie sollte erklärt werden, dass ein Student, dem kein Vergehen angelastet werden konnte, von einem Polizisten erschossen und dieser Polizist zumindest anfangs von der Polizeiführung und dem Senat verteidigt worden war? In den nächsten drei Monaten war an eine normale Arbeit nicht zu denken.«

Zwei junge Guerilleros

In diese Senatssitzung platzten die jungen SPD-Abgeordneten Dietrich Stobbe und Gerd Löffler. Beide waren am Abend als Beobachter vor der Oper, stürmten nun an der Vorzimmerdame vorbei in den Sitzungssaal und berichteten dem verblüfften Senat von »dem verheerenden Einsatz der Polizei als auch von den Übergriffen der Studenten und schlossen mit dem Appell, das *Sit-in* nicht aufzulösen.« Auf dem Campus der FU hatten sich im Laufe des Tages 4000 Studenten versammelt und zu einem halbstündigen »Sitz- und Schweigestreik« aufgerufen. Der Senat war soeben im Begriff, diese Demonstration auflösen zu lassen. »Als Löffler ankündigte, sich selbst am *Sit-in* zu beteiligen, zog Albertz den Räumungsbefehl zurück«, berichtet der Albertz-Biograph Jacques Schuster.

In die Senatssitzung eindringend machten sich die beiden Abgeordneten zum Sprachrohr der empörten Studenten. »Der ganze Laden hat furchtbaren Mist gebaut«, fasste Stobbe seine damalige Aussage im Gespräch mit dem Verfasser zusammen. Stobbe, keine zehn Jahre später selber Regierender Bürgermeister in Berlin, hatte sein jeden Rahmen sprengendes Auftreten während der Senatssitzung damit begründet, dass er es für seine Pflicht halte, den Senat von seinen Beobachtungen zu unterrichten, selbst auf die Gefahr hin, von allen Posten zurücktreten zu müssen.

Dietrich Stobbe hatte innerhalb der Fraktion engen Kontakt zu Löffler. Nach den Ereignissen am Mittag des 2. Juni vor dem Rathaus Schöneberg hatte er sich mit Löffler verabredet, sich am Abend vor der Oper ein eigenes Bild von den Ereignissen zu machen.

So beobachteten sie schwerste Fehler der Polizei. Die Umsetzung des Räumungsbefehls des Polizeipräsidenten führte »bei den dort versammelten Protestierenden zu einer geradezu sprunghaft gesteigerten Wut […] Wir, Gerd Löffler und ich, haben am Abend gewusst, miterlebt und gespürt, dass dort etwas ganz Schlimmes über den Berliner Senat und seine Organe, also auch der Polizei, hereinbrechen würde.« Beide waren ziemlich erschüttert über das, was sie erlebt hatten und beschlossen noch vor Ort, das Verhalten der Polizei zu einem Gegenstand einer Diskussion in der SPD-Fraktion zu machen.

[95] Aus der Vollversammlung der Studenten wurde eine Trauerfeier für Benno Ohnesorg: Der Campus der Freien Universität Berlin am 3. Juni 1967

»Wir dachten nicht, dass sich das noch mehr steigern würde. Wir haben an dem Abend nicht gewusst, dass da 150, 200 Meter von uns entfernt jemand erschossen worden ist, weil wir nicht dort waren.«

Löffler hatte allerdings gegenüber der Staatsanwaltschaft ausgesagt, dass er in der Krummen Straße gegenüber dem Haus 66/67 auf den Stufen eines Ladens gestanden hatte und dort auch die Wahrnehmung möglicherweise eines Schusses gemacht hatte und diesen von einem Polizisten bestätigt bekommen hatte. Kurze Zeit darauf geschah folgendes, wie Löffler dem Staatsanwalt weiter schilderte: »In fünf bis zehn Metern Entfernung erkannte ich wiederum den Polizeibeamten, der mir die oben genannte Mitteilung gemacht hatte. Er sprach mich wiederum an, worauf ich ihn in Gegenwart von Herrn Stobbe fragte, ob der Polizeipräsident schon informiert sei, dass hier ein Schuss gefallen ist. Der Beamte äußerte im Vorübergehen, er habe den Polizeipräsident nicht informiert, das könne ich tun; wörtlich sagte er: ›Sagen Sie es ihm doch!‹«

Diese Begebenheit fand in der Krummen Straße statt.

Nachdem sie von dem Tod eines Demonstranten aus den Nachrichten erfahren hatten, telefonierten Löffler und Stobbe noch einmal miteinander und beschlossen: »So, wie das da gemacht worden ist, geht es nicht; wir gehen zu Heinrich Albertz.« Am nächsten Morgen standen sie im verschlafenen Rathaus bei Albertz im Dienstzimmer. »Wir sind da einfach reinspaziert; wir waren ja schließlich die Führung der Fraktion.« Wenn man einmal von dem langjährigen Fraktionsvorsitzenden Alexander Voelker absieht.

»Der Heinrich Albertz saß da – und er war ganz anders, als wie er heute beschrieben wird, er war ein langgewiefter Innensenator, vergessen Sie das bitte nicht! Die Polizei war sein ein und alles«, erzählt Dietrich Stobbe.

Der Regierende Bürgermeister bekam laufend Meldungen von der Polizei herein und las sie den Abgeordneten vor. Für die Protestierenden benutzte Albertz Worte, die die beiden Abgeordneten erschütterten. Offensichtlich habe sich Albertz einreden lassen, dass alle Demonstrierenden gewalttätige Menschen sind. »Ich habe ihn erlebt als einen Regierenden Bürgermeister, der in dieser Sekunde dem Staatsorgan Polizei, dem nach unserer Verfassung einzig und allein erlaubt ist, physische Gewalt anzuwenden, mehr glaubte als freigewählten Abgeordneten, die auf einem Platz gestanden haben, mit dem Volk – ich habe da ja nicht gestanden als Protestierer, aber ich habe gesehen, da war das Volk, Teile des Volkes, Teile der Gesellschaft – und der in dem Moment vollkommen abhängig war von dem Staatsorgan, das er jahrelang als Innensenator unter sich gehabt hat; und diese Abhängigkeit haben wir ihm übelgenommen. Es ging ja darum, dass wir ihm ein Gegenbild vermitteln wollten. Und das wollte er nicht wahrhaben.«

Stobbe hält Albertz in Abwägung aber zugute, dass auch Albertz ein Teil der Westberliner Konsensgesellschaft und noch nicht daran »gewöhnt« war, dass die Jugend aufstand und einen solchen Protest veranstaltete. »Wir hatten das Glück, weil wir diesen Impuls hatten, oder den Riecher oder den Instinkt; [hatten] uns das angesehen und konnten Augenzeugen sein« – im Unterschied zu Albertz, der in der Oper saß. »Dort hätte nichts eskalieren müssen. Es ist eskaliert worden – meines Erachtens – durch das Organ, das am meisten dazu verpflichtet ist, die Verhältnismäßigkeit der Mittel zu wahren«, so das Fazit von Dietrich Stobbe.

Auf die Frage des Verfassers, ob er sich auf dem Mittelstreifen aufgehalten habe, antwortet Stobbe: »Nee, da haben wir uns nicht hingetraut. Da flogen schon Steine. Wir waren in dem eingezäunten Bereich. Wir waren auf dem Bürgersteig. Zwischen Bauzaun und Gitter.« Stobbe 1967 vor dem Untersuchungsausschuss auf die Frage seines Begleiters Löffler, der inzwischen zum Vorsitzenden dieses Ausschusses mutiert war: »Ich befand mich auf dem Mittelstreifen vor der Oper, etwa in Höhe des Eingangs.«

Als sich am nächsten Tag die Nachricht vom Tod Ohnesorgs verbreitete, hatte das natürlich viele andere Menschen erreicht, die gar nicht vor der Oper waren. »Jetzt ging der Protest los gegen diesen handelnden Senat. Und jetzt begannen die politischen Apparate zu arbeiten.« In der SPD-Fraktion trugen er und Löffler ihre massive Kritik am Einsatz der Polizei vor. Das Ergebnis: Beifall von der Linken, vollkommenes Unverständnis und Fassungslosigkeit bei der »polizeigläubigen« Fraktions-Rechten. Dazu Albertz' Sicht (gegenüber der Berliner Historikerin Angela Martin im Oktober 1991): »Dieser schreckliche 2. Juni ist ja doch von dieser [rechten – d. V.] Seite aus auch fatal ausgenutzt worden. Da waren sie dann plötzlich auf der anderen Seite, waren auf der Seite der Studenten.«

Als Albertz 1980 den Gustav-Heinemann-Bürgerpreis erhielt, ergab sich eine absurde Situation. Dietrich Stobbe und Willy Brandt hielten die Reden. Brandts Laudatio gilt als Geste der Versöhnung zwischen Brandt und Albertz nach der Entfremdung in der Folge der Ereignisse des Jahres 1967. Nach dem Festakt lud Albertz den früheren AStA-Vorsitzenden Jürgen Treulieb ein, an einem kleinen Empfang teilzunehmen. Stobbe bekam das mit und fragte Albertz, warum er mit Leuten wie Treulieb, die ihn schließlich gestürzt hätten, überhaupt verkehre. Albertz antwortete scharf: »Ich bin ja wohl über ganz andere gestürzt. Und mit denen«, auf Treulieb zeigend, »habe ich mich versöhnt.«

Stobbe, im Juni 1967 29 Jahre alt, über seine Intentionen: »Ich bin ein politisch rechter Sozialdemokrat und war fest davon überzeugt, ich muss dieser Fraktion erklären, dass dort Fehler passiert sind.« Die Fraktionsmehrheit sei intellektuell nicht in der Lage gewesen, »zu begreifen, was das

Nach dem Schuss

heißt, dass ein Organ des Staates zwar legitimiert ist, Gewalt anzuwenden, [...] aber dass diese Polizei zugleich eine Verfasstheit hat, das heißt, dass sie nicht einen Freibrief hat zur Ausübung dieser physischen Gewalt, sondern dass das an ganz enge Regeln gebunden ist.«

Eine Woche, nachdem sie mit großer Mehrheit in ihre Funktionen gewählt worden waren, mussten sich Löffler und Stobbe fragen, ob sie eigentlich noch das Vertrauen der Genossen ihrer Fraktion hatten. Sie beschlossen dennoch, den einmal eingeschlagenen Weg nicht aufzugeben und »in der Mehrheit dafür [zu] werben, dass das verstanden wird. Wir werden nicht klein beigeben.«

Also musste untersucht werden, was passiert war. Dazu brauchte man einen Untersuchungsausschuss. »Oh Gott! Schon die Forderung danach war Blasphemie«, erinnert sich Stobbe. So kam es, dass die Führung des parlamentarischen Untersuchungsausschusses auf Gerd Löffler, der 1970 Nachfolger von Schulsenator Evers und später auch Landesvorsitzender der Berliner SPD wurde, zukam. Obwohl er damit ja als Augenzeuge der Ereignisse vor der Oper unbrauchbar wäre, wie Kritiker einwandten. Er könne sich ja schließlich

[96] Die Gewerkschaft der Polizei befürchtete – zu Unrecht – eine voreingenommene Untersuchung durch Löffler (aus *Deutsche Polizei* 9/67)

Offene Fragen an die Mitglieder des Abgeordnetenhauses von Berlin

▶ Ist Ihnen bekannt, daß der Vorsitzende des Untersuchungsausschusses, Gerd L ö f f l e r, bisher Pressemeldungen nicht dementiert hat, wonach er als Augenzeuge der Vorkommnisse vor der Deutschen Oper am 2. Juni 1967 die dort getroffenen polizeilichen Maßnahmen beanstandete?

▶ Ist Ihnen weiterhin bekannt, daß Herr L ö f f l e r im Zusammenhang mit den Ereignissen des 2. Juni 1967 vor der Staatsanwaltschaft vernommen worden ist?

▶ Ist Ihnen schließlich bekannt, daß unter diesen Umständen nach § 22 der Strafprozeßordnung ein Richter von der Ausübung des Richteramtes kraft Gesetzes wegen Befangenheit ausgeschlossen wäre?

▶ Sind Sie sich darüber im klaren, daß der Abgeordnete L ö f f l e r, falls er den Vorsitz des Untersuchungsausschusses beibehält, die Vorschriften der Strafprozeßordnung wohl auf die vor dem Ausschuß auftretenden Zeugen, nicht aber auf sich selbst anzuwenden gewillt ist?

▶ Sind Sie bei dieser Sachlage wirklich der Ansicht, daß der Abgeordnete L ö f f l e r die persönlichen Voraussetzungen dafür besitzt, die Untersuchung des polizeilichen Einsatzes vom 2. Juni 1967 objektiv zu führen?

nicht selbst vernehmen. Dies tat er ab mit dem Hinweis, alles, was er gesehen habe, hätte auch Stobbe gesehen und könne daher ebenso gut von diesem berichtet werden.

Das ist nicht nur juristisch unhaltbar – immerhin hat ein Untersuchungsausschuss prozessuale Rechte: Falschaussagen und Aussageverweigerung ohne triftigen Grund können bestraft und Zeugen zwangsvorgeführt werden, was später tatsächlich geschah. Die Behauptung Löfflers, ständig mit Stobbe zusammengewesen zu sein, ist darüber hinaus auch unzutreffend. So hatte sich Löffler zwischenzeitlich alleine zum Einsatzleiter begeben und sich darum bemüht, den Innensenator Büsch aus der Oper herausholen zu lassen: »Er soll sich ansehen, was seine Polizei anrichtet.« Außerdem hatte Stobbe auch den ersten Teil des Gesprächs mit dem Polizeibeamten nicht miterlebt, von dem Löffler gegenüber der Staatsanwaltschaft berichtete.

Tatsächlich wurde Stobbe vom Untersuchungsausschuss auch nur sehr kurz zu einer Detailfrage vernommen; die Empörung beider Politiker und Augenzeugen verpuffte. Mehr noch: Die schärfsten Kritiker des Polizeieinsatzes innerhalb der SPD-Fraktion nahmen sich auf diesem Wege quasi selbst aus dem Spiel. Schließlich brachte der Ausschuss unter Löfflers Leitung sogar das Kunststück fertig, die Polizei – von kleineren Kritikpunkten abgesehen – reinzuwaschen. Das ist freilich hinter der Tatsache verborgen geblieben, dass die Arbeit des Untersuchungsausschusses zum Rücktritt des Polizeipräsidenten führte. Über diese »revolutionäre« Tat geriet aus dem Blickfeld, dass sich Löffler während der Leitung dieses Ausschusses vom Aufklärer der Polizeiexzesse zum Freund und Helfer der Polizei wandelte.

Wochen später fand ein Gespräch zwischen hohen Offizieren der Schutzpolizei und zwei Mitgliedern des Untersuchungsausschusses, Schwäbl und Reimann, statt. Auf die Frage der Polizisten, ob denn ein Untersuchungsausschuss, dem nur ein Jurist angehört, überhaupt rechtlich so schwierige komplexe Fragen überschauen und dazu Stellung nehmen könne, antworteten die Abgeordneten, es sei die Aufgabe des Untersuchungsausschusses gewesen, politisch Stellung zu nehmen und entsprechende Empfehlungen zu geben.

Ob im Untersuchungsausschuss Vorbehalte gegen die Polizei bestanden hätten? Antwort: »Nein, das ist im Bericht auch klar zum Ausdruck gekommen!« Wohl wahr.

In der Falle

Mit dem Eindringen der beiden jungen, sich links und oppositionell gebärdenden, in Wahrheit aber der Partei-Rechten zugehörigen Politiker in die Senatsrunde hatte ein politisches Verwirrspiel begonnen, das kaum einer der Zeitgenossen durchschauen konnte. Der Regierende Bürgermeister Albertz und sein junger Innensenator Büsch wurden für einen Polizeieinsatz verantwortlich gemacht, den sie nicht befehligt hatten, den sie aber im Nachhinein billigten, weil sie glaubten, anders nicht aus der politischen Bredouille herauszukommen, in die sie durch eben diesen Polizeieinsatz gekommen waren. Und ausgerechnet Löffler, der – neben Neubauer – schärfste und unerbittlichste innerparteiliche Gegner Albertz', schickte sich nun an, den parlamentarischen Untersuchungsausschuss zu leiten.

Wie hätten sich Albertz und Büsch anders als durch Rücktritt von einer Polizei distanzieren sollen, für die sie ja immerhin formal die Verantwortung innehatten? Die erste nächtliche Entscheidung, sich voll und ganz hinter die Polizei zu stellen, war, das wurde allen Beteiligten schnell klar, ein Fehler. Der viele weitere nach sich zog. Beide saßen in einer Falle. In einem Interview mit dem *Stern* begann Albertz Mitte Juni, sich von seiner nächtlichen Erklärung abzusetzen.

Die liberale Öffentlichkeit griff den verhängnisvollen Polizeieinsatz an, die CDU-Opposition, die Springer-Presse und die Gewerkschaft der Polizei kritisierten die vom Senat angeblich angeordnete »weiche Welle« der Polizei, von der man nun abrücken müsse. Immerhin hatte Albertz davon gesprochen, dass er sich »durch eigenen Augenschein davon überzeugt habe, dass sich die Polizei bis an die Grenzen der Zumutbarkeit zurückgehalten hat.« Das fiel ihm nun auf die Füße.

Büsch bot ein zweites Mal seinen Rücktritt an, Albertz lehnte erneut ab. Er wusste, dass der Rücktritt eines Senators – vor allem aufgrund der Regelungen der Berliner Verfassung – ihn zum Spielball der parteiinternen Opposition gemacht hätte, denn Albertz hätte nicht einen neuen Innensenator ernennen können, sondern musste ihn durch Fraktion und Abgeordnetenhaus bestätigen lassen. Geheime Abstimmungen sind jedoch die Sternstunde parteiinterner Heckenschützen, wie er seit seinem eigenen Scheitern wusste, als Brandt ihn 1959 zum Arbeits- und Sozialsenator vorgeschlagen hatte und Albertz in der Fraktion durchfiel. Auch die Schlappe bei der gescheiterten Wahl Dietrich Spangenbergs zu seinem Stellvertreter wenige Monate zuvor, als Löffler in der SPD-Fraktion schon einmal mit seinen Muskeln gespielt hatte, war noch in frischer und schmerzhafter Erinnerung.

Auch der linke Flügel der Berliner SPD, der nur wenige Wochen zuvor einen Pakt mit dem rechten Flügel unter der Führung Neubauers geschlossen hatte, um Albertz innerparteilich zu entmachten, empfand – wie konnte es auch anders sein? – wenig Mitleid für Albertz und Büsch. Warum auch? Waren sie nicht für den Polizeieinsatz verantwortlich und rechtfertigten ihn sogar? Doch hielt sich die Linke zurück. Albertz in der Partei zu entmachten, war eine Sache; ihn als Bürgermeister

[97] Der 2. Juni 1967 war sein letzter großer Einsatz: Polizeipräsident Erich Duensing.

zu stürzen und womöglich Kurt Neubauer zum Regierenden Bürgermeister zu wählen, eine andere.

Die linken Genossen konnten allerdings nicht ahnen, dass sie nur den nützlichen Idioten für den Neubauer-Flügel abgegeben hatten; für ihre informellen Führer Harry Ristock und Erwin Beck hatte die Partei-Rechte noch eine besondere Überraschung, auf die noch zurückzukommen sein wird: den Ausschluss aus der Partei.

Brief an die Polizei

Albertz und Büsch versuchten in den nächsten Wochen mit aller Vorsicht einen Drahtseilakt ohne Netz und doppelten Boden. Sie hatten dabei ständig auf die Springer-Presse, die Polizei mitsamt ihrer Gewerkschaft, ferner auf die innerpolizeiliche, die parlamentarische, die außerparlamentarische und die innerparteiliche Opposition zu achten.

Es heißt, viele Hunde wären des Hasen Tod, und die Hunde schliefen nicht. Am 7. Juni wurde von den Duensing-Gegnern Polizeirat Prill und Schupo-Kommandeur Werner Gerüchte über einen bevorstehenden Rücktritt Duensings gestreut. Am 8. Juni forderte der SPD-Fraktionsvorstand den Rücktritt von Duensing. Albertz bat ihn schließlich, sich beurlauben zu lassen. Duensing fragte Albertz noch, was er sich habe zuschulden kommen lassen? Albertz: Darauf käme es nicht an. Der Erfinder der »Berliner Leberwurst« war nicht mehr zu halten. Duensing hatte am 5. Juni auf einer Pressekonferenz seine Darstellung der Polizeitaktik zum Besten gegeben, in der er den »Schlauch« mit einer Leberwurst verglich, in die man in der Mitte hineinsteche, damit sie an den Enden auseinander platze.

Albertz schrieb in einem Brief an alle Angehörigen der Berliner Polizei: »Jeder Polizeibeamte kann sich darauf verlassen, dass er von der politischen Führung der Stadt und allen demokratischen Kräften Berlins gedeckt und unterstützt wird, wenn er im Rahmen der Gesetze seine schwere Pflicht tut. Aber gerade auch im Interesse der Polizei und damit auch in Ihrem Interesse müssen Vorgänge, die Gegenstand öffentlicher Kritik geworden sind, schnell und von unabhängigen Stellen untersucht werden. Ich respektiere deshalb auch den Wunsch des Polizeipräsidenten, im Interesse der Untersuchungen und ohne damit irgendeine Beurteilung seiner persönlichen Haltung und der Vorgänge am vergangenen Freitag vorwegzunehmen, sich beurlauben zu lassen. Voraussetzung für jeden notwendigen Polizeieinsatz sind klare und verständliche Weisungen. Voraussetzung ist aber auch, dass trotz aller Belastungen, durch die wir jetzt gehen, keine Hassgefühle gegen Studenten oder andere Gruppen das Handeln der Polizei bestimmen, sondern nur die Pflicht, die öffentliche Ruhe und Ordnung aufrechtzuerhalten und das friedliche Zusammenleben aller Berliner zu gewährleisten.«

Auf den ersten Blick überrascht, dass Albertz diesen Brief schrieb – und nicht der zuständige Innensenator Büsch. Anzunehmen ist, dass die Berliner Polizei einen ähnlichen Brief des 37 Jahre jungen Senators Büsch nicht akzeptiert hätte. Albertz war immerhin ab 1961 bis zu seiner Wahl zum Regierenden Bürgermeister als Innensenator (bzw. als Senator für Sicherheit und Ordnung) für die Polizei verantwortlich gewesen. Man kannte sich.

Nur so ist wahrscheinlich auch zu erklären, wie sich Albertz in der Nacht vom 2. auf den 3. Juni zu seiner als zynisch empfundenen Erklärung hat hinreißen lassen – einmal abgesehen davon, dass Albertz zu diesem Zeitpunkt noch nicht wusste, dass Ohnesorg durch einen *Schuss* getötet worden war. Das hatte man offensichtlich so lange wie möglich vor ihm zu verheimlichen versucht.

Ein Psychologe für die Polizei

Am 2. Juni 1967, ein Freitag, nahm der Schulsenator dem Psychologen Helmut Kentler den Beamteneid ab. Er sollte seinen Dienst im Pädagogischen Zentrum antreten, doch nach den Ereignissen des Wochenendes schrieb Kentler in seiner ersten Arbeitswoche einen Brandbrief an seinen Senator: »Seit Samstag, 3. Juni 1967, lebe ich in einer Stadt, über die praktisch das Ausnahmerecht verhängt wurde. […] Damit ist praktisch ein rechtloser Zustand herbeigeführt worden. […] Meine erste Frage an Sie, hochverehrter Herr Senator, lautet: Wie kann ich in dieser Situation meinem Eid gemäß, den ich geschworen habe, eintreten für die Gültigkeit der Verfassung und der durch sie verbürgten Rechte jedes Staatsbürgers?« Evers reagierte schnell und bot seinen frischgebackenen Beamten Kentler seinem Kollegen Büsch als Berater an.

So wurde Kentler zum »Berater des Innensenators in Polizeifragen« ernannt. Er nahm an den gemeinsamen Sitzungen des Innensenators und der Polizeiführung teil, beobachtete aber auch die vielfältigen Aktionen der Studenten. Einen ersten »Bericht zur Lage« gab Evers mit der Bemerkung »hochinteressant, zutreffend« an Willy Brandt weiter.

Darin heißt es, dass der Aktionswille aller Gruppen stark und die Solidarität erstaunlich sei und nicht damit zu rechnen sei, dass die Diskussionen am Kurfürstendamm in absehbarer Zeit aufhörten. Die anfängliche Isolierung der Studentengruppen sei durchbrochen und die Studenten hätten durchaus Erfolgserlebnisse.

Während sie in den ersten Tagen noch beschimpft worden waren, begannen die Passanten nach und nach, schwankend zu werden. »Was die Studenten sagen, ist doch nicht ganz von der Hand zu weisen.« Es gäbe »führende Köpfe«, aber keine »Rädelsführer«. Zeitweilig »fielen einzelne wegen physischer Erschöpfung aus, sie wurden sofort ersetzt.«

Die Beobachtung habe gezeigt, dass sich zwei Lager ergeben hätten – autoritär Eingestellte gegen nicht-autoritär Eingestellte –, deren Zugehörigkeit nicht nach

Nach dem Schuss

dem Alter definiert werden könne, sondern vielmehr abhänge »vom Grad der Aufgeklärtheit, d. h. von der Qualität der Information.«

Kentler folgert: »Meines Erachtens hat der Senat eine großartige Chance, die von der Studentenschaft ausgegangene Bewegung zu einer Demokratisierung der Verhältnisse auszunutzen. Niemand wird mehr den Rücktritt eines Senatsangehörigen fordern, wenn das geschieht. [...] Es muss alles dafür getan werden, um einen möglichst engen Kontakt zwischen Studentenschaft und übriger Bevölkerung zu erreichen, denn darin sehe ich das wirkungsvollste Instrument, um eine Radikalisierung der Studentenschaft zu verhindern.«

Obrigkeitliches Denken

Am 19. Juni begab sich Helmut Kentler zum Platz der Luftbrücke und hielt im Polizeipräsidium eine Rede vor Polizeioffizieren, in der er ausführte: »Ich bin in den letzten Tagen manchmal gefragt worden, ob ich in dieser Funktion nicht schizophren würde. Darauf kann ich nur antworten, dass ich selten so sicher war, meinen Pflichten als Staatsbürger in einer Demokratie gerecht zu werden, wie in den Tagen seit dem 2. Juni.

[98] Der FU-Professor und Theologe Helmut Gollwitzer spricht nahe dem Grenzübergang Dreilinden zur Verabschiedung Benno Ohnesorgs

Eine Stadt im Ausnahmezustand

Als Bürger nämlich habe ich ein Interesse an einer gut funktionierenden Polizei; zugleich aber bin ich daran interessiert, dass das Demonstrationsrecht, dass die Rechte auf Versammlungsfreiheit, auf Kritik und Diskussion wahrgenommen werden können. Als Berater der Polizei brauche ich kein anderer zu sein, denn als Angehöriger der sogenannten *Neuen Linken* und damit der außerparlamentarischen Opposition. Und darum ist es kein Widerspruch, wenn ich am vorigen Montag und Dienstag Ratschläge für den Dienst der Polizei gab und am Montag nachmittag selbst an der Demonstration meiner studentischen Mitbürger teilnahm und sogar eine Rede hielt.« Indirekt warf er der Berliner Polizei vordemokratisches und obrigkeitliches Denken vor.

Man ahnt, dass das nicht lange gut gehen konnte. Zwar konnte der Psychologe durchaus positive Reaktionen aus der Polizei verzeichnen – so habe er täglich etwa drei Anrufe eher privaten Charakters (teilweise auch anonym) erhalten von Polizeibeamten, die ihm Mut machen wollten; selbst bei einer Verkehrskontrolle signalisierten Beamte ihre Sympathie für den »Nestbeschmutzer« –, aber bald begann es in der Führung der Berliner Polizei vernehmbar zu rumoren.

[99] Die Teilnehmer des Trauerzuges stehen Spalier für den Konvoi nach Hannover

Im Verein mit der Springer-Presse (bzw. unter ihrem Druck) entledigten sich Polizeiführung und Innensenator bald des lästigen Kritikers. Seine Aussage, dass die Polizei »in eine ausweglose Konfusion [komme], wenn sie als Instrument jeweils herrschender Gruppen missbraucht« werde, war im Vortragssaal des Polizeipräsidiums sicherlich etwa so gern gehört worden wie das Kommunistische Manifest in einer Präsidiumssitzung des Arbeitgeberverbandes.

Trauerzug zum Grenzübergang

Das Demonstrationsverbot vom 3. Juni, vom Senat als »Nichtgenehmigung von Demonstrationen« kaschiert, wurde anlässlich des Trauerzugs für Benno Ohnesorg einmalig außer Kraft gesetzt. Selbst über diese Genehmigung gab es Streit im Senat: Neubauer wollte auch diesen Zug, der natürlich auch politischen Charakter hatte, verbieten lassen. Dennoch bezuschusste er die Reisekosten der Teilnehmer, die nach Hannover zur Beerdigung fahren wollten, aus Mitteln des Bundesjugendplans.

Ein hoher Polizeibeamter erinnert sich noch heute daran, dass es ihm angesichts des Trauerzuges mit rund 15 000 Teilnehmern eiskalt den Rücken herunterlief. Am Campus der FU beginnend, geleitete der Zug Benno Ohnesorg zum Grenzübergang Dreilinden im Ortsteil Wannsee, wo Ohnesorg mit einer Rede des Theologen

[100] Beisetzung von Benno Ohnesorg auf dem Bothfelder Friedhof in Hannover

Helmut Gollwitzer aus Berlin verabschiedet wurde. Einige Hundert Studenten folgten dem Leichenwagen in PKWs durch die DDR. Der AStA der FU hatte sich mit den DDR-Behörden darauf verständigt, dass für diesen Konvoi weder ein Transitvisum noch Gebühren notwendig seien, selbst auf die Kontrolle der Ausweise wurde verzichtet. Tausende FDJer standen an der Autobahn und verneigten sich vor dem »Opfer des Militarismus«.

Während der Trauerzug sich durch Zehlendorf zum Grenzübergang bewegte, debattierte das Abgeordnetenhaus über die Lage in der Stadt. Albertz unterstellte den Studenten, mit den Kommunisten unter einer Decke zu stecken, was man an der Tatsache erkennen könne, dass die östlichen Behörden den Konvoi unkontrolliert passieren lasse.

Da die DDR nun aber die Autobahn nach Helmstedt für die stundenlange Durchreise in beiden Richtungen komplett sperrte – nicht unähnlich den westdeutschen Polizeibehörden, die eine Woche zuvor unter Hinweis auf die Attentatsdrohungen gegen den Schah ebenfalls ganze Autobahnen hatte sperren lassen – bildeten sich am Grenzübergang in Helmstedt lange Schlangen. Als dort der Konvoi eintraf, wurde er von LKW-Fahrern mit Steinen attackiert, die wütend waren, dass zu Hause in Neukölln, Spandau oder Wedding die Bratkartoffeln kalt wurden – nur wegen dieses Theaters um einen toten Krakeeler.

Hier erlebten die Angegriffenen ein ungewohntes Lehrstück. Ungewöhnlich scharf gingen die Braunschweiger Polizisten, die den Konvoi erwartet hatten, um ihn nach Hannover zu begleiten, gegen die LKW-Fahrer vor und beschützten die Angegriffenen. Schon am Abend zuvor hatte die Braunschweiger Polizei dem AStA in einem ungewöhnlich warmherzigen Telegramm den Begleitschutz angeboten. Das Telegramm wurde auf einem *Teach-in* in der FU verlesen und mit großem Beifall begrüßt.

Vertreter einer Berliner Behörde hatten in den Tagen vor dem Trauerzug und anschließendem Konvoi nach Hannover durch die DDR mehrmals bei Christa Ohnesorg in der Prinzregentenstraße vorgesprochen und sie zu überreden versucht, von dem ganzen Vorhaben Abstand zu nehmen. Man würde ihr auch die Überführung des Leichnams per Flugzeug finanzieren. Ein Augenzeuge: »Die kannten aber Christa schlecht.«

»Dieser Typ passt nicht zu uns!«

Heinrich Albertz und die Berliner SPD

[101] Willy Brandt und sein Nachfolger als Regierender Bürgermeister Heinrich Albertz am Wahlabend der Abgeordnetenhauswahl 1967.

Man kommt, wenn man verstehen will, was sich in den nächsten Wochen und Monaten in Berlin vollzog, nicht umhin, sich für einen Moment mit der Geschichte der »durch und durch verrotteten« (Herbert Wehner) Berliner SPD nach Kriegsende zu beschäftigen.

Es ist fraglich, ob Westberlin im Kalten Krieg ohne den Widerstand der Berliner SPD gegen die Vereinigung von KPD und SPD im Jahre 1946 jemals die historische Rolle eingenommen hätte, wie es dann tatsächlich der Fall war. Die westlichen Alliierten hatten kein Konzept für ihren Teil Berlins und ihn insgeheim fast schon der anderen Seite zugeschlagen.

Die von der Berliner SPD in den westlichen Sektoren durchgesetzte Urabstimmung über die Zwangsvereinigung trieb den ersten Keil in die bis dahin noch gemeinsam und einstimmig durchgeführte Berlin-Politik aller vier Alliierten. Die Entscheidung der westlichen Alliierten, die Urabstimmung zuzulassen, war der erste nicht einstimmige Beschluss des Alliierten Kontrollrats. Die sowjetischen Vertreter stimmten dagegen. Man kann diesen ersten uneinigen Beschluss durchaus als den Beginn des Kalten Krieges sehen.

Es war die Berliner SPD, die die westlichen Alliierten, wenn schon nicht zum Jagen, so doch zum Verteidigen ihrer drei Sektoren getragen hat. Diese Entschlossenheit hat der Berliner SPD einst ungeheures Ansehen in der Stadt verschafft. Aus der Höhe von über 60 % der Westberliner Wählerstimmen – bei Wahlbeteiligungen von rund 90 %! – fiel die Partei in den folgenden Jahrzehnten auf einen Bruchteil ihrer früheren Zustimmungswerte. Der Abstieg begann mit der Entmachtung Heinrich Albertz' im Jahre 1967.

Die Berliner Nachkriegs-SPD hat drei weit über Berlin hinausragende Persönlichkeiten hervorgebracht: Ernst Reuter, Willy Brandt und – Heinrich Albertz. Alle drei waren unterschiedlich lang Regierende Bürgermeister von Berlin; eine Amtsbezeichnung, über die Heinrich Albertz einmal spöttisch anmerkte, dass sie sowohl im Anspruch des Titels »Regierender« wie in der Ortsbezeichnung falsch sei. Schließlich gäbe es wohl keinen Bürgermeister in irgendeiner Stadt der Welt, der im Ernstfall so wenig zu sagen habe; außerdem sei man in Berlin nur der »Regierende« der halben Stadt, die zudem ihre historische Mitte verloren habe.

Nicht unumstritten

Sowohl Ernst Reuter als auch Willy Brandt waren innerhalb der Berliner SPD durchaus nicht immer so unangefochten, wie man es vielleicht aufgrund ihrer herausragenden historischen Rolle annehmen würde. Um überhaupt erst Chef der (West-)Berliner Verwaltung zu werden, hatte sich Ernst Reuter – im ersten Berliner Nachkriegs-Magistrat zunächst und wie schon in den zwanziger Jahren für das Verkehrswesen zuständig – am Sturz seines Amtsvorgängers Otto Ostrowski maßgeblich beteiligt. Ernst Reuter empfand Otto Ostrowski, ebenfalls Sozialdemokrat, der sich jedoch stets darum bemühte, den Gesprächsfaden mit den sowjetischen Alliierten und der SED nicht abreißen zu lassen, als eine »Unmöglichkeit«; die gesamte Regierungsmannschaft sei darüber hinaus »zweitklassig«.

Bei seinem Weg in das höchste Amt der Stadt dürfte Reuter einiges an Unterstützung seitens der Amerikaner erfahren haben, die ihn favorisierten, obwohl – oder sollte man besser sagen: weil? – sie wussten, dass die sowjetischen Vertreter in der Kommandantur Ernst Reuter als Bürgermeister ablehnen würden.

Reuter, geboren 1889, hatte als junger Mann an der russischen Revolution teilgenommen und war mit Lenin, der ihn für einen guten, aber »zu unabhängigen« Kopf gehalten haben soll, persönlich bekannt. Man vertraute einander. Einige Zeit stand Reuter sogar an der Spitze der autonomen Republik der Wolgadeutschen.

Zurück in Deutschland, wehrte sich Reuter in den ersten Jahren der Weimarer Republik nach Kräften gegen die sowjetischen Versuche, die KPD, dessen Generalsekretär er sogar war, unter die Herrschaft der Komintern zu bringen. 1922 wurde er aus der KPD ausgeschlossen und trat in die USPD ein. Als diese sich, ebenfalls an der Komintern-Frage, spaltete und auflöste, kehrte er mit einem kleineren Teil der USPD-Mitglieder in die SPD zurück.

Die Sowjetunion hatte sich also mit ihrer dogmatischen Deutschlandpolitik in den frühen zwanziger Jahren ihren zukünftig hartnäckigsten Gegenspieler – im dramatischen Berlin-Poker ein Vierteljahrhundert später – selbst erschaffen und wusste, dass sie von ihm wenig Gutes zu erwarten hatte.

Die Amerikaner freilich bedienten sich seiner mit Vergnügen: Er zog einen deutlichen Trennungsstrich zwischen Ost und West, sammelte die Westberliner hinter sich, er personifizierte die um ihre Freiheit kämpfenden Berliner und unterband ganz nebenbei – durch die Angleichung Berlins an die Rechtsordnung der Bundesrepublik – die antikapitalistischen Ansätze in Berlin, die den westlichen Alliierten und der Bundesregierung ohnehin ein Dorn im Auge waren.

Einen beträchtlichen Teil seiner Energie verwandte Reuter im Nachkriegs-Berlin darauf, seinen pro-westlichen Kurs in der Berliner Partei durchzusetzen, der vielen Berliner Genossen genauso wenig passte wie der SPD-Führung um Kurt Schumacher und Erich Ollenhauer.

Angesichts der bereits damals sehr weit gehenden finanziellen Abhängigkeit Berlins von der Bundesrepublik war Reuter gezwungen, eng mit Konrad Adenauer zu kooperieren. In harten Verhandlungen rang der Preuße dem Rheinländer einen Rechtsanspruch Berlins auf massive finanzielle Unterstützung durch den Bund ab und schuf so die Grundlage der späteren Westberliner Versorgungsmentalität.

»Berliner Kanal«

Viele Bonner Politiker taten sich schwer mit dieser Zusage, da sie fürchteten, Westberlin könne eines Tages sowieso dem Osten zufallen. Hätte man dann nicht Westberlin für die Kommunisten aufgebaut? Ludwig Erhard etwa verfolgte einige Zeit die Absicht, Westberlin von der Währungsreform auszuschließen, um die Stabilität der neuen D-Mark nicht zu gefährden. Ihn beunruhigte der Gedanke, das neue Geld könne unkontrolliert durch den »Berliner Kanal« abfließen. Reuter begegnete diesen Haltungen mit aller Leidenschaft, stieß Adenauer dabei oft genug vor den Kopf, indem er den »Alten« belehrte, was ein Bundeskanzler in Bezug auf Berlin und die deutsche Einheit zu tun habe, hatte aber schließlich Erfolg.

Doch der Dank für dieses Engagement Reuters in Bonn hielt sich in Berlin in Grenzen. Die Kehrseite der Medaille war, dass die vergleichsweise fortschrittliche Gesetzgebung, die in Berlin nach dem Krieg – großenteils noch vom Gesamtberliner Magistrat – beschlossen worden war, nun drohte, durch die Bonner Gesetze ersetzt zu werden. Verloren gingen dabei die Einheitsschule ohne Religionsunterricht und die neuartige klassenlose Kranken- und Sozialversicherung.

Rückgängig gemacht wurde auch die Abschaffung des Beamtentums. Das trieb einen großen Teil der Berliner SPD, die stolz auf diese Errungenschaften war, auf die Barrikaden (und später in die Rathäuser, um verbeamtet zu werden). Die Zukunft, da waren sich die Berliner Genossen sicher, würde eine freiheitliche *und* antikapitalistische sein.

Als die SPD-Fraktion im Abgeordnetenhaus wieder einmal mit fast der Hälfte ihrer Mitglieder gegen eine Regierungserklärung Reuters stimmte, wandte sich Reuter über den *RIAS* direkt an die Bevölkerung – und disziplinierte so die Partei. Gut, die Berliner mögen die »dämlichen Bonner Gesetze« nicht. Aber sie müssten sich entscheiden, führte Reuter aus: »Entweder wir nehmen von Bonn Hunderte von Millionen und fügen uns in das Gefüge der

Bundesrepublik ein, oder wir sagen unseren westdeutschen Landsleuten: Wir verzichten auf eure Hunderte von Millionen. Wir sitzen hier alleine, ärmlich und bescheiden, wie wir sind, und fallen langsam in das sowjetische Paradies hinein, denn aus eigener Kraft allein, ohne diesen Strom des Kommens und Gehens vom Westen nach Berlin hin, können wir nicht existieren.«

Reuter ist von einem seiner Biographen nicht ohne eine gewisse Berechtigung als Führer der Berliner SPD bezeichnet worden, obwohl er niemals Vorsitzender des Landesverbandes gewesen war. Dieses Amt bekleidete viele Jahre Franz Neumann, bis es ihm nach Reuters Tod in einem harten innerparteilichen Machtkampf Willy Brandt aus den Händen wand; ein Vorgang, den Herbert Wehner trocken mit der Vokabel »Brudermord« bedachte.

»Schaut auf diese Stadt!«

Reuter hatte seine fehlende Basis in der Partei – er war erst Ende 1946, also nach der entscheidenden Urabstimmung aus dem Exil in der Türkei zurückgekehrt und den meisten in der Partei vollkommen unbekannt – durch sein Charisma ersetzt: »Ihr Völker der Welt, schaut auf diese Stadt!« Selten ist wohl ein Satz so sehr mit einer

[102] Landesparteitag der SPD 1958, am Tisch das Präsidium (v. r.): Franz Neumann, Willy Brandt, Kurt Neubauer

Person verknüpft worden wie dieser, ausgerufen am 9. September 1948, während der Blockade Berlins durch die Sowjetunion, vor dem Reichstag. Neumann stand auf dem Podium links neben ihm.

Übrigens auch politisch. Wobei es problematisch ist, von der Berliner Nachkriegs-SPD in Kategorien von links und rechts zu berichten. Die Ereignisse in und um Berlin nach dem Krieg, der Bruch der Anti-Hitler-Koalition, der »verlorene Friede«, die versuchte und im Ostteil der Stadt vollzogene Vereinigung von SPD und KPD, die sowjetische Blockade, später Chruschtschows Berlin-Ultimatum und schließlich der Mauerbau brachten die Berliner SPD in eine Situation, in der sie sich selbst mehrfach rechts überholte.

Die CDU hatte, auch wegen der verbreiteten Abneigung gegen Adenauer in Berlin, jahrzehntelang wenig zu bestellen, obwohl sie ständig in große Koalitionen oder gar Allparteienregierungen eingebunden war. Reuter bestand aus verschiedenen Gründen auf diese rechnerisch nicht notwendigen Koalitionen, die er nach eigenem Bekunden auch dann eingegangen wäre, wenn die SPD 90 % der Wählerstimmen auf sich hätte vereinigen können: Zum einen, um seine Position gegenüber der Bundesregierung zu stärken, zum anderen wegen der besonderen Lage Berlins, die es erforderte, möglichst mit einer Stimme zu sprechen.

Nach einer für die SPD katastrophal verlaufenen Wahl – die letzte, die Reuter erlebte – stand er ohne eigene Mehrheit da.

Sein Wunsch, dennoch Regierender zu bleiben, brachte ihm beträchtliche Kämpfe in den eigenen Reihen ein – bis hin zu einem außerordentlichen Parteitag. Insbesondere Franz Neumann forderte geradezu inbrünstig, sich nunmehr in die Opposition zu begeben, was dann auch bald nach Reuters Tod im September 1953 geschah, womit der demokratische Normalfall – das Wechselspiel von Regierung und Opposition – in Westberlin kurzzeitig eintrat.

Der »linke« Parteichef Franz Neumann, Jahrgang 1904, ein Berliner Schlosser, hatte in der Weimarer Republik eine Ausbildung zum Jugendpfleger absolviert und war früh in kommunalpolitische Auseinandersetzungen mit der KPD geraten. Das prägte ihn. Er war es, der 1946 die Urabstimmung gegen die von sowjetischer Seite versuchte Vereinigung von SPD und KPD initiierte, was nach Meinung des späteren Regierenden Bürgermeisters Klaus Schütz »der geschichtliche Augenblick dieses Mannes« blieb – allerdings der einzige.

Nie wieder Proletarier

Neumann bediente sich – ähnlich wie die damalige Bundes-SPD – einer Klassenkampfrhetorik, die aus der Weimarer in die Bonner Republik hinübergerettet worden war und viele potentielle Wähler eher verschreckte als anzog. Die Partei müsse, bemerkte Heinrich Albertz im September 1953 nach verlorener Bundestagswahl im *Neuen Vorwärts* trocken, Zugang zu den breiten

Massen finden, »die keine Proletarier mehr sind und es auch um keinen Preis mehr sein wollen.« In diesen Debatten bereitete sich das Godesberger Programm, die Öffnung der SPD zur sogenannten Volkspartei, vor.

Neumann hingegen, der Traditionalist, wies ununterbrochen auf die sozialpolitischen Folgen von Reuters westlichem Kurs und der damit verbundenen Angleichung an die vergleichsweise reaktionäre Bonner Sozialgesetzgebung hin. Die Berliner SPD ging mit ihren beiden gegensätzlichen Führern Reuter und Neumann über viele Jahre recht merkwürdig um: Sie unterstützte Reuters Politik und wählte Neumann wieder und wieder zu ihrem Vorsitzenden. Für Spannung war also gesorgt, der Kessel der »Berlin-Partei« stand fortwährend unter Druck. Die Kunst der Intrige fand so nirgendwo einen besseren Humus als in der Berliner SPD.

Willy Brandt wählte einen anderen Weg als Reuter, um die Berliner Partei hinter sich zu bringen: Er eroberte sie. Allerdings ließ ihm Neumann auch kaum eine andere Wahl, zu boshaft waren seine ständigen Angriffe auf Willy Brandt. Einige der Gerüchte über den »Norweger«, die Neumann streute, waren so infam, dass sie Jahrzehnte später die NPD in ihrer Kampagne gegen Willy Brandt »alias Herbert Frahm« aufgriff; auch Adenauer warf einige Jahre später mit diesem Schmutz auf den früheren Emigranten.

Brandts erster Griff nach der Macht in der Berliner SPD, zu dem er von Reuter ermuntert wurde, scheiterte im Mai 1952 noch sehr eindeutig: er, der »Exot«, unterlag mit 100 Stimmen Differenz. Schon zwei Jahre später schmolz Neumanns Vorsprung auf ganze zwei Stimmen. Nachdem Brandt im Januar 1955 zum Präsidenten des Abgeordnetenhauses von Berlin und im Herbst 1957 zum Regierenden Bürgermeister gewählt worden war – beides gegen den erbitterten Widerstand Neumanns –, stellte er sich im Frühjahr 1958 erneut zur Wahl und gewann.

Grundlage dieses Sieges Brandts war, dass er mit einigen Gefolgsleuten, allen voran Klaus Schütz, einen innerparteilichen Wahlkampf führte, wie ihn die Berliner Partei bis dahin nicht gekannt hatte. »Wir haben System in die Sache gebracht«, äußerte sich Schütz Jahre später über diese Kampagne.

Auf Karteikarten wurden die Landesparteitagsdelegierten generalstabsmäßig erfasst und anschließend in jedem Bezirk im Sinne der Brandt-Gruppe bearbeitet. Kein Mensch wird je erfahren, wie viele Karriereversprechen in diesen Gesprächen gemacht wurden – Westberlin und die Berliner SPD waren schon in diesen Jahren auf dem Weg in die unheilvolle Parteibuchwirtschaft, über die die jahrzehntelange SPD-Herrschaft in Berlin eines Tages zusammenbrechen sollte. Schon zehn Jahre später stöhnte Klaus Schütz, inzwischen selbst Regierender Bürgermeister, dass er in Berlin 99 Bischofssitze brauche, um die Partei ruhig zu halten.

Ein Abgeordneter aus Ost-Berlin

Eine Schlüsselfunktion in dieser Kampagne kam dem aus dem Ostberliner Bezirk Lichtenberg stammenden Kurt Neubauer zu, einen jungen aufstrebenden Politiker, der schon 1952 mit knapp 30 Jahren auf der Berliner Landesliste der SPD in den Deutschen Bundestag einzog – als DDR-Bürger. Nach einer Feinmechanikerlehre, nach Kriegseinsatz und Gefangenschaft in den USA trat er noch im Monat seiner Rückkehr im Mai 1946 in die SPD ein, wurde nach einem halben Jahr Jugendsekretär und bald danach Kreisvorsitzender im Bezirk Friedrichshain.

Einige Jahre gehörte er Franz Neumanns »Keulenriege« genannter innerparteilicher Fraktion an und galt bald als dessen »junger Mann«, ebenso wie Willy Brandt als der »junge Mann Ernst Reuters« gehandelt wurde, worunter deren Rolle als Kronprinzen der jeweiligen Exponenten der Parteiflügel zu verstehen ist.

Neubauer erkannte, dass Neumanns Stern zu sinken begann und er in absehbarer Zeit als Thronfolger ohne Thron dastünde. In einer Mitgliederversammlung seines Kreises, die, wahrscheinlich aus organisatorischen Gründen, im Bezirk Lichtenberg tagte, erklärte Neubauer seinen Übertritt zur Brandt-Fraktion. Nach dem Motto »das Fallende soll man stoßen« schlug sich Neubauer auf die andere Seite der zerstrittenen Partei und beschleunigte nach Kräften den Niedergang Neumanns. Als irritierte Mitglieder ihn daran erinnerten, doch bisher für Neumann gewesen zu sein, erklärte er, dass er ja nicht »gegen Neumann« sei – nur »für Brandt«.

Als inoffizieller Sprecher der bis zum Mauerbau noch weiterexistierenden Ostberliner SPD-Kreisverbände hatte Neubauer erheblichen Einfluss auf das Abstimmungsverhalten der Ostberliner Delegierten, zumal er über je eine Wohnung in Ost- wie auch in Westberlin verfügte und sich nicht scheute, gemeinsam mit Willy Brandt auch die Ostberliner Parteikreise aufzusuchen und zu bearbeiten, was Franz Neumann aufgrund seiner exponierten Stellung insbesondere in der Frage der Zwangsvereinigung tunlichst vermied.

Brandts Amtsbonus, das Karteikartensystem von Klaus Schütz und Neubauers Kontakte besiegelten die Niederlage des Traditionalisten Neumann. Die *Welt* kommentierte Brandts Sieg mit dem Satz, dass in Berlin der »Adenauer-Flügel der Sozialdemokratie« gesiegt habe. In der Folgezeit ging die neue Parteimehrheit unter Brandt mit aller Härte gegen die letzten linken Bastionen vor, wobei sie sich nicht scheute, Erkenntnisse des Staatsschutzes für Parteiausschlussverfahren zu nutzen.

[103] Zog mit 30 Jahren 1952 als Ost-Berliner in den Bundestag ein: Kurt Neubauer, hier mit dem Alterspräsidenten des Deutschen Bundestages, Paul Löbe

Der amerikanische Politologe Abraham Ashkenasi, der am 2. Juni für eine amerikanische Zeitung von der Oper berichtete, schrieb in seinem 1968 veröffentlichten Buch Reformpartei und Außenpolitik: »Brandt war offensichtlich der Meinung, dass Linke und Traditionalisten in Grund und Boden gestampft werden mußten.« Der Brandt-Biograph Peter Koch ergänzt: »Nach dem Sieg vom Januar 1958 setzte Brandt nach. […] Aufmüpfigen Neumann-Anhängern, wie Harry Ristock oder Willy Kressmann, wurde der Ausschluss angedroht. Weniger prominente ›Traditionalisten‹ wurden tatsächlich rausgeschmissen, zum Beispiel der Ristock-Vertraute Peter Weiss.«

Koch weiter: »In der Vergangenheit hatte die Brandt-Gruppe mehr innerparteiliche Demokratie gefordert. Jetzt betrieb sie reine Machtpolitik. Der Partei wurde bei den nächsten internen Wahlen das umstrittene Blockwahlsystem aufgezwungen, bei dem so viele Kandidaten angekreuzt werden mussten, wie Ämter zu besetzen waren. Das wirkte sich zugunsten der Brandt-Fraktion aus. Selbst kleine Funktionäre, die als Neumann-Freunde galten, verloren ihre Posten. Annemarie Renger erinnert sich, dass ihr Schwager, der in einem Berliner Bezirk Kassierer war, und ihre Schwester, eine Wilmersdorfer Bezirksabgeordnete, ihre Posten verloren. Renger: ›Freunde von Franz Neumann sind hoppla hopp jeder Funktion verlustig gegangen. Da blieb kein Auge trocken. Alles, was damals als links galt, das musste weg.‹«

Kanzlerkandidat Brandt

Im November 1959 verabschiedete die SPD in Bad Godesberg ein neues Parteiprogramm. Brandt stand dem Versuch, »haltbare Grundsätze für eine politische Partei in dieser sich wandelnden Welt formulieren zu wollen«, wie er es noch im September in der Parteizeitung *Berliner Stimme* formulierte, zwar skeptisch gegenüber. In der Sache aber brachte das Godesberger Programm und die daraus folgenden Änderungen in den außenpolitischen Vorstellungen »die Bundes-SPD auf eine außenpolitische Linie, die mit der des Berliner Landesverbandes übereinstimmte«, wie Abraham Ashkenasi in seinem bereits erwähnten Buch feststellt.

Weiter berichtet Ashkenasi über den Parteitag in Godesberg: »Als Willy Brandt ans Rednerpult tritt, wurde er mit außergewöhnlich herzlichem Beifall begrüßt. Brandt trug denn auch sein Scherflein zum Friedenszeremoniell der beiden Gruppen bei. Er verstand es, den dramatischen Kampf Berlins und der SPD in Berlin auf die ganze Partei zu projizieren. […] Bad Godesberg war mehr als nur ein Friedensfest zwischen der Berliner SPD und der Parteiführung im Bund. Es wurde eine Art Bündnis geschmiedet.«

Dies gilt auch für das politische Verhältnis zwischen Willy Brandt und Herbert Wehner. Es waren diese Wochen und Monate, in denen Wehner, Brudermord hin, Brudermord her, begriff, dass Brandt der Mann war, mit dem es möglich wäre, irgendwann die CDU-Herrschaft im Bund zu brechen: jung, dynamisch, in einem wichtigen Regierungsamt in dramatischen Stunden bewährt – und machtbewusst.

Brandts Aufstieg setzte sich logisch fort in seinem Griff nach der SPD-Kanzlerkandidatur. An Brandts weiterem Aufstieg innerhalb der SPD waren erneut Klaus Schütz und Kurt Neubauer an führender Stelle beteiligt. Nach bewährtem Muster führten sie eine geschickte Kampagne für Brandt, nun aber in der Bundespartei, und trafen damit zum optimalen Zeitpunkt den Nerv der Genossen. Mehrmals luden sie jüngere Parteimitglieder zu informellen Treffen ein. In die Geschichtsschreibung eingegangen ist die Begegnung im Juli 1960 in der Fußballschule Barsinghausen, wohin sonst Bundestrainer Sepp Herberger seine Kicker vor wichtigen Länderspielen bestellte.

Nicht anders Schütz und Neubauer. An der Siebenerkommission der Partei, eigentlich mit der Vorentscheidung für den nächsten Kanzlerkandidaten beauftragt, und allen anderen Parteigremien einschließlich des Vorstandes vorbei veranstalteten sie dieses Treffen, ein Putschversuch innerhalb der Partei, deren Teilnehmer sich laut *Spiegel* als »junge Unternehmer der SPD« betrachteten und von dem der damals 34-jährige frisch gewählte Oberbürgermeister von München, Hans-Jochen Vogel, zunächst gleich wieder abreisen wollte.

An einem Treffen, bei dem Spott über die Bonner »Baracke« zum guten Ton gehört, fühlte er sich fehl am Platz, was einen gewissen Sinn für *fairplay* unter Beweis stellt. Wenn auch die Barsinghausener Verschwörung heute als legitimes Mittel im innerparteilichen Kampf und Beweis für Brandts Kampfeswillen beschrieben wird – eine frühere Bewertung von Klaus Schütz trifft den Kern wohl eher: »Natürlich war Barsinghausen ein Putsch«, äußerte er 1987 gegenüber dem Brandt-Biographen Peter Koch.

Brandt selbst war bei der Sache etwas mulmig zumute. Vorsichtshalber informierte er – in Anwesenheit von Albertz – Parteichef Ollenhauer beiläufig bei einem gemeinsamen Essen über die geplante Zusammenkunft im Fußballerheim. Als Ollenhauer einige Tage später begriff, was sich da hinter seinem Rücken abgespielt hatte, machte er Brandt später im Parteivorstand bittere Vorwürfe. Albertz verteidigte Brandt mit dem Verweis auf das gemeinsame Essen gegen den Vorwurf der innerparteilichen Konspiration.

Auch Wehner war nicht eingeladen. Noch Jahre später soll er, immer »wenn er auf der Autobahn an der Ausfahrt Barsinghausen vorbeikam, mit bissigen Worten auf das Treffen hingewiesen« haben, berichtet Klaus Schütz nicht ohne Stolz in seinen *Logenplatz und Schleudersitz* betitelten Erinnerungen.

Der Putsch war erfolgreich und Brandt wurde schließlich zum Kanzlerkandidaten der SPD nominiert. Er unterlag jedoch im Bundestagswahlkampf gegen

Adenauer, der sich nicht zu schade war, in der Schlussphase des Wahlkampfs in die unterste Schublade zu greifen und Brandts Rolle in der Emigration und sogar dessen uneheliche Herkunft zu thematisieren. Auch Brandts zweite Kanzlerkandidatur im Jahre 1965, diesmal gegen Ludwig Erhard, war erfolglos – solange die FDP sich nicht von der CDU zu trennen bereit war.

Erst im Dezember 1966 wurde, nach einem Zerwürfnis zwischen CDU und FDP, in Bonn die Große Koalition aus CDU und SPD gebildet. Willy Brandt trat als Außenminister und Vizekanzler in Kiesingers Kabinett ein. Dies geschah zu einem Zeitpunkt, als Brandt nach zwei schmerzhaften Niederlagen seine Kanzlerambitionen schon *ad acta* gelegt hatte. In diesen Jahren war der Pfarrer Heinrich Albertz zu einer Art persönlicher Seelsorger Willy Brandts geworden.

»Dieser Typ passt nicht zu uns!«

In Brandts Jahren als Regierender Bürgermeister in Berlin wurde er durch vielfältige Aufgaben außerhalb Berlins von der Wahrnehmung seiner Aufgaben in der Stadt abgehalten. Brandts Engagement in der Bundespartei, in den Bundestagswahlkämpfen und die Sonderrolle als Westberliner »Außenminister« forderten ihren Tribut, was die Berliner CDU 1963 dazu verleitete, ihren Spitzenkandidaten Franz Amrehn mit dem Slogan »Immer in Berlin« stadtweit zu plakatieren – ein Beweis ihrer Provinzialität.

Nach und nach wuchs Heinrich Albertz, 1955 von Brandts Widersacher Franz Neumann nach Berlin geholt, in die Rolle von Brandts Stellvertreter hinein. Als Brandt ihn im Januar 1959 zum Senator für Arbeit und Soziales vorschlug, wurde er noch von der SPD-Fraktion im Berliner Abgeordnetenhaus abgelehnt.

»Dieser Typ passt nicht zu uns« – das war die Stimmung unter den gestandenen Berliner SPD-Funktionären. Nicht verbürgt ist Albertz' despektierliche Antwort auf die Frage nach seiner Gewerkschaftszugehörigkeit, die er mit dem Hinweis, dass er das nicht wisse, weil für die »Vereinsbeiträge aller Art« seine Frau zuständig sei, beantwortet haben soll. Das Protokoll dieser Fraktionssitzung fehlt im SPD-Archiv.

Existierte das Protokoll dieser Sitzung noch, könnte man mit hoher Wahrscheinlichkeit feststellen, dass Albertz diesen Satz nicht selbst gesagt hat. Der Journalist Hanns-Werner Schwarze, langjähriger *PEN*-Generalsekretär und Begründer und langjähriger Moderator der *ZDF*-Sendung *Kennzeichen D* erinnert sich an diese Sze-

[104] Das Rathaus Schöneberg, seit der Teilung der Stadt 1948 Sitz der Westberliner Regierung, laut Albertz »eine Mischung aus Bahnhof und Hühnerstall«. Der freitägliche Wochenmarkt fiel am 2. Juni 1967 erstmals aus.

ne etwas anders: »Hans Hirschfeld, Chef des Senatspresseamtes, half ihm [Albertz – d. V.] nur scheinbar aus der Verlegenheit: ›Da müssen Sie seine Frau fragen, weil sie die Beiträge bezahlt!‹

Schwarze weiter: »Es fragten jene sozialdemokratischen Mitglieder des Abgeordnetenhauses von Berlin, denen die Unmöglichkeit, sowohl Parlamentsmitglied als auch öffentlich-rechtlicher Bediensteter zu sein, ebenso wenig in den Sinn gekommen war wie die Tatsache, dass ein Senator als Arbeitgeber eigentlich seine Gewerkschaftsmitgliedschaft ruhen lassen müsste.«

Die Fraktion tobte – und verweigerte die Zustimmung. Brandt machte Albertz jedoch bald darauf zum Chef der Senatskanzlei, wodurch der Pfarrer nur noch schneller ins Zentrum der Macht im Rathaus Schöneberg vordrang. Die Berliner SPD, die in ihrer Provinzialität der CDU kaum nachstand, fluchte in den Hinterzimmern Berliner Kneipen. Jeder importierte Senator, der ihnen vorgesetzt wurde, jeder Quereinsteiger, der in Berlin reüssierte, verringerte schließlich die eigenen Karrierechancen.

Die Viererbande

Im Rathaus Schöneberg, das seit der Teilung Berlins Sitz des Westberliner Senats war, fand Albertz einen höchst ineffektiven Apparat vor, den er sofort umzukrempeln begann. Niemand im Rathaus wusste, was in den Amtssitzen der Senatoren ausgeheckt wurde. Der Aufbau einer Senatskanzlei hieß

hier vor allem, eine Kontrolle der Senatoren und ihrer Verwaltungen einzuführen. Was nicht auf den Tisch des überbeanspruchten Brandt gehörte, kam nun dort auch nicht mehr hin. Wer kein wichtiges Anliegen und keinen Termin hatte, kam nicht mehr bis zu Brandt und scheiterte womöglich schon an Albertz' Vorzimmer. Freunde machte sich Albertz mit seinen Maßnahmen nicht.

Seine mehrfach an Brandt geäußerte Bitte, morgens pünktlich im Rathaus zu erscheinen, bedauerte er später, denn sie führte dazu, einem eher halbwachen Regierenden Bürgermeister, der möglichst viel von sich fernzuhalten suchte, um neun Uhr den Vortrag zur Lage machen zu müssen. Dennoch waren Brandt und Albertz ein gutes Team. Nicht strapaziert werden soll hier das Bild des nervösen Zigarettenrauchers Brandt und des bedächtigen Pfeifenrauchers Albertz, doch Zeitzeugen weisen daraufhin, dass der zwei Jahre jüngere Albertz der überlegenere und besonnenere, mehr in sich ruhende von beiden war.

Albertz hielt Brandt den Rücken frei. Kritik der Opposition, aber auch aus der eigenen Partei, an der Linie Brandts gegenüber Ostberlin, zog Albertz auf sich. Oft ließ er sich in der eigenen Fraktion für Dinge kritisieren, die er persönlich gar nicht zu verantworten hatte.

In den schwierigen Zeiten, die Westberlin bevorstanden – Berlin-Ultimatum und Mauerbau –, formierte sich im Rathaus eine kleine Gruppe, die bald als *Viererbande, heilige Familie* oder *Berliner Küchenka-*

binett – je nach Standort des Betrachters – bezeichnet wurde. Sie bestand aus Brandt, seinem praktischen *alter ego* Klaus Schütz, der als Bundestagsabgeordneter in Bonn wichtige Fäden spann, Senatskanzlei-Chef Heinrich Albertz (beide später seine engsten Vertrauten im Senat), ergänzt durch den ehemaligen *RIAS*-Redakteur Egon Bahr, der Anfang 1960 als Senatspressesprecher engagiert wurde, was die Partei ebenfalls mit deutlich vernehmbarem Murren hinnahm, da sich auch andere Hoffnungen auf diesen Posten gemacht hatten. Die Parteirechte blieb außen vor.

Die *Viererbande* entwickelte sich zur Keimzelle der späteren Ostpolitik der sozial-liberalen Koalition unter Bundeskanzler Willy Brandt, ohne dass das den Beteiligten zunächst selbst so richtig klar war. Oft waren es nur kommunale Probleme, die zu lösen waren – die aber immer politische Bedeutung hatten. Zunächst galt es, auf die dramatischen Entwicklungen in Berlin zu reagieren.

Die Nachricht der Abriegelung des Ostteils der Stadt erreichte Willy Brandt im Sonderzug auf der Fahrt von Nürnberg

[105] Passierscheinantragstelle. Nach schwierigen Verhandlungen und unter kritischer Beobachtung der Westberliner Öffentlichkeit gab es 1963 erstmals Passierscheine für Westberliner, die Verwandte im anderen Teil der Stadt besuchen wollten.

[106] 12. März 1963 – Blick in den Sitzungssaal im Rathaus Schöneberg während der ersten Sitzung des neuen Berliner Senats: in der Mitte der Regierende Bürgermeister Willy Brandt, rechts neben ihm Bürgermeister Heinrich Albertz; vorne rechts der Leiter des Presse- und Informationsamtes, Egon Bahr; linke Tischseite v. l. n. r. Wolfgang Kirsch (Justiz), Kurt Neubauer (Jugend und Sport), Kurt Exner (Arbeit und soziale Angelegenheiten), Rolf Schwedler (Bau- und Wohnungswesen), Karl Schiller (Wirtschaft)

»Dieser Typ passt nicht zu uns!«

nach Kiel, wo er – mitten im Bundestagswahlkampf – seinen nächsten Auftritt absolvieren sollte. Gemanagt hatte diesen ganz auf Willy Brandt zugeschnittenen Wahlkampf Klaus Schütz, der 1960 die Wahlkampagnen von Richard Nixon und John F. Kennedy aus nächster Nähe beobachtet hatte und den Begriff des Kanzlerkandidaten in die bundesdeutsche Politik eingeführt hatte.

Heinrich Albertz bat Willy Brandt am 10. August 1961, drei Tage vor dem Mauerbau, in einem Brief, angesichts der zugespitzten Lage in und um Berlin seine Wahlkampfaktivitäten außerhalb Berlins zu reduzieren. Albertz sollte recht behalten: In den Morgenstunden des 13. August musste er in Hannover Willy Brandt aus dem Zug und ans Telefon holen lassen, um ihn über die dramatische Entwicklung zu informieren. Brandt unterbrach den Wahlkampf für längere Zeit und flog sofort nach Berlin zurück, während Adenauer seinen deutschnational gefärbten Wahlkampf gegen den »Emigranten« Willy Brandt fortsetzte.

Als klargeworden war, dass die westlichen Alliierten nichts gegen die Abriegelung der beiden Stadthälften unternehmen konnten – und dies auch nicht wollten, schließlich hatten »die Amerikaner Chruschtschow die Mauer unter den Stiefel

[107] Heinrich Albertz (* 22. Januar 1915 in Breslau; † 18. Mai 1993 in Bremen)

gestellt«, wie es Sebastian Haffner einmal ausdrückte –, musste von einem Tag zum anderen gelernt werden, mit der Mauer zu leben. Ende 1963 gelang es dem Senat, entsprechend der Devise »lieber kleine Schritte als große Worte«, mit der »anderen Seite« eine erste Passierscheinregelung zu treffen.

Albertz' Tag für Tag stärker werdende Position in der Stadt musste all jenen Unbehagen bereiten, die seit Jahren Willy Brandt zum Durchbruch zunächst in der Berliner, dann in der Bundespartei verholfen hatten, zumal ihnen die ganze Richtung der *heiligen Familie* nicht passte. Dies gilt nicht für Klaus Schütz, musste aber sehr viel mehr für »Kutte« Neubauer, den genialen Parteitagsregisseur, gelten, der seine Zukunft in Berlin sah, nicht in Bonn, wie viele seiner Gefolgsleute. Neubauer war entschlossen, ein Stück vom Berliner Kuchen abzubekommen.

»Klettermaxe« Neubauer

Politisch besonders nahe hat Neubauer Willy Brandt nie gestanden. Der Politik der kleinen Schritte gegenüber »Pankow« stand Neubauer wie der gesamte rechte Parteiflügel skeptisch gegenüber. Sein Verhältnis zu Brandt war vor allem ein taktisches, wie auch das Brandts zu Neubauer. Sicher, Schütz und Neubauer profitierten von Brandts Aufstieg. Schütz wurde Ende 1961 im Rahmen einer größeren Senatsumbildung nach einem Rücktritt und zwei Todesfällen (Paul Hertz und Joachim Lip-

»Dieser Typ passt nicht zu uns!«

schitz) Senator für Bundesangelegenheiten und das Fernmeldewesen.

Neubauer ging diesmal noch leer aus. Für das Innenressort zog Brandt Heinrich Albertz vor, der diesmal vor der Fraktion Gnade fand. In den Monaten nach dem Mauerbau Berliner Innensenator zu werden, kam allerdings auch einem politischen Himmelfahrtskommando gleich: Man musste nötigenfalls die Polizei einsetzen, um die gehasste Mauer vor den Angriffen erboster Berliner zu schützen, wollte man verhindern, dass die internationale Lage weiter eskalierte. Niemand wollte das Amt haben. Brandt überredete Albertz, den Posten anzunehmen: Es sei gut, wenn einer in dieser Position wenigstens die zehn Gebote kenne.

Karl Schiller, später Wirtschaftsminister in Brandts Bundeskabinett, wurde mit Sonderkonditionen aus Hamburg gelockt und zum Wirtschaftssenator gewählt. Im Februar 1962 ließ sich der ungeduldige und ehrgeizige Kurt Neubauer – in Abwesenheit von Willy Brandt – zum stellvertretenden Vorsitzenden der Berliner SPD ernennen und stellte damit Willy Brandt

[108] Auf dem Landesparteitag im Mai 1965 gratuliert Albertz (rechts) dem Vorsitzenden Kurt Mattick zu seiner Wiederwahl. Links im Bild der stellvertretende Landesvorsitzende Kurt Neubauer. Zweiter von rechts: Wissenschaftssenator Werner Stein

und den nahenden Parteitag vor vollendete Tatsachen.

Neubauers Eintritt in den Senat erfolgte ein Jahr später, nach dem Rücktritt der Senatorin für Jugend und Sport, Ella Kay, die damit die persönliche Konsequenz nach dem Tod eines Kindes in einer Pflegefamilie zog. Neubauer wurde Senator für Jugend und Sport – doch das sollte noch nicht alles gewesen sein für »Klettermaxe«, wie ihn Mitte der sechziger Jahre die Springer-Boulevard-Zeitung BZ in einer Glosse ob seines ungezügelten Ehrgeizes bezeichnete. Der Versuch Neubauers, Brandt 1963 als Landesvorsitzender der Berliner SPD zu beerben, als Brandt dieses Amt aufgab, scheiterte an Brandts Widerstand. Neubauer hatte in seinem Ehrgeiz überzogen, nicht das erste und nicht das letzte Mal.

Nach Brandts phantastischem Wahlergebnis im März 1963 (SPD 61,9 %, CDU 28,8 %, FDP 7,9 %) stellte Brandt der CDU, die an allen bisherigen Berliner Regierungen beteiligt gewesen war, den Stuhl vor die Tür. Dafür dürfte vor allem das Verhalten des CDU-Chefs Amrehn in der »Chruschtschow-Affäre« ausschlaggebend gewesen sein. Brandt hatte einen Weg gefunden, sich mit Chruschtschow in Ostberlin zu treffen, doch Amrehn drohte, im Bunde mit einigen rechten SPD-Senatoren, mit dem Bruch der Koalition. Widerwillig fügte sich Brandt dem Willen Amrehns.

Als Chruschtschow, der sich gerade für das Treffen mit Brandt umzog, von seinem Botschafter in Ostberlin über die kurzfristige Absage Brandts informiert wurde, fiel ihm die Hose, die er gerade anziehen wollte, aus der Hand. Eine historische Chance war der Westberliner Provinzpolitik zum Opfer gefallen. Brandt hat das lange Zeit sehr bedauert, aber die Berliner SPD hatte immerhin ein zusätzliches Wahlkampfthema gegen die CDU – auch wenn einige SPD-Senatoren bei der Verhinderung des Treffens mit der CDU an einem Strang gezogen hatten, was oft übersehen wird.

Trotz der eigenen satten Mehrheit ging Brandt nun eine Koalition mit der FDP ein, die vom Niedergang der CDU profitierte und im Vergleich zur letzten Wahl ihren Stimmenanteil verdoppeln konnte. Dies war die erste sozialliberale Koalition in der Geschichte der Bundesrepublik.

Da die FDP einen sehr viel kleineren Koalitionspartner darstellte als vorher die CDU, stieg naturgemäß die Anzahl der SPD-Senatoren. Dennoch rebellierte die Partei, weil sie es Brandt übel nahm, dass er Heinrich Albertz, der zwar das Innenressort abgab und stattdessen dem neu geschaffenen Ressort »Sicherheit und Ordnung« vorstand, auf den vorher von der CDU besetzten Posten seines Stellvertreters im Rathaus hievte.

Die Genossen empfanden diesen Plan – vollkommen zu recht – als Präjudizierung der Nachfolge Brandts für den Fall seines baldigen Wechsels nach Bonn, zumal Brandt Albertz in seinem neuen Amt als Bürgermeister einen Großteil seiner lokalen Zuständigkeiten übertrug. Alles lief auf Albertz – als künftiger Nachfolger Brandts – zu, zum Unbehagen der rechten SPD-Mehrheit.

Brandt selbst war in dieser Zeit eine Mischung aus Berliner Präsident, Außenminister, Bundestagswahlkämpfer und permanenter Kanzlerkandidat. In diesen Jahren, so Klaus Schütz, hätte Willy Brandt in Berlin bei einer öffentlichen Rede aus dem Telefonbuch vorlesen können, die Berliner hätten ihm stehende Ovationen dargebracht. Ein Jahr später wurde Brandt auch noch Bundesvorsitzender der SPD und verbrachte nur noch die Hälfte der Woche in Berlin. Die Arbeit erledigte Albertz.

Als die Berliner Partei ankündigte, den Parteirechten Otto Theuner, von Brandt als Innensenator vorgesehen, auch als Kandidat für den Posten des Bürgermeisters, also gegen Albertz, aufzustellen, drohte Brandt mit seinem Rücktritt. Damit war die Sache erledigt.

Wieder einmal war Albertz in ein noch machtvolleres Amt gerufen worden. Daß ihn nicht Karrierismus trieb, sieht man schon daran, dass er nach Brandts zweiter Niederlage im Kampf um die Kanzlerschaft 1965 diesen inständig bearbeitete, nun nicht alles hinzuschmeißen, sondern Regierender Bürgermeister der Halbstadt zu bleiben, woran sich nicht nur das Verhältnis beider erahnen lässt, sondern auch Albertz' Befürchtung, mit den Berliner Sorgen und der Berliner SPD alleine dazustehen. Aber er fand auch Gefallen an der Rolle der Nummer zwei: »Ich war nicht, wie manche meinen, als Regierender Bürgermeister, sondern als sein Stellvertreter auf der Höhe der ›Macht‹, was immer das sein mag«, erinnert sich Albertz 1985 in seinem Buch *Die Reise*. »Willy Brandt war selten in Berlin, ein oder zwei Tage in der Woche. [...] Ich saß im Rathaus, war außerdem Polizeisenator, konnte außerdem entscheiden, aber stand doch nicht als der Erste im Licht der Öffentlichkeit. Die Partei focht mich wenig an. Brandt deckte mich, wenn ich einmal viele Meter vor der Front der anderen marschierte. [...] Ich saß in meinem schönen Arbeitszimmer im Rathaus und ›regierte‹. Der satten Mehrheit war ich immer noch ein ungeliebter Partner. Aber sie haben sich an mich gewöhnt, auch an meinen schwarzen Humor.«

Als 1966 die Bonner CDU/FDP-Koalition brach, war es dann soweit. Brandt, Schütz und Bahr gingen nach Bonn. Albertz blieb allein im Schöneberger Rathaus – er wird gewusst haben, was da auf ihn zukam.

Ernst Reuter hatte die Berliner Politik, weniger die eigene Partei, durch seine unanfechtbare Autorität, sein Charisma und seinen Rückhalt in Bonn und bei den amerikanischen Alliierten dominieren können. Willy Brandt hingegen brachte, kaum im Amt, die Partei hinter sich. Heinrich Albertz hatte nichts von alledem. Nur das Amt.

In seiner hochinformativen Biographie *Heinrich Albertz – der Mann, der meh-*

rere Leben lebte gibt Jacques Schuster eine Äußerung von Neubauers langjährigem persönlichen Referenten und seit dem 1. Juni 1967 SPD-Fraktionsgeschäftsführer, Dietrich Stobbe, wieder: »Die Rechte hatte zuwenig Format, sich bei Willys Entscheidung [Albertz zu seinem Nachfolger als Regierender Bürgermeister zu bestimmen – d. V.] aufzulehnen und einen weiteren Kandidaten, nämlich den angesehenen Schwedler, aufzustellen. Hätten wir Schwedler oder Neubauer als Alternative benannt, hätte Albertz keine Chance gehabt. Uns passte Albertz von Anfang an nicht.«

So war es um Albertz' innerparteiliche Startvoraussetzungen im Amt des Regierenden Bürgermeisters bestellt. Der etwas großtuerischen Aussage Stobbes zum Trotz gab es 1966 nur einen Kandidaten, der dieses schwierige Amt auszufüllen in der Lage war – und dies auch schon über Jahre bewiesen hatte, indem er es *de facto* ausübte: Heinrich Albertz. »Er war der einzige«, so auch Klaus Schütz im Gespräch mit dem Autor im Oktober 2006. Dass ein Vierteljahr später in Berlin gewählt würde, ergab einen beträchtlichen taktischen Vorteil für Albertz: Ihn musste man nicht erst aufbauen; er war ja schon längst der eigentliche Berliner Bürgermeister – unter Brandt.

Die Bonner Koalitionskrise und in der Folge der Weggang Willy Brandts hatte die SPD-Rechte auf dem falschen Fuß erwischt: Sie hatte genau zu dem Zeitpunkt, als es darauf ankam, Ende 1966, keinen vorzeigbaren Kandidaten. Bausenator Rolf Schwedler hatte im Sommer 1965 nach einer lustigen Dampferfahrt mit Kollegen unter Alkoholeinfluss ein nicht abgeschlossenes Polizeifahrzeug gekapert und gegenüber den Polizisten auf das Recht gepocht, von ihnen nach Hause gefahren zu werden.

Aus schwer erkennbaren Motiven stellt die Eleanor Lansing Dulles, Schwester des langjährigen US-Außenministers John Foster Dulles, in ihrem 1967 erschienenen Buch *Berlin und die Amerikaner* den Vorgang recht ausführlich, verharmlosend und ungenau folgendermaßen dar: »Eines Abends Anfang Juli suchte Rolf Schwedler, der begabte, stets gut gelaunte dritthöchste Beamte Berlins, in Begleitung eines seiner Kollegen Erfrischung in einem Bierlokal des Bezirks Wedding. Nach Mitternacht, auf dem Heimweg, sah er ein leeres Polizeiauto.

Er schaltete das Blaulicht ein, das normalerweise einen eiligen Auftrag ankündigt, und begann eine fröhliche Konversation über den Polizeifunk. Damit rief er einige Polizeibeamte auf den Plan. Es ergab sich eine peinliche Situation. Als die Zeitungen die Geschichte bekannt machten, gab es in der Berliner Bevölkerung gutmütiges Gelächter. Man sah hauptsächlich die menschliche Seite der Sache und war geneigt, Schwedlers Eskapade eher sympathisch zu finden als verwerflich.«

In einer Fußnote weist die Autorin darauf hin, dass Rolf Schwedler »zeitweilig die Berliner Regierung in Abwesenheit des

Regierenden Bürgermeisters Brandt und seines Stellvertreters Albertz« leitete. Hier berührt Eleanor Dulles das eigentliche Problem dieser Kapriole, ohne es zu benennen: Schwedler war in dieser Nacht der höchste Berliner Beamte in der Stadt, weil Brandt *und* Albertz nicht in Berlin waren.

Gegen den Vorhalt, alkoholisiert gewesen zu sein, wehrte er sich mit den Worten: »Ich war im Besitz meiner geistigen Kräfte.« Im Ernstfall hätte er außerdem einen Kaffee trinken können, um wieder nüchtern zu werden.

Schwedler wurde die Aufgabe des ranghöchsten Senators nach der Affäre entzogen, weitere Sanktionen gab es nicht. Die Bürgermeister-Ambitionen konnte er nun vergessen, mochte Eleanor Dulles die Sache verniedlichen, so viel sie wollte. Albertz begründete seine erstaunliche Milde gegenüber dem Bausenator mit den Worten, dass sich »über einem Senator nur noch der Himmel und die parlamentarische Verantwortlichkeit« wölbe. Bausenator Schwedler festigte seinen Ruf als »Blausenator« und erweiterte ihn nun zum »Blaulichtsenator«. Er hatte sich seine Karriereleiter selbst um mindestens eine Sprosse gekürzt.

»Ich watete im Blut«

Albertz war tatsächlich konkurrenzlos. Seine im Grunde einzige Möglichkeit bestand nun darin, noch mehr Ansehen in der Stadt zu gewinnen, um sich so als Regierender unverzichtbar zu machen und damit die Partei, wenn schon nicht in den Griff zu bekommen, so doch wenigstens ruhig zu stellen. Er hatte durch seine Rolle als »Zwischenmeister« durchaus eine gute Presse und ohne Zweifel auch das Zeug dazu, in der »psychisch schwerkranken Gemeinde Westberlin« Landesvater und vielleicht auch ein bisschen ihr Seelsorger zu werden. Albertz hatte (fast) keine Chance, aber er nutzte sie nicht schlecht.

Dabei ging er keinem Streit aus dem Weg. Den Anspruch der Partei auf neue »Futterstellen« im neu zu bildenden Senat wehrte er mit dem Hinweis ab, dass es nicht sinnvoll sei, so kurz vor den Wahlen neue Senatoren zu wählen. Dies jedoch vor allem, um die Ansprüche des rechten Parteiflügels und der Fraktion nicht ins Unermessliche wachsen zu lassen. Das freigewordene Senatsamt Inneres, das er ein Jahr zuvor zu seinem Ressort Sicherheit und Ordnung hinzugenommen hatte, gab er erneut an Otto Theuner ab und übernahm selbst das Bundessenatorressort von Klaus Schütz. Theuner wurde nun doch – für drei Monate – Bürgermeister und Stellvertreter von Albertz. Auch dagegen konnte die Parteirechte kaum opponieren.

Albertz plante, den nächsten Senat zu verkleinern, um die Berliner Mammutbehörden Stück für Stück auf Normalmaß zu reduzieren – auch dies ein Affront gegen die Partei, die schließlich von der Verteilung der Futterstellen in diesen Apparaten lebte und profitierte. Albertz wusste, worauf er sich da eingelassen hatte.

In einem *Spiegel*-Gespräch drückte er sich über diese Maßnahmen und ihre Folgen recht drastisch aus: »Ich watete im Blut«. Albertz konnte nicht den Politikstil Brandts – »geniales Improvisieren« – fortsetzen, weil es nicht seiner war. Er wollte jetzt vor allem eins: bei der nächsten Wahl von den Berlinern ein eigenes Mandat erhalten und die aufgeblähte Berliner Verwaltung neu strukturieren. Die Parteirechte spürte instinktiv, dass Albertz, wenn er erst einmal fest im Sattel sitzen würde, ihnen das Leben schwer machen würde.

Keine Passierscheine

Es galt für Albertz zunächst, einen Wahlkampf zu bestehen, der aufgrund der Bonner Ereignisse und des neuen Spitzenkandidaten über Nacht anders konzipiert werden musste.

Albertz verfolgte die Absicht, Willy Brandt aus der Kampagne herauszuhalten und den Wahlkampf ganz auf seine Person abzustellen – schließlich habe er ja auch schon einiges für die Stadt geleistet. Es gab darüber Streit mit der Partei, er gab nach – zumindest teilweise. Es wurden nun auch Plakate mit ihm und Brandt geklebt.

[109] Obwohl es nach Meinung vieler Kommentatoren an Landesverrat grenzte, mit der »anderen Seite« zu verhandeln, war die Resonanz auf das erste Passierscheinabkommen riesig

Brandts Traumergebnis von 1963, anderthalb Jahre nach dem Mauerbau, noch mit der damals in Berlin weit verbreiteten Wut auf Bonn und Adenauer im Bauch, aufgefrischt durch Amrehns würdelose Erpressung im Zusammenhang mit dem Chruschtschow-Treffen in Ostberlin, konnte er nicht erreichen. Brandt selbst hätte es nicht noch einmal erzielen können – in Westberlin war eben wieder eine gewisse Normalität eingekehrt. Und Heinrich Albertz war nicht Willy Brandt.

Erschwerend und von Albertz nicht zu beeinflussen kam hinzu, dass für die Weihnachtszeit 1966 erstmals seit drei Jahren keine Passierscheinregelung mit Ostberlin zustande gekommen war, weil die DDR inzwischen einen höheren politischen Preis für ein neues Abkommen verlangte. Albertz hätte diesen Preis gerne bezahlt, doch die Bonner Formelpolitik ließ das nicht zu. Der *Viererbande* war in den Jahren zuvor von der Berliner Bevölkerung hoch angerechnet worden, dass es überhaupt zu Regelungen gekommen war. In dieser Hinsicht stand Albertz im Winter 1966/67 mit leeren Händen da. Außerdem begann die SPD bei dieser Wahl Stimmen bei Jungwählern zu verlieren. Aber auch das ist nicht Albertz anzukreiden, auch wenn er für die Proteste an den Hochschulen keinerlei Verständnis aufbrachte.

Albertz entschied sich für einen ungewöhnlich bürgernahen Wahlkampf, besuchte Arbeitsämter, Wochenmärkte, Krankenkassen und Fürsorgestellen, um sich die Sorgen der einfachen Leute anzuhören, nur begleitet von seinem Referenten, seinem Pressesprecher und – um seine Aktivitäten in die Öffentlichkeit zu transportieren – einigen Journalisten.

Die Parteimehrheit war im Wahlkampf uneins: einerseits die Sorge, Mandate zu verlieren; aber andererseits durfte es auch kein allzu gutes Ergebnis für Albertz geben, da Verluste natürlich seinen Handlungsspielraum einengen würden, wie der damalige der Berlin-Korrespondent von *Christ und Welt*, Jürgen Engert, analysierte. Das Engagement der Partei im Wahlkampf hielt sich daher in Grenzen.

Die SPD erreichte 56,9 %, ein beachtliches Ergebnis, auch wenn aus der Partei anderes zu vernehmen war. Man hat auch noch nie, außer vielleicht aus Bayern in den besten Zeiten von Strauß und Stoiber, gehört, dass ein Wahlergebnis von fast 57 % als Niederlage empfunden worden wäre.

Die SPD hat niemals wieder in Berlin auch nur annähernd ein so gutes Ergebnis erzielt, in Fünf- und Zehnprozentschritten ging es munter bergab, von einem kurzen Zwischenhoch 1989, als Walter Momper überraschend Regierender Bürgermeister einer rotgrünen Koalition wurde, abgesehen, bis man schließlich in den neunziger Jahren bei etwas über 20 % angelangt war. »SPD deutlich über 5 Prozent«, titelte damals die *taz* mit der wahrscheinlich besten Schlagzeile ihrer Geschichte.

Die SPD stellt zwar seit dem Jahr 2001 wieder den Regierenden Bürgermeister, allerdings mit einem Wahlergebnis von unter 30%.

Nein, andersherum wird ein Schuh draus: Gerade weil Albertz auf Anhieb so gut abschnitt, drohten seinen innerparteilichen Gegnern die Felle wegzuschwimmen. Wenn dieser Albertz auf Anhieb so ein Ergebnis schafft – wie soll man den dann loswerden, wenn sich die Berliner womöglich an ihn gewöhnten oder ihn gar in ihr Herz schlössen? War das vielleicht schon geschehen? War es schon zu spät, jetzt, wo er wiedergewählt war? Gerade Albertz' hervorragendes Wahlergebnis war sein politisches Todesurteil.

Seine innerparteilichen Gegner suchten händeringend nach einer Möglichkeit, ihren Regierenden Bürgermeister loszuwerden. Der entscheidende Angriff der SPD-Mehrheit auf den der eigenen Partei angehörenden Regierenden Bürgermeister begann im Mai 1967 auf einem turnusmäßigen Landesparteitag, genau eine Woche, bevor die Ereignisse im Zusammenhang mit dem Schah-Besuch die Stadt auf den Kopf stellten.

[110] 20. Juli 1967: Heinrich Albertz im Gespräch mit Willy Brandt im Rathaus Schöneberg

Die Partei gegen Heinrich Albertz

Der erzwungene Rücktritt

[111] Heinrich Albertz nach seinem Rücktritt.

Die Partei gegen Heinrich Albertz

Solange der Wahlkampf den innerparteilichen Waffenstillstand gebot, hatte Heinrich Albertz einigermaßen Ruhe vor seiner Partei. Der Krieg der Parteirechten gegen Albertz setzte unmittelbar nach dem Wahlsieg im März 1967 ein – dafür umso heftiger. Natürlich saß ein Regierender Bürgermeister Heinrich Albertz nach gewonnener Wahl fester im Sattel als ein Regierender Bürgermeister Heinrich Albertz vor der Wahl. Das war es, worauf Albertz gesetzt und was die Rechte zunächst hatte hinnehmen müssen.

Man ist klüger, heißt es, wenn man vom Rathause kommt – das alte Sprichwort ist hier wörtlich zu nehmen: Im Rückblick hält Albertz es für einen Fehler, dass er in diesem Moment nicht zurückgetreten ist. Aber wer tritt schon unmittelbar nach einer gewonnenen Wahl zurück? Und er wusste nicht, dass nach Meinung seiner Parteifreunde seine Tage als Regierender schon gezählt waren.

Bei der Neuwahl des Senats wurde der Albertz-Kandidat für den Posten des Bürgermeisters, also seines Stellvertreters, von der Fraktion abgelehnt. Da Dietrich Spangenberg Minuten zuvor noch als Bundessenator akzeptiert worden war, konnte man dieses Verhalten nur als schmerzhaften Tritt vor's Schienbein des Regierenden interpretieren.

Als Albertz über den durchgefallenen Kandidaten ein zweites Mal abstimmen ließ, hoffte er auf einen guten Ausgang. Würden die Heckenschützen es noch einmal wagen, aus dem Hinterhalt auf ihn zu schießen? Dass die Fraktion Spangenberg wieder durchfallen ließ, war nun allerdings mehr als ein Tritt vor des Bürgermeisters Schienbein. Die Fraktion hatte ihm in aller Öffentlichkeit den Krieg erklärt.

Spätestens hier hätte Albertz gewarnt sein müssen. Niemand erklärt einen Krieg, um hinterher die Hände in den Schoß zu legen. Wenn Albertz gedacht haben sollte: »Ich habe meinen Senat durch, das ist die Hauptsache; im Grunde ist es mir egal, wer mein Stellvertreter ist«, dann hätte er nicht bedacht, dass er spätestens dann wieder auf die Fraktion angewiesen sein würde, wenn es einmal darum gehen sollte, einen Senator zu ersetzen. Und genau daran ist er ein halbes Jahr später endgültig gescheitert.

Der stellvertretende Fraktionsvorsitzende der SPD, Gerd Löffler, der nur drei Monate später zum Vorsitzenden des Parlamentarischen Untersuchungsausschusses zu den Ereignissen vom 2. Juni 1967 ernannt wurde, hatte das Abstimmungsverhalten der vereinigten rechten Heckenschützen gegen Albertz und Spangenberg koordiniert. Er bekannte später gegenüber dem Berliner SPD-Politiker und Autor zweier wissenschaftlicher Darstellungen der Geschichte der Berliner SPD, Hans-Jürgen Heß, dass diese Aktion gegen den von Albertz vorgeschlagenen Spangenberg »einen ersten Beweis der Durchsetzungs- und Mehrheitsfähigkeit« der Gruppe der jungen rechten Abgeordneten darstellte.

Albertz, der um Löfflers Rolle im Hintergrund wusste, hatte noch in einem Vier-Augen-Gespräch versucht, ihn umzustimmen – vergeblich. Gerd Löffler, geboren in Łódź, von Beruf Lehrer, stammte aus Thüringen, gehörte dort der liberalen Partei an, bis er nach Westberlin ging. In Berlin nicht in die FDP, sondern in die SPD einzutreten, wird man sich wohl am ehesten mit der Attraktivität einer großen Regierungspartei erklären können. Schnell fand er sich im Ränkeschmieden innerhalb der Berliner SPD zurecht.

Die Gruppe der jüngeren rechten Abgeordneten um Löffler hätte es schon zu diesem Zeitpunkt, drei Wochen nach der gewonnenen Abgeordnetenhauswahl, darauf ankommen lassen, Albertz zum Rücktritt zu zwingen. Doch das ging den älteren der Albertz-Gegner dann doch ein bisschen zu weit. Es wäre in der Geschichte der Parteiendemokratie ohne jeden Zweifel ein einmaliger Eklat, wenn ein soeben in einer allgemeinen Wahl mit knapp 57 % bestätigter Regierungschef drei Wochen später von der eigenen Partei gestürzt worden wäre. Schon allein die Tatsache, dass die jungen Rechten diesen Skandal ins Kalkül gezogen hatten, zeigt die finstere und rücksichtslose Entschlossenheit dieser Gruppe.

»Albertz-Diktatur«

Als sich Albertz unmittelbar nach dieser schmerzhaften Niederlage, die ihm Löffler beigebracht hatte, auf einer Funktionärskonferenz im »Prälat Schöneberg« darüber beklagte, »dass an diesem Beispiel deutlich geworden ist, wie in einer Demokratie miteinander verfahren wird«, erntete er schallendes Gelächter. In dem Buch *Innerparteiliche Gruppenbildung* des bereits erwähnten SPD-Abgeordneten Hans-Jürgen Heß liest man zu dieser Szene: »Augenzeugen erinnern sich, niemals sonst eine Situation erlebt zu haben, in der ein Regierender Bürgermeister von den eigenen Genossen gnadenloser demontiert worden wäre.« Albertz fragte entgeistert in die Runde, was es denn da zu lachen gäbe. Der Führer der Parteilinken, Harry Ristock, rief in den Saal: »Heinrich, bleib ruhig – das ist Glatteis!« War das eine Warnung? Oder Häme?

Die Partei gegen Heinrich Albertz

So sehr sich viele der Genossen auch an der Niederlage ihres Regierenden erfreuten, sie konnten dennoch nicht übersehen, dass – bis auf die Nichtwahl Spangenbergs zum Bürgermeister – Albertz seinen Willen bei der Senatsbildung durchgesetzt, Partei und Fraktion wieder einmal überlistet hatte. Sie fürchteten eine jahrelange »Albertz-Diktatur« und beobachteten mit Sorge die zunehmende Attraktivität der Mitte-Gruppe auch bei einigen gemäßigt-rechten Genossen. Albertz hatte ein neues Kraftzentrum inmitten der Partei geschaffen, das Teile der Rechten, aber auch der Linken gleichermaßen anzog.

Löffler wird zugeschrieben, diese Gruppe als »Gewinn- und Erwerbsgemeinschaft« verspottet zu haben – als ob es sich bei allen anderen Akteuren um ehrenamtliche Feierabendpolitiker gehandelt hätte.

Im Dezember 1966 hatte Albertz noch argumentiert, es sei Unsinn, so kurz vor der Wahl zum Abgeordnetenhaus neue Senatoren wählen zu lassen. Nach der Wahl verkündete Albertz plötzlich: Gerade jetzt müsse mit weniger Leuten noch mehr gearbeitet werden. Was zunächst noch improvisiert wirkte – der verkleinerte Senat –, sollte nun dauerhaft bleiben. Karriereträume platzten. Auch zwei der drei FDP-Senatoren stellte er die Stühle vor die Tür.

[112] Hier tagte einmal die Funktionärskonferenz: Der »Prälat Schöneberg« im März 2007.

Westberlin hatte bis dahin die größte aller bundesdeutschen Landesregierungen. Tatsächlich wurden durch die Verkleinerung des Senats automatisch auch die zwölf Berliner Bezirksämter gezwungen, sich der neuen Struktur anzupassen und sich ebenfalls zu verkleinern. Das zielte auf den Lebensnerv der Partei – die Futterkrippen im öffentlichen Dienst – und blieb nicht ohne Folgen, ebenso wie Albertz' demonstrativer und in beleidigender Form vollzogener Bruch mit dem *Pfeifenklub* – dem informellen Gremium der Rechten.

Es verbesserte die Stellung Albertz' nicht, dass er sich von den SPD-Haudegen Kurt Exner und Otto Theuner trennte. Noch schwieriger, durch wen er sie ersetzte: Der 37 Jahre junge Rechtsanwalt Wolfgang Büsch wurde Innensenator, der Finanzfachmann und ebenfalls der Mitte-Gruppe angehörende Heinz Striek Finanzsenator (und Bürgermeister), Albertz' Vertrauter Dietrich Spangenberg Bundessenator, die zur Parteilinken oder zur Mittelgruppe zählenden Senatoren Werner Stein (Wissenschaft und Kunst) und Carl-Heinz Evers (Schule) blieben in ihren Ämtern.

Die Rechte blieb auf ihre Vorleute Rolf Schwedler (Bau- und Wohnungswesen) und Kurt Neubauer begrenzt, wobei Neubauer mit einem Riesenressort (Soziales, Gesundheit, Jugend und Sport) bedacht wurde, wohl in der Absicht, ihn mit Arbeit zu erschlagen.

Um dieses Ziel zu erreichen – nur zwei Vertreter des *Pfeifenklubs* im Senat – hatte Albertz einiges an taktischem Geschick aufbringen müssen. Er spielte die verschiedenen Interessengruppen innerhalb der Rechten gegeneinander aus, demontierte Neubauer als Vormann der Rechten, unterstützte den Landesvorsitzenden Mattick gegen Neubauer, der einmal mehr Parteivorsitzender werden wollte, und bot Neubauer schließlich das Riesenressort an. Ohne Alternative.

Neubauer war wütend – und griff dennoch zu, was in seinem Freundeskreis den alten Vorwurf, ein Karrierist, »Klettermaxe« eben, zu sein, bestätigte.

Bei den Wahlen in der Fraktion, die auf Drängen junger Abgeordneter vorgezogen worden waren, wurde der Albertz-Kandidat Schwäbl, Jahre zuvor einer der Initiatoren der Mitte-Gruppe, als stellvertretender Vorsitzender abgelehnt. Gewählt wurde Löffler. Dietrich Stobbe, der einige Zeit persönlicher Referent von Neubauer gewesen war, wählte die Fraktion zu ihrem neuen Geschäftsführer. Sein erster Arbeitstag war der 1. Juni 1967.

»Räubersynode der Dorfschulzen«

Damit waren die Bataillone für die kommende Schlacht aufgestellt. Grund für die vorgezogene Neuwahl war, so hieß es, das Verhalten des Fraktionsvorstandes in der Phase der Senatsbildung. Der Vorstand habe sich zum Gehilfen von Albertz machen lassen, so die Kritik vor allem der jungen Rechten.

Die Partei gegen Heinrich Albertz

Heinrich Albertz war merkwürdig desinteressiert gegenüber den Vorgängen in der Berliner Partei und mied die Niederungen der Skatabende und Saufgelage, so gut er konnte. Nicht die Partei, sondern die Funktion, in die er nun gewählt war – Regierender Bürgermeister – sah er als seine Bastion an. Kein Wunder: Für seinen Aufstieg in Berlin hatte Albertz die Partei wirklich nicht gebraucht; eher versuchte sie ihn zu behindern, wo immer sie konnte. Jede neue Position, die Albertz einnehmen wollte, musste Willy Brandt gegen die Partei durchsetzen, nicht selten verbunden mit Rücktrittsdrohungen.

Die gesamte *Viererbande* hatte sich von der Berliner SPD seit dem Mauerbau Lichtjahre entfernt, was sich am deutlichsten zeigte, als der spätere Berliner Parteivorsitzende Mattick nach der »Wandel-durch-Annäherung«-Rede Egon Bahrs 1963 in Tutzing öffentlich darüber nachdachte, ob einer wie Bahr überhaupt noch der SPD angehören könne. Und über Albertz dachte man in der Berliner Partei nicht viel anders, als er 1962 die Möglichkeit ins Spiel brachte, die Mauer in beide Richtungen durchlässiger zu machen, indem sich der Westen verpflichtete, Besucher aus der DDR keinesfalls im Westen aufzunehmen, sondern nötigenfalls zurückzuschicken.

»Als Willy Brandt als Regierender Bürgermeister, unterstützt von Heinrich Albertz und Egon Bahr, nicht ohne Erfolg die Politik der ›Kleinen Schritte‹ einleitete, den Berlinern zeitweilig Passierscheine erkämpfte und ein vernünftiges Verhältnis zur DDR-Umwelt anstrebte, tat er das gegen die gefühlsbetonte Meinung der Bevölkerung, der Presse sowie gegen viele Widerstände in der Berliner SPD«, schrieb der langjährige Chefredakteur der *ZDF*-Sendung *Kennzeichen D*, Hanns Werner Schwarze, 1969 in seinem Buch *Die DDR ist keine Zone mehr*. Willy Brandt »konnte es, wie ich meine, nur wagen, weil er eine in seiner politischen Bedeutung längst das Bürgermeisteramt überragende, international akzeptierte Persönlichkeit von staatsmännischem Zuschnitt war. Viele beobachteten missmutig oder wenigstens misstrauisch, was er da versuchte. Sein Nachfolger Heinrich Albertz, ohne solche Voraussetzungen, ist innerhalb der SPD nicht zuletzt daran gescheitert, dass er Brandts und Bahrs Politik fortsetzen wollte.«

Die Berliner SPD werde ihm immer ein Buch mit sieben Siegeln bleiben, äußerte Albertz gegenüber dem *Spiegel*. Der Parteizentrale, nach ihrer Adresse einfach nur »Müllerstraße« genannt, gab Albertz den Namen »Lieschen-Müller-Straße«, dort tauge nur der Kaffee etwas. Den Rat der Berliner Bürgermeister titulierte er abfällig als »Rat der Dorfschulzen«, den Landesvorstand als »Räubersynode«. Heinrich Albertz hätte im Laufe seiner weiteren politischen Karriere jedes nur denkbare Amt der Bundesrepublik ausfüllen können. Doch seine politische Laufbahn endete in den Schützengräben der Berliner Sozialdemokratie, in diesem Sommer des Jahres 1967.

Albertz wurde von der Fraktion gewählt, aber nicht akzeptiert. Fortan verhielt sich die Mehrheit der Berliner SPD wie jener Herr Egge in den *Keuner*-Geschichten von Bertolt Brecht, in dessen Wohnung sich »in der Zeit der Illegalität« ein Agent eingenistet hatte. Er verlangte Essen, legte sich ins Bett und fragte vor dem Einschlafen: »Wirst du mir dienen?« Herr Egge deckte ihn zu, vertrieb die Fliegen, bewachte seinen Schlaf, und gehorchte ihm sieben Jahre, ohne je zu antworten. Nachdem der Agent gestorben war, schleifte ihn Herr Egge aus dem Haus, machte sauber, tünchte die Wände, atmete auf und antwortete: »Nein.« Brandt hatte der Partei Albertz aufgezwungen und fragte sie: »Werdet ihr ihm dienen?« Brandt ging nach Bonn, ohne die Antwort abzuwarten. Als die Funktionäre unter sich waren, sprachen sie ein deutliches »Nein«. Albertz hatte allerdings keine sieben Jahre, nur 285 Tage.

Man fragt sich im Rückblick, wie es zu dieser Konstellation kommen konnte. Ahnte niemand die Schwierigkeiten, mit denen Albertz in Berlin konfrontiert sein würde? Wahrscheinlich nicht. Brandt äußerte sich über die Ereignisse vom 2. Juni 1967 im Kreis von Parteifreunden: »Ich begreife nicht, wie das in Berlin passieren konnte.« Das kann eigentlich nur bedeuten, dass Brandt sich nicht vorstellen konnte, wie aggressiv und mächtig die Allianz gegen Albertz tatsächlich war.

Der Pfarrer, den es in die Politik und später nach Berlin verschlagen hatte, saß auf einem Pulverfass: Eine rebellische Partei, die sich unter der Führung seines gefährlichsten Gegners Kurt Neubauer gegen ihn formierte, eine rebellische Fraktion, in der sein Intimfeind Gerd Löffler ständig an Einfluss gewann, eine anwachsende Protestbewegung an der Freien Universität und eine Universitätsleitung, die der Konflikte auf dem Campus nur noch mit Hilfe der Polizei Herr zu werden versuchte. Und ausgerechnet die Berliner Polizei, auf die Albertz sich als langjähriger Innensenator glaubte verlassen zu können, stürzte am 2. Juni 1967 die Stadt mit einem katastrophalen Einsatz ins Chaos.

»Wie zu Zeiten Ernst Reuters«

Ein Brief von Albertz an Willy Brandt, Ende April 1967 seiner Sekretärin diktiert, gibt Aufschluss über Albertz' Innenleben. Er kommt zunächst auf persönliche Schwierigkeiten zwischen sich und Brandt zu sprechen: »Daran mag vieles schuld sein, und man muß ja auch immer mit sich selber anfangen. Ich will also damit beginnen, dass ich mich sehr davor gefürchtet habe, Dein Nachfolger zu sein. Du bist, wie Du weißt, hier eine lebende Legende geworden und ich glaubte, es würde überhaupt kaum möglich sein, mit den Berlinern in ein unmittelbares Verhältnis zu kommen. Das ist dann besser gegangen, als ich dachte. Aber ich gestehe gern, dass ich mit diesem Schatten zu kämpfen hatte und dass ich von da aus vielleicht auch das eine oder andere nicht richtig angelegt oder ausgesprochen habe. Umgekehrt habe ich den Eindruck, dass Du Dich ebenso schwer von Berlin getrennt hast und dann schmerzlich berührt warst, dass es auch ohne Dich weiterging. Ich finde, wir sollten das voneinander wissen und darüber hinwegkommen.« Bezogen auf die innerparteilichen Zustände schreibt Albertz: »Es wird sowieso der größten Anstrengungen bedürfen, um zu verhindern, dass in der Berliner Partei Zustände eintreten wie zu Zeiten Ernst Reuters – nur diesmal umgekehrt, wenn eine sogenannte rechte Gruppe glaubt, ihre Existenz dadurch nachweisen zu können, dass sie dem Regierenden Bürgermeister Schwierigkeiten macht.« Mit diesem Brief verabschiedete sich Albertz in die Ferien.

Keine vier Wochen später und exakt ein Wochenende vor dem 2. Juni 1967 setzte sich auf einem Landesparteitag die Demontage des Regierenden Bürgermeisters fort. Auf diesem Parteitag wurden fast alle Albertz nahe stehenden Genossen aus dem Landesvorstand abgewählt.

Um das zu erreichen, bediente sich Neubauer einer List, die den meisten Berliner SPD-Linken jener Jahre noch heute so unangenehm ist, dass sie nicht sehr gerne darüber sprechen. Mit gutem Grund. Während sich Albertz im Thermalbad Badenweiler von den Strapazen des Wahlkampfes und den Querelen in der Partei erholte, kungelten die Berliner Genossen nahezu ununterbrochen in der Lieschen-Müller-Straße, in den Rathäusern der Bezirke und in den Senatorenbüros. Sitzungen von Parteigremien und -klüngeln, ja selbst Schiedsgerichts- und Parteiausschlussverfahren fanden seit eh und je wie selbstverständlich vormittags, also in der Arbeitszeit, und in den Amtssitzen der Stadträte und Senatoren statt.

Durch die in den letzten Jahren immer stärker werdende Gruppe um Albertz, Evers und Schwäbl hatte sich die Arithmetik in der Berliner SPD von Grund auf verändert. Keine Gruppierung innerhalb der Partei konnte sich allein durchsetzen, wie das in den Jahren der Flügelkämpfe innerhalb der SPD der Normalfall gewesen war.

Neubauer schlug nun dem linken Flügel für die Abstimmungen auf dem kommenden Parteitag eine Koalition gegen die Albertz-Gruppe vor – und die Linke ließ sich darauf ein. So stand also Albertz, als eine Woche nach dem Parteitag die Ereignisse des 2. Juni über ihn hereinbrachen, ohne jede Unterstützung der Berliner SPD da. Im Gegenteil, die Partei, vor allem der rechte Flügel, tat alles, was in ihren Kräften stand, um Albertz, den 2. Juni geschickt nutzend, zu stürzen.

Bauer und Gans

Die innerparteilichen Vorgänge vom Mai 1967 können genauestens rekonstruiert werden. Die Initiative zu diesem Zweckbündnis ging eindeutig von Neubauer aus. Er, der ja ursprünglich aus der traditionalistischen Neumann-Gruppe der Partei stammte und durch seinen Wechsel zu Brandt den Untergang der »alten Linken« in der Partei besiegelt hatte, hielt immer Kontakt zum »neuen linken« Flügel, der sich in den sechziger Jahren in der Jugendorganisation *Die Falken* neu gesammelt hatte.

Als Jugendsenator hatte Neubauer mit der damals im Vergleich zu heute noch viel bedeutenderen Organisation viele Kontakt. Harry Ristock und sein Vertrauter Alfred Gleitze waren nacheinander *Falken*-Vorsitzende gewesen. Aus Neubauers Etat flossen die Mittel für die Jugendarbeit der *Falken*, für Gruppenabende und die legendären Sommerzeltlager der jungen Genossen mit oft über 1000 Teilnehmern. Auf sein Wort schien Verlass. Die ersten vorsichtigen Gespräche fanden im April, also nach der Wahl des Senats, im Büro Neubauers statt. »Sein langfristiger Plan war es, die Mittelgruppe innerhalb der Parteiorganisation zu isolieren, um dann von Landesvorstand und Fraktion aus gemeinsam den Senat unter Druck zu setzen und eine Revision der Senatsbildung vom April 1967 zu erzwingen«, schreibt der Politologe Armin Meyer in seiner Dissertation *Entscheidungsprozesse in Parteiorganisationen*, die sich auf die Umstände der Entstehung des Rechts-Links-Bündnisses konzentriert. Wenn ihm dieser Handstreich gelänge, hätte er mit einem Schlag nicht nur seine eigene Machtbasis verbreitert und Albertz jeglicher Unterstützung der Partei beraubt. Seine eigene etwas angeschlagene Position als Führer der Rechten hätte er ebenfalls repariert.

Beide Seiten, auch die Linke, versprachen sich langfristige Vorteile aus dem Bündnis. Beide Flügel standen vor der Gefahr, auf längere Sicht bedeutungslos zu werden. Die Exponenten beider Flügel, Kurt Neubauer auf der Rechten, Harry Ristock auf der Linken, sahen in der unnatürlichen Koalition so etwas wie die »friedliche Koexistenz zwischen dem Bauern und der Gans in den Wochen vor Weihnachten«, wie es der Vertraute von Harry Ristock, Alfred Gleitze, in einem Gespräch mit dem Autor im Jahr 2003 bezeichnete.

Die Frage war nur, wer am Ende der Bauer und wer die Gans sein würde. Sich auf dieses riskante Spiel einzulassen, kann man für die Parteilinke nur als ungewöhnlich großen und folgenreichen politischen Fehler bezeichnen, nicht nur, weil sie es war, die verlor und schließlich auf dem Teller der Rechten landete. Die Linke, die in der Frage der neuen Ostpolitik immer hinter Brandt gestanden hatte (und durch eigene Aktivitäten diese Politik sogar vorbereitet hatte und dabei in Konflikte u. a. mit Neubauer geriet, der auch mal Gelder sperrte, wenn ihm die *Falken*-Politik nicht passte), hatte mit der Brandt-treuen Mittelgruppe durchaus politische Überschneidungen. Die Mittelgruppe hatte ja ursprünglich zueinander gefunden, um die Brandt-Linie in der Partei abzustützen, nachdem immer deutlicher geworden war, dass sich Brandt auf seine eigenen Truppen nicht mehr verlassen konnte. Wären die Mitte und die Linke auf dieser gemeinsamen Grundlage

– die hieß schlicht »Willy Brandt« – zusammengegangen, es wäre das sichere Ende der rechten »Mafia« gewesen. Die Rechte wusste das – oder ahnte es zumindest. Darum auch das so unnatürlich wirkende Koalitionsangebot an die Linke.

Das frühe Ende der »neuen SPD«

Für die Rechte um Neubauer und Schwedler war es, als sie die Linke ins Boot holte, der entscheidende Schachzug nicht nur, um nicht unterzugehen, sondern um sich langfristig in der Stadt durchzusetzen. Indem sich diese Gruppierung durchsetzte, begann der Niedergang Westberlins in den 70er Jahren, als die Stadt von einem Skandal in den nächsten taumelte, bis die Berliner schließlich des geradezu sprichwörtlichen Berliner Filzes überdrüssig wurden und das Schicksal der Stadt 1981 in die Hände der CDU legten. Was dann folgte, wie nun die Berliner CDU ihrerseits die Stadt als Beute betrachtete und entsprechend handelte, darf als bekannt vorausgesetzt werden.

Die neue Berliner SPD jedoch, wie sie Albertz vorschwebte, war keine bloße Illusion oder Utopie – das Rathaus hatten die Intellektuellen um Albertz ja schließlich schon erobert und man würde nur zu gerne – wie so oft – in die Geschichte eingreifen und – in diesem Fall – die Ergebnisse des dramatischen Berliner Sommers des Jahres 1967 ungeschehen machen. Was wäre wohl aus Westberlin geworden, wenn Albertz Gelegenheit gehabt hätte, seine Konzepte für die Stadt in die Tat umzusetzen, Berlin zum Brennpunkt der Entspannungspolitik und zu einem Marktplatz des Ost-West-Handels – auch der Ideen – zu machen? Was wäre aus der Stadt geworden, wenn es Albertz gelungen wäre, die riesige Verwaltung zu stutzen und den Funktionären ihre einmal erbeuteten Futterkrippen wieder wegzunehmen? Was wäre aus der Stadt geworden, wenn es zu dem angestrebten »großen Gespräch« gekommen wäre – auch und gerade mit der Jugend? Was wäre aus der Berliner SPD geworden, wenn sie sich nicht zur »CSU der Bundes-SPD« entwickelt hätte? Und was wäre aus der Studentenbewegung geworden, wenn der Staat Konsequenzen aus dem Fehlverhalten der Polizeibeamten gezogen hätte? (Noch gab es keine RAF!) Was wäre, wenn … Kurras verurteilt worden wäre? Oder besser noch: gar nicht erst geschossen hätte?

Die Wirren des Sommers 1967 erreichten mit den Ereignissen des 2. Juni 1967 einen ersten Höhepunkt. Auch wenn ein Großteil der Presse den Studenten selbst die Schuld am Tod Benno Ohnesorgs gab, konnte diese Behauptung nicht darüber hinwegtäuschen, dass der Senat schließlich die Verantwortung für das Geschehen in der Stadt hatte. Immerhin war Ohnesorg tot, weil ihn eine Kugel aus der Pistole eines Polizisten getroffen hatte. Dass zunächst seitens der Polizei noch versucht wurde, die wahre Todesursache geheim zu halten, fiel natürlich ebenfalls auf den Senat zurück, nachdem er – genau genommen Albertz

– sich mit der Polizei uneingeschränkt solidarisiert hatte.

Als bekannt wurde, dass Benno Ohnesorg vollkommen schuldlos zu Tode gekommen war, weil er selbst den Polizisten Kurras nicht angegriffen hatte (niemand hatte Kurras angegriffen, aber das steht auf einem anderen Blatt), erhöhte das noch den moralischen Druck auf den Senat, insbesondere auf Albertz und den Innensenator Büsch. »Albertz-Mörder«-Rufe oder Rücktrittsforderungen an Albertz und Büsch gab es zuhauf.

Springers *Welt* schrieb am 9. Juni unter der Überschrift »Student sein, wenn Hiebe fallen« in einem Bericht aus der Freien Universität: »Die Widersprüchlichkeit der Darstellungen über den tatsächlichen Hergang der Ereignisse vor der Oper und die außerordentlich schleppende Aufklärung aller Umstände hatten in der emotional stark aufgerührten Studentenschaft zunächst das Gefühl nur verstärkt, hier würden amtlicherseits die Dinge vernebelt. – Zahlreiche Studenten und auch Assistenten, mit denen ich spreche, räumen durchaus ein, dass Albertz tatsächlich – wie er schließlich am Donnerstag vor dem Abgeordnetenhaus auch eingestand – selbst falsch und unvollständig unterrichtet worden war. Seine erste Äußerung sei zunächst nicht zynisch gemeint, aber später bei verändertem Nachrichtenspiegel so auslegbar«, womit die politischen Folgen der von der Polizei verschleppten Unterrichtung der Öffentlichkeit gut beschrieben sind.

Der erste Angriff

Taktisch nicht sehr geschickt ging nun die SPD-Rechte massiv gegen den Senat vor. Sie setzte ihn unter Druck, obwohl die rechten Genossen an der Härte des Polizeieinsatzes eigentlich nicht allzu viel auszusetzen hatten. Szenen, die sich in den Junitagen in der Berliner Abgeordnetenhausfraktion der SPD abgespielt haben, belegen das. Die Anregung des linken Kreuzberger Abgeordneten Waldemar Schulze, die Fraktion möge einen Kranz für Benno Ohnesorg spenden, hatte Reaktionen zur Folge, die auf eine hochneurotische Gemeinschaft schließen lassen. Waldemar Schulze wurde unflätig niedergebrüllt. Auch der Berliner Standard jener Jahre »Geh doch rüber!« fehlte nicht. Selbst als die jungen Rechten, Löffler und Stobbe, einen Untersuchungsausschuss anregten, gerieten sie in schweres Wetter.

Die Rechte nutzte lediglich die Schwächung des öffentlichen Ansehens des Regierenden für ihre eigenen Ziele. »Albertz [...] verlor seine moralische Glaubwürdigkeit mit seinem Kommentar zum Tode Benno Ohnesorgs am 2. Juni 1967«, stellte der ebenfalls der jungen Rechten in der Fraktion zuzurechnende Klaus Riebschläger Jahre später kühl fest.

Emissäre reisten nach Bonn und sprachen bei Brandt und Schütz vor. »So«, erklärten sie mit gespielter Empörung, »ginge es in Berlin nicht weiter.« Schon Anfang Juni überbrachte der SPD-Abgeordnete Harry Liehr eine Offerte des rechten Freundeskreises an Klaus Schütz, Regierender Bürgermeister zu werden, der es dankend ablehnte, in dieser Situation nach Berlin zu kommen, zumal ihm ähnliche Angebote schon vor dem 2. Juni gemacht worden waren, die er ebenfalls zurückgewiesen hatte.

Klaus Schütz war stolz, glücklich und zufrieden mit seiner Aufgabe im Auswärtigen Amt. Immerhin war er das vielleicht wichtigste Scharnier zwischen dem Bundeskanzler Kiesinger und dem Vizekanzler und Außenminister Willy Brandt, zwischen denen die Chemie verständlicher- und bekannterweise nicht stimmte. Warum sollte er sich aus dieser Position in die Rolle des Königsmörders in der Berliner Provinz begeben? Und wer geht schon gerne zurück – nein, das wäre absurd.

Noch im Juni wurden Rücktrittsforderungen des Landesvorsitzenden Mattick gegen vier Senatoren (Büsch, Stein, Spangenberg und Striek) bekannt – und sofort dementiert. »Anlass für Matticks Initiative waren die Studenten-Unruhen und die Haltung des Senats in dieser Frage«, schrieb die *Berliner Morgenpost* am 23. Juni. »Diese Vorstellungen Matticks«, zu denen auch gehörte, Neubauer zum Bürgermeister zu machen, »werden in weiten Kreisen der Partei als ›Selbstmordplan‹ angesehen. Solche unsachgemäßen Senats-Neubildungen müssten der Öffentlichkeit ein Bild der Hilflosigkeit und katastrophalen Zersplitterung bieten.«

Der Fraktionsvorsitzende der SPD-Bundestagsfraktion Helmut Schmidt flog ein. Die Unzufriedenheit der Studenten, die vor allem über die SPD enttäuscht seien, müsse ernst genommen werden. Der Berliner SPD drohe die Isolation in der Gesamtpartei, wenn sie sich noch länger in einem »personalpolitischen Clinch am Rande der Arena« wälze. Das zielte auf Matticks Pläne. Der hatte vor Beginn der Veranstaltung erklärt, die Partei müsse zwar die Ergebnisse des Untersuchungsausschusses und der Staatsanwaltschaft abwarten, sollte aber dennoch zu »eigenen Schlussfolgerungen« gelangen. Schmidt war im Spätsommer ein ernsthafter Kandidat für die Nachfolge Albertz', war dann aber froh, als dieser Kelch an ihm vorüberging.

»Eine Gruppe junger, smarter Parteifunktionäre führte im Bündnis mit dem Landesvorsitzenden Kurt Mattick, dem Sozialsenator Neubauer und einigen Abgeordneten den Guerilla-Krieg gegen die Albertz-Mannschaft«, schrieb Kai Hermann in der *Zeit* rückblickend im September 1967. »Sie kämpft mit allen Mitteln darum, das Terrain zurückzugewinnen, dass die konservative Rechte schon unter Brandt verloren hatte: mit gezielten Indiskretionen, gezielten Dementis, offensichtlichen Diffamierungen von Parteifreunden und mit Kaderarbeit in den unteren Parteigremien. ›Wer nicht spurt, wird rasiert‹, verkündete einer der Frondeure als Devise. Einer der von den Heckenschützen getroffenen Senatoren reagierte: ›Kalte Mörder.‹ In der Umgebung von Albertz spricht man offen von einer ›Mafia‹ und von ›SA-Methoden‹.

Sie waren fest entschlossen, Albertz zu stürzen – noch ehe er vereidigt war. Der offene Kampf gegen seinen Senat begann dann unmittelbar nach den Studentenunruhen Anfang Juni. Selbst die radikalen Rebellen waren der Fronde als Verbündete im Kampf gegen Albertz recht. Mit ihnen forderten sie einen neuen Senat. Sie warfen Albertz seine harte Haltung gegenüber den Studenten vor.«

Am 25. Juni einigte man sich nach zehnstündiger Landesvorstandssitzung auf einen vorläufigen Waffenstillstand. Personalentscheidungen sollten erst nach der Sommerpause fallen. Am 23. Juni hatten die öffentlichen Sitzungen des parlamentarischen Untersuchungsausschusses begonnen, der die Sommerpause für sich verkürzte, um bis zum Ende der Sommerferien Ergebnisse vorzulegen.

Der Untersuchungsausschuss

So kam dem Parlamentarischen Untersuchungsausschuss in den Monaten nach dem Schah-Besuch bis zu Albertz' Rücktritt Ende September die für die weitere Entwicklung entscheidende Rolle zu. Er wurde zum Ersatz-Gerichtshof, zum Ersatz-Parlament, zum politischen Marktplatz des Großdorfes Westberlin, kurz: zum Tribunal. Dazu gehörte auch die seltsame Idee, die Sitzungen live im Rundfunk zu übertragen, was natürlich erst einmal super-demokratisch aussieht: »Hier wird nichts verschleiert.« Mit den prozessualen Rechten eines Untersuchungsausschusses verträgt sich eine derartige Handhabung, wie wir sehen werden, nicht.

Der Ausschuss, in der Woche nach dem 2. Juni auf Antrag der FDP vom Abgeordnetenausschuss eingesetzt, hatte den Auftrag »1. Festzustellen, inwieweit und in welcher Weise Gruppen Zwischenfälle und Unruhen an der Freien Universität Berlin und in der Öffentlichkeit verursacht haben; 2. Unter Hinzuziehung der staatsanwaltschaftlichen Ermittlungsergebnisse das Verhalten der Demonstranten und der Polizei anlässlich des Besuches des iranischen Kaiserpaares in Berlin zu untersuchen.«

In seiner zweiten Sitzung beschloss der Ausschuss, den zweiten Punkt vorzuziehen und über diesen zweiten Punkt vorab Bericht zu erstatten, »wegen der Aktualität und der politischen Bedeutung«, wie sich zwei Ausschussmitglieder später in einer internen Besprechung gegenüber führenden Polizeibeamten ausdrückten. Dies auch in Hinblick auf weltweiten Umfang der Angriffe von Presse, Funk und Fernsehen.

Dass Gerd Löffler zum Vorsitzenden des Ausschusses gewählt wurde, ließ alles andere als eine faire Verhandlungsführung erwarten. Vor den Augen – oder Ohren – der Stadt ließ er zunächst außerordentlich viel Kritik am Einsatz der Polizei zu, um den für diesen Einsatz verantwortlichen Polizeipräsidenten bloßzustellen; andererseits sprach er die Polizei von nahezu allen Vorwürfen frei, abgesehen von einzelnen individuellen Fehlern und Versäumnissen. Ein

[113] Polizeipräsident Duensing bei seiner ersten Vernehmung vor dem parlamentarischen Untersuchungsausschuss. Ganz links der Ausschussvorsitzende Gerd Löffler.

Die Partei gegen Heinrich Albertz

Meisterstück, das ihn bald in die politische Spitze Westberlins katapultierte.

Ein Mitglied des Ausschusses erinnerte sich noch Jahrzehnte später, wie Löffler den bereits beurlaubten Polizeipräsidenten Duensing »voll in's Messer laufen ließ«. Tatsächlich war ihm die Schuldzuweisung an Duensing perfekt gelungen. Duensing hatte allerdings – nicht nur mit seinem Bild von der Leberwurst, in die man hineinstechen müsse, gemeint waren die eingekesselten Demonstranten – reichlich Angriffsfläche geboten. Seine Tage als Polizeipräsident waren schon vor dem 2. Juni gezählt, nicht nur weil sich andere für seinen Posten interessierten, sondern auch, weil er, wehrmachterfahren und -sozialisiert, die Trennung zwischen polizeilichen Aufgaben und militärischen Methoden nicht zu ziehen in der Lage war, was allerdings auch mit der besonderen Aufgabe der Berliner Polizei zusammenhing.

Es lohnt daher nicht, dem herrischen und vielkritisierten Polizeipräsidenten Duensing auch nur eine Träne nachzuweinen, nur: Weder die Positionierung der Jubelperser noch die Schaffung des »Schlauchs« – der »Leberwurst« – gingen auf ihn zurück. Trotzdem wurde der 2. Juni 1967 zu Duensings Waterloo. Wer sich auf das Gedankenspiel einlässt, dass der Polizeieinsatz

[114] In der Bismarckstraße: Hier sieht der Ausschussvorsitzende Löffler eine friedliche Aktion der Polizei.

vom 2. Juni von zynisch planenden Polizeioffizieren verantwortungslos entworfen wurde, unter anderem, um den ungeliebten Chef endlich loszuwerden, bekommt eine Ahnung davon, warum es allen Beteiligten und Beobachtern so vollkommen unverständlich erscheinen musste, wie die Polizei an diesem Tag agierte.

Wie Löffler den Ausschuss führte, erschien nicht wenigen als bescheidwisserisch und autoritär. Einem der dort vernommenen hohen Polizeibeamten lag die Frage auf der Zunge, warum er, Löffler, eigentlich noch frage, wenn er die Antworten doch schon vorher wisse. Ständig fiel er den Zeugen ins Wort, ermahnte sie und erteilte Verweise.

Zwei Mitglieder der Kommune 1 ließ er sogar zwangsweise vorführen, nachdem sie es vorgezogen hatten, an der Gerichtsverhandlung gegen Fritz Teufel als Zuschauer teilzunehmen, statt vor Löfflers Tribunal ihre Zeugenaussage zu machen.

Beispielhaft sei hier eine Szene aus der Sitzung vom 13. Juli 1967 wiedergegeben, die zeigt, wie der Ausschussvorsitzende Löffler gelegentlich mit Zeugen umsprang, vor allem, wenn deren Aussage ihm von vornherein nicht in den Kram passte. Der 26-jährige Architektur-Student Bernd W. betont gleich zu Beginn seiner Aussage, dass er eigentlich nur »aus menschlicher Neugier« zur Oper gegangen und politisch »nicht organisiert« sei. Er berichtet, wie Demonstranten von den Bauzäunen heruntergeprügelt wurden. Doch weit kommt er nicht: »Darf ich hier mal unterbrechen«, erteilt sich der Ausschussvorsitzende das Wort. »Haben Sie auch beobachtet, wie Demonstranten von den Bauzäunen durch Verkehrspolizeibeamte, also Beamte in weißer – mit weißer Jacke, die gar keinen Schlagstock bei sich hatten, versuchten, sich bemühten, die Demonstranten vom Bauzaun durch Aufforderung und sanfte Gewalt runterzuholen. Haben Sie das auch beobachtet?«

»Verkehrspolizisten habe ich dabei nicht gesehen, aber ich sah auf alle Fälle, dass es nicht mit sanfter Gewalt geschah.«

Der Ausschussvorsitzende Löffler versucht nun gemeinsam mit dem Zeugen dessen genauen Standort gegenüber der Oper zu ermitteln. Anhand eines Fotos glaubt Löffler dem Zeugen nachweisen zu können, dass seine »Beobachtung nicht zutreffen [würde], dass geprügelt wurde.«

»Doch – ein Demonstrant stand beispielsweise auf der Konsole – das ist hier sogar zu sehen – und Polizisten haben mit dem Schlagstock ihn an die Füße geschlagen, solange, bis er an dem Laternenmast herunterrutschte. Das hab ich gesehen.«

Das missfällt dem Ausschussvorsitzenden: »Ich hab Sie nur unterbrochen, weil Sie gleich erzählten, Sie hätten beobachtet, wie mit Schlagstöcken die Polizei die runterprügelte, während wir aus dem Bildmaterial auch andere Phasen kennen. Und deswegen fragte ich Sie, ob Sie die nicht auch gesehen hätten.«

»Habe ich auch gesehen.«

»Sie haben also auch Phasen friedlicher, also ruhiger Auseinandersetzung zwischen Polizei und Demonstranten auf dem Bauzaun beobachtet?«

»Ja.«

»Hier muss ich Ihnen einen Verweis geben, Herr Zeuge. Dann hätten Sie das, weil es die ganze Wahrheit ist, vorher schildern müssen. Sie hätten nicht auf den Vorhalt eines der Ausschussmitglieder warten müssen, auch diese Beobachtung uns mitzuteilen. Bitte fahren Sie fort.«

Der Zeuge W. schildert nun die Umstände seiner Festnahme. In seiner unmittelbaren Nähe war eine Rauchkerze gelandet, die er, nachdem er sie nicht austreten konnte, aufhob und zurück auf die Straße warf, weil die Menschen im »Schlauch« Atemnot bekamen und anfingen zu husten. Er warf die Kerze *nicht* in Richtung Polizei, von wo sie immerhin gekommen war.

Dass Berliner Polizeibeamte, auch ein sehr hoher Polizeibeamte, wie der Untersuchungsausschuss tadelte, sehr oft Rauchentwickler in die dichtgedrängte Menschenmasse im »Schlauch« zurückwarfen, ist in einigen Berichten über den Verlauf des 2. Juni zu lesen. Es scheint jedoch vollkommen unbekannt geblieben zu sein, dass es sich hierbei nicht nur um die selbst hergestellten Rauchkerzen der Kommune 1 handelte, die Polizeibeamte *zurück*geworfen haben.

Der Zeuge Michael B., heute Rechtsanwalt in Berlin, erinnert sich, als wäre es erst gestern gewesen: Er stand mit seinem Freund Rolf H. und dessen Freundin Inge B. – alle drei fanden Stunden später die schwerverletzte Jutta B., die vom Moabiter Krankenhaus abgewiesen worden war, auf dem Gehweg in der Krummen Straße – im »Schlauch« vor der Oper. Kurz vor Beginn der Eskalation hat ein sehr junger Polizist, der unmittelbar vor der Barriere stand, eine Tränengasbombe gezündet, geworfen und damit Inge B. am Kopf getroffen. Michael B. reagierte spontan, brüllte den Polizisten an: »Bist Du wahnsinnig?« und schlug ihm die Mütze vom Kopf. Dann hob er die Tränengaspatrone auf und warf sie weg, wobei er sich die Finger verbrannte.

Es gelang ihm später, den Polizisten an Hand von Fotos zu identifizieren und er zeigte ihn an. Er traf diesen Polizisten im Flur des Gebäudes der Staatsanwaltschaft wieder. Beide warteten auf eine Vernehmung des Staatsanwalts, erkannten einander jedoch nicht und kamen ins Gespräch, um die Wartezeit zu überbrücken. Warum man denn hier sei, wie sich es so ergibt. Man erkennt schließlich, dass hier Anzeigender und Angezeigter nebeneinander sitzen. Bald darauf gehen sie gemeinsam in das Zimmer des Staatsanwalts. Hier erfährt Michael B., dass gegen ihn ebenfalls ermittelt wird und man einigt sich kur-

[115] Eine Tränengaskerze aus Polizeibeständen wird in die Menge geworfen und prallt von der Hand des Fotografen ab.

zerhand darauf, beide Verfahren fallen zu lassen, wobei B. seiner Hoffnung Ausdruck verlieh, der unerfahrene Polizist möge aus seinem Fehler gelernt haben.

Der frühere Bergmann Horst H., der im Rahmen seines Wehrdienstes ein Jahr auf einer Polizeischule in Hannoversch-Gmünden verbracht hatte, berichtete dem Ermittlungskomitee ebenfalls, dass die Polizei Tränenkerzen in die Menge warf. Da er diese Kerzen kannte, wusste er, dass sie nicht explodieren, wie einige Demonstranten befürchteten. Er hob sie auf und warf sie zurück. »Es war eindeutig Serienproduktion (Tränengaskerzen), damit sind alle Polizeieinheiten ausgerüstet.« Die Polizei hat also eigene Tränengaspatronen zwischen die dicht zusammengepferchten Demonstranten bzw. Schaulustigen geworfen, die gezwungen waren, diese Granaten aufzuheben und möglichst weit wegzuwerfen. Diese Werfer sind dann nur allzu oft aus dem »Schlauch« herausgezogen und verhaftet worden, so auch der Zeuge Bernd W., zu dessen Vernehmung vor dem Untersuchungsausschuss wir jetzt zurückkehren.

Nachdem auch Bernd W. einen (offensichtlich ebenfalls serienmäßig hergestellten) Rauchentwickler aus der Menge heraus geworfen hatte, zogen mehrere Polizisten auch ihn aus dem »Schlauch« und über die Barriere. Dem Untersuchungsausschuss lag ein Foto der Szene vor, die zeigt, wie er abgeführt wird. Nun versucht der Ausschuss, die ziemlich offensichtliche Szene irgendwie umzudeuten.

Ein Ausschussmitglied, der Abgeordnete Werth: »Sie schilderten, dass Sie, als Sie nun festgenommen waren, über die Straße geschleift wurden und dabei wurde ihre Kleidung teilweise beschädigt.«

Bernd W.: »Ja.«

»Leisteten Sie da irgendwie Widerstand beim Mitgehen, kamen Sie der Aufforderung nicht nach, mitzugehen? Oder – ich kann mir das nicht recht vorstellen.«

»Ja ich war vollkommen überrascht und …«

»Lehnten Sie es ab?«

»Nein, nein. Ich ging mit und …«

»Sie gingen mit; und dann wurden Sie trotzdem geschleift. Das ist mir etwas unverständlich an der Geschichte.«

Nun greift der Abgeordnete Schwäbl in das absurde Theater ein: »Das Bild, auf dem Sie sich selbst wieder erkannt haben, spricht an sich für den Eindruck, dass Sie nicht ganz freiwillig mitgegangen sind. Sie sagen, Sie sind hingefallen oder so. Ist es möglich, dass Sie sich haben hinfallen lassen?«

»Kaum – ich wurde von mehreren Seiten umringt, und jeder Polizeibeamte zerrte mich nach einer anderen Seite. Es ging alles sehr rasch. Ich glaube kaum. […]«

»Hier in diesem Falle macht es also wirklich den Eindruck – Sie haben es ja auch selbst gesehen, als ob hier ihrerseits eine willkürliche oder unwillkürliche Widerstandshandlung festzustellen ist. Können Sie sich daran erinnern, dass Sie sich also etwas versucht haben, loszureißen,

Der erzwungene Rücktritt

oder ihre Kleidung wieder geradezurücken, oder so?«

»Höchstens dann – Ich – nein, möglich – also ich halt's für ausgeschlossen, zumindest nicht in den ersten acht Metern, bis ich zu Boden gerissen wurde.«

»Aber dann ...«

»Dann habe ich – aber nein – ich habe wirklich in keiner Weise – höchstens – nein.«

Jetzt kommt der moralische Zeigefinger des Vorsitzenden: »Sie haben sich doch offenbar, das entnehme ich aus Ihren Schilderungen, nicht schuldig gefühlt.«

»Ich habe mich nicht schuldig gefühlt, deshalb bin ich auch mitgegangen.«

»Weil sie eine, wie sie aussagten, von Polizeibeamten zurückgeworfene Rauchkerze nun wiederum zurückgeworfen haben.«

»Ja.«

»Sie waren also nicht der eigentliche Werfer – so – dass entnehme ich Ihren Aussagen.«

»Ja.«

»Sie haben sich also unschuldig gefühlt?«

[116] Lokaltermin des Untersuchungsausschusses vor der Deutschen Oper. Von links: Karl Buckow (CDU), der Ausschussvorsitzende Gerd Löffler (SPD), Polizei-Oberkommissar Burg, Dieter Schwäbl (SPD, hinter Burg) und Hans Reif (FDP).

[117] Verhaftung des Zeugen Bernd W. Er hatte eine Tränengaskerze zurückgeworfen, die ein Polizist in die Demonstrantenmenge geschleudert hatte.

Die Partei gegen Heinrich Albertz

»Ja.«

»Können Sie nur nicht deshalb, weil Sie sich unschuldig fühlten, Widerstand geleistet haben, Ihrer Festnahme und dem Versuch der Beamten, Sie auch zu dem Wagen zu bringen. Ich meine, rechtlich ist es so, selbst wenn Sie sich unschuldig fühlen, selbst wenn Sie unschuldig sind, müssen Sie der Festnahme widerstandslos folgen.«

»Ja.«

»Nicht wahr. – Gut.«

»Eben weil ich mich einigermaßen im Recht fühlte, bin ich bereitwillig mitgegangen.«

Der Abgeordnete Schwäbl, immerhin ein Mann der Mittelgruppe, will es nun noch einmal ganz genau wissen: »Sie sagten, Sie standen also nicht vorne an, sondern ziemlich mittendrin in dem dicken Knäuel dort. Und die Polizisten, die Sie rausgeholt haben, denen gegenüber haben Sie doch sicherlich aus Ihrer Position heraus, dass Sie sich unschuldig fühlten, nicht von vorneherein erkennen gegeben, ich komme freiwillig mit.«

»Ich war äußerst überrascht von dieser ganzen Festnahme, und ich bin wirklich freiwillig mitgekommen. Können mir das glauben.«

[118] »Können Sie sich daran erinnern, dass Sie sich also etwas versucht haben, loszureißen, oder ihre Kleidung wieder geradezurücken, oder so?« Bernd W. wird abtransportiert.

»Ja.«

»Ich habe auch Zeugen dafür.«

»Ja, Sie waren überrascht, aber wenn man sich unschuldig fühlt, wenn man weiß, man ist unschuldig und soll also irgendwie jetzt aus einer bestimmten Handlung herausgerissen werden, da ist eine ganz natürliche Abwehrreaktion eigentlich das Gegebene. Und mich persönlich wundert nur, dass Sie diese in Abrede stellen. Sie haben die auf sich zukommen sehen, die Polizisten und sind widerstandslos mit denen bis zur Barriere mitgegangen, über die Barriere rüber und dann auch die nächsten acht Meter?«

»Ja.«

Nun gibt der Ausschuss auf. Es gelingt ihm nicht, was die Berliner Polizei so dringend braucht: eine günstige Erklärung für eher ungünstige Fotos zu konstruieren.

Man muss sich nur für einen kurzen Moment vor Augen halten, was hier alles statt dieser Farce – angesiedelt irgendwo zwischen Ionesco, Kafka und Volksgerichtshof – hätte verhandelt werden müssen: Dass die Polizei Tränengas in die Menge wirft, dass sie den verhaftet, der aus Notwehr und Selbstschutz diese Tränenkerze aus der Mitte der zusammengepferchten Menschen entfernt, diesen dann misshandelt, bedroht, die Kleidung beschädigt, bis zum nächsten Morgen festhält, erkennungsdienstlich behandelt und, und, und. Kein Wort darüber, keine Verurteilung der Polizisten, nichts.

Der Berliner Polizist R. hat Imagepflege in eigener Sache mit folgendem internem Vermerk, den man für eine Textprobe aus einem Kabarettprogramm halten könnte, ebenfalls versucht: »Ich sah, wie am 2.6.1967 eine männliche Person, als sie aufgefordert wurde weiterzugehen, sich ohne Grund auf den Boden warf und die einschreitenden Beamten mit Füßen trat. Einer der Schutzpolizeibeamten versuchte, die Fußtritte mit dem Schlagstock abzuwehren. Auf diese Situation schien ein Fotograf, der bisher an dem Geschehen auf dem John-F.-Kennedy-Platz keinen Anteil genommen hatte, gewartet zu haben. Er machte von dieser Szene Aufnahmen.«

Senatsrat Prill

Eine durchaus gelungene und zudem vollkommen berechtigte Demontage des Senatsrats Prill, die jedoch später vom Abgeordnetenhaus nicht nachvollzogen wurde, soll nicht unerwähnt bleiben: Zunächst fragt der Ausschussvorsitzende Löffler den Zeugen, ob er »den letzten Abschnitt der Verhandlung draußen durch ein Rundfunk- oder ein Transistorgerät« habe mithören können. Prill stockt kurz, und antwortet: »Jawoll.«

Löffler registriert seinen ersten Punkt: »Danke schön. – Das war natürlich nicht im Sinne des Erfinders, d. h. im Sinne der Beschlussfassung des Ausschusses, dass wir die Öffentlichkeit in einem denkbar weitesten Umfange herstellen, indem Direktübertragungen des *SFB* zugelassen werden, denn nach dem Gerichtsverfassungsgesetz und der Strafprozessordnung muss ja eine Befragung von Zeugen so eingerichtet sein, dass der Zeuge, der zum gleichen Komplex vernommen wird, die Aussagen der vor ihm vernommenen Zeugen nicht mithört. Erst nach seiner Aussage kann er dem weiteren Verlauf folgen.«

Damit hat der Ausschussvorsitzende Löffler präzise die Unrechtmäßigkeit der Rundfunkübertragungen beschrieben – danke schön. Es ist grotesk, die Verhandlungen live im Funk zu übertragen und von den Zeugen zu erwarten, *nicht* Radio zu hören. Nicht gegen den Senatsrat Prill, aber gegen vorgeladene Studenten hat es sogar den Versuch eines Ermittlungsverfahrens gegeben, weil diese sich ebenfalls vor ihrer Vernehmung über den Verlauf der Verhandlungen mittels eines Transistorradios auf dem Laufenden hielten.

Der Ausschussvorsitzende lässt nun den Senatsrat lang und breit seine allgemeine Tätigkeit und Funktion als Aufsichtsbehörde gegenüber der Polizei darstellen. Dann kommt Löffler auf ein Urteil des Bundesverwaltungsgerichts vom Februar 1967 zu sprechen, in dem über den Grundsatz der Verhältnismäßigkeit der Mittel bei Polizeieinsätzen anlässlich der Schwabinger Krawalle Aussagen getroffen worden waren. Ob es Aufgabe des Senatsrats Prill sei, die Polizeiführung über solche Urteile in Kenntnis zu setzen und sie gegebenenfalls zu instruieren?

Prill: »Ich würde diese Frage uneingeschränkt bejahen.«

Und welche Schritte habe er konkret in diesem Fall unternommen?

»Ich habe dieses Urteil bisher nur aus Zeitungsäußerungen zur Kenntnis …«

»Danke schön.« (Das war der zweite Treffer.)

»… nehmen können, weil ich eine ganze Zeit lang in Urlaub war, wie Sie sicher wissen, es ist mitgeteilt worden dem Ausschuss. Ich kann mich entsinnen, dass ich, nachdem ich von diesem richterlichen Urteil gehört hatte, verfügt habe, dass die Urteilsgründe zu beschaffen seien. Ohne Urteilsgründe war eine Auswertung nicht möglich. Ob dies in meinem Urlaub geschehen ist, weiß ich nicht. Ich selber hab sie noch nicht greifbar gehabt.«

Prill hatte Urlaub, »der »mitgeteilt worden [ist] dem Ausschuss«, vom 13. Mai bis zum 6. Juni. Die hier wiedergegebene Vernehmung hat am 28. Juni stattgefunden. Der Ausschussvorsitzende Löffler hält dem Senatsrat nun vor, dass im April Duensing einen Bericht an den Senat für Inneres gegeben hat, in dem der Polizeipräsident abschließend die Frage stellt, wie es weitergehen könne in der Konfrontation mit den Studenten, »ob man allein mit polizeilichen Maßnahmen Studentenkrawalle bewältigen« könne. Ob nicht spätestens hier, als dieser Bericht des Polizeipräsidenten auf seinem Schreibtisch gelandet war, er sich um »das zwei Monate schon vorliegende Urteil« hätte bemühen müssen, um zu neuen Erkenntnissen zu gelangen? »Das ist nicht erfolgt, wie sie eben sagten.

Sie haben das Urteil bis jetzt noch nicht gelesen. Damit erübrigen sich weitere Fragen in dem Zusammenhang dieses Urteils. Ich darf dann aber eine theoretische Frage anhängen. Wenn schon in der Abteilung III Ihres Amtes der Leiter dieses Urteil nicht zur Kenntnis genommen hat bisher – außer durch Zeitungsbesprechung – kann man es erwarten, dass die Praktiker in der Polizeiführung sich dann Richtlinien oder Richtschnur oder Äußerungen oder Deutungen dieses Urteils zu Gemüte führen.«

Darauf Prill: »Die Polizeiführung hat den Anspruch, die Erkenntnisse oberster Bundesgerichte durch die Aufsichtsabteilung erläutert zu bekommen, und ich kann nur sagen – während meines Urlaubs weiß ich nicht, was geschehen ist; das wird auch noch geschehen –, mir ist nicht bekannt das genaue Datum, an dem etwa die Urteilsgründe des Bundesverwaltungsgerichts vorgelegen haben.«

Im weiteren Verlauf der Vernehmung wird der bereits beschriebene Vorgang erörtert, dass Prill beziehungsweise seine Mitarbeiter den Wunsch des Regierenden Bürgermeisters, des Protokolls, des Bundesinnenministers sowie des Bundespräsidenten kannten, den Gehweg gegenüber der Oper abzusperren, sich jedoch weigerten, dem nachzukommen, weil es »ungewöhnlich« und »der Sache nicht angemessen« sei, wenn die Sekretärin des Regierenden Bürgermeisters, noch dazu telefonisch, in die Räder seiner Verwaltung eingreift. Auf diese folgenreiche Eigenmächtigkeit einiger leitender Beamter der Polizeiaufsicht im Innensenat gehen die Ausschussmitglieder jedoch mit keiner Silbe ein, weder in der Sitzung noch in ihren abschließenden Empfehlungen an das Parlament.

Möglicherweise wurde darum auch der Antrag, Prill abzusetzen, vom Berliner Abgeordnetenhaus abgelehnt. Nur die andere Personalempfehlung des Ausschusses, nämlich die, Duensing in den vorzeitigen Ruhestand zu verabschieden, wird vom Abgeordnetenhaus unterstützt. Das sah gut aus – ein Untersuchungsausschuss, der den Polizeipräsidenten kippt; was will man mehr?

Das war jedoch kaum mehr als eine große Geste gegenüber der heftigen Kritik, die am Polizeieinsatz aufgekommen war. (Nebenbei wurde so der Polizeipräsident »entsorgt«, für dessen Stuhl sich unter anderem Prill interessierte.) Im Großen und Ganzen billigte der Ausschuss jedoch das brutale Vorgehen der Einsatzkräfte und stellte fest, »dass das Eingreifen der Polizei rechtmäßig erfolgte, wenn auch bei der Ausführung der polizeilichen Maßnahmen nicht in jeder Phase der Grundsatz der Verhältnismäßigkeit der Mittel eingehalten wurde.«

Natürlich war der Rücktritt Duensings für die Öffentlichkeit das wichtigste Ergebnis des Untersuchungsausschusses. Es riss den für die Polizei politisch verantwortlichen und sowieso schon angeschlagenen Innensenator Wolfgang Büsch natürlich sofort mit in den Abgrund. Bei der Empfehlung des Ausschusses, Duensing abzuberufen, spielte die Frage, wer den Jubelpersern die Stellfläche vor der Treppe des Rathauses Schöneberg zugewiesen hatte, die entscheidende Rolle. Wahrheitsgemäß hatte Duensing bei seiner zweiten Vernehmung vor dem Ausschuss ausgesagt, mit dem Vorgang nur am Rande zu tun gehabt zu haben. Er hatte mit dem amerikanischen Stadtkommandanten über die Möglichkeit gesprochen, ob die persischen Jubler ihrem Herrscher auf dem Flughafen zuwinken könnten. Nachdem die Amerikaner das abgelehnt hatten, gab Duensing an den Kommandeur der Schutzpolizei leicht verärgert die Information weiter, dass die Perser nun vor das Rathaus kommen wollen und dass man sie irgendwie »verpacken« und an die Seite stellen solle. Aus dieser »Anweisung« des Polizeipräsidenten wurde schließlich die privilegierte Positionierung der Perser, denen man die schahkritischen Demonstranten wie auf einem Präsentierteller anbot.

Von diesem Anruf bei dem Kommandeur der Schutzpolizei, Werner, hatte er dem Ausschuss nicht berichtet. Dies wurde ihm bei der dritten Vernehmung inquisitorisch vorgehalten, worauf Duensing sich auf die Hitze im Saal herauszureden suchte; für die Presse ein gefundenes Fressen. »Peinlich«, titelte die *BZ*. Als Duensing später seiner Absetzung durch Rückzug in den vorzeitigen Ruhestand zuvorkam, spottete Wolfgang Neuss: »Den Polizeipräsidenten von Berlin ham 'se in die Wüste geschickt, obwohl er nach eigner Aussage vor dem parlamentarischen Untersuchungsausschuss keine Hitze vertragen kann!«

»Solide Leistung«

Kurz vor seinem Tod (2003) äußerte sich Löffler in einem Portrait in der *Berliner Morgenpost* zu seiner damaligen Rolle als Vorsitzender des Untersuchungsausschusses: Es sei »eine solide Leistung« gewesen, heißt es da unter der Überschrift »Der Gourmet, der einst Politiker stürzte«; der Polizeipräsident, der Innensenator und auch der Regierende Bürgermeister Albertz hätten ihren Hut nehmen müssen. Eine merkwürdige Prahlerei: 1967 hatte der Untersuchungsausschuss weder den Rücktritt von Büsch noch den von Albertz gefordert, ihn aber letztlich bewirkt. Man kann Löfflers Darstellung durchaus als spätes Eingeständnis einer politisch motivierten Verhandlungsführung lesen, die einigen Beobachtern schon 1967 auffiel. Und war es nicht Löffler, der Albertz schon unmittelbar nach der Abgeordnetenhauswahl abschießen wollte?

Gegenüber dem Albertz-Biographen Jacques Schuster redete Löffler 1994 Klartext: »Wir hatten nicht das Ziel, Albertz zu stürzen. Wir wollten aber sehr wohl eine Umbildung des Senats mit Neubauer als Innensenator und Bürgermeister. Wir waren überzeugt, dass wir stark genug seien, das durchzudrücken.« Doch jedem damaligen Beobachter war klar, dass sich Albertz niemals zwingen lassen würde, Neubauer zum

Innensenator und zu seinem Stellvertreter wählen zu lassen.

Löffler hatte im innerparteilichen Grabenkrieg mit dem Untersuchungsausschuss, dem er vorsaß, plötzlich eine Waffe in der Hand, die viel gefährlicher war als alle durchsichtigen Rücktrittsforderungen der Partei-Rechten zusammen. So ist auch die Eile des Ausschusses zu erklären, dessen erstes Teilergebnis pünktlich zum Ende der parlamentarischen Sommerpause Mitte September vorgelegt wurde; zum Schluss hatte man bis in die späte Nacht hinein getagt, um rechtzeitig fertig zu werden. Im September sollte die Entscheidung fallen; so hatte man es im Juni verabredet.

Albertz kämpfte buchstäblich bis zum letzten Tag um seine Stellung. Am 15. September 1967 hatte er seine größte Stunde im Abgeordnetenhaus. Auf Antrag der CDU-Fraktion sollte über die Unruhe unter der Westberliner Studentenschaft diskutiert werden. Albertz wollte dazu eine Regierungserklärung abgeben, über die er sich mit der Fraktionsführung einigen musste, was ihm auch gelang. Er hatte in der Sommerpause ein neues Konzept für die Auseinandersetzung mit den Studenten entwickelt, woran Helmut Gollwitzer und Bischof Scharf wohl nicht ganz unbeteiligt waren. Während dieser Rede, »die im ersten Text sehr viel deutlicher war, als sie dann vorgetragen wurde, weil 1000 Leute noch darin rumgefummelt haben, wie das eben so ist« (Albertz), verließen einige rechte Sozialdemokraten aus Protest den Saal.

Weil er eine persönliche Bemerkung an seine Rede anschloß, die er mit Bedacht gar nicht erst der Fraktion zur Genehmigung vorgelegt hatte?

Auf die aus CDU-Kreisen immer wiederkehrende Forderung »Heinrich Albertz, werde hart!« antwortete er: »Ich kann Ihnen und allen anderen, die so argumentieren, nur dies antworten: Ich glaube, ich bin hart geworden in diesen Monaten, zuerst gegen mich selbst, um durchzuhalten, was in dieser Stadt und in dieser Lage auf den Regierenden Bürgermeister zukommt. Aber ich habe auch gelernt, wie fragwürdig die pauschale Forderung sein kann, in Entscheidungslagen, wo nicht Härte oder Weichheit das Problem ist, sondern das Richtige oder das Falsche zu tun. An mir selbst dargestellt: Ich war am schwächsten, als ich am härtesten war, in jener Nacht des 2. Juni, weil ich dort objektiv das Falsche tat.«

Eine Selbstkritik eines Spitzenpolitikers, wie sie in der Geschichte der Bundesrepublik wohl einmalig ist. Nur ist dieser Satz von einem Politiker ausgesprochen worden, der eine Woche später gestürzt wurde. Braucht man allzuviel politisches Feingefühl, um zu ahnen, welche Chance hier vertan wurde?

Der Rücktritt

Die letzte Schlacht schlug Albertz im Jagdschloss Glienicke, wo eine krude und durch nichts legitimierte Versammlung von

Parteifunktionären und Senatoren zusammengefunden hatte. Hier sollte abgerechnet werden. Albertz ging in diese auf zwei Tage anberaumte Klausur mit einer offenen Flanke: Er hatte keinen Innensenator mehr. Auch wenn der Untersuchungsausschuss dessen Rücktritt nicht explizit gefordert hatte, blieb ihm dennoch nichts anderes übrig, nachdem der Untersuchungsausschuss die Versäumnisse der Polizei dem Polizeipräsidenten und indirekt Büsch vorgeworfen hatten. »Es stolpern in höheren Ämtern befindliche Mitglieder der Partei über die Polizeiknüppel der Zwischenfälle, denen sowieso ein Bein gestellt werden sollte«, kommentierte der langjährige Lokalchef des Berliner *Tagesspiegel*, Günther Matthes, im September 1967.

Seit dem Rücktritt, den Albertz nach dem Bericht des Untersuchungsausschusses von Büsch verlangt hatte (nachdem er dessen entsprechendes Angebot zwei Mal abgelehnt hatte), brauchte er die Partei, um einen neuen Innensenator wählen zu lassen. Und Mattick machte unmissverständlich klar, dass für dieses Amt nur Neubauer in Frage käme. »Albertz wollte Neubauer als Innensenator nicht akzeptieren. [...] Albertz wollte ihn nicht auf diesem verantwortungsvollen Posten haben«, erinnert sich Albertz' früherer persönlicher Referent, Heinz Fanselau.

Die Stimmung in Glienicke beschrieb Finanzsenator und Bürgermeister Heinz Striek als »sehr gespannt«. Jeder hätte gewusst, dass etwas passieren und »Köpfe rollen« würden. »Die gesamte Senatsspitze saß auf der Anklagebank.« Albertz bluffte und zwang die Parteifunktionäre zunächst, sich mit Sachthemen auseinanderzusetzen. Inhaltlich kam er ihnen entgegen, verbunden mit der Forderung, dass »das Morden aufhört.« Es sei sinnlos, wenn Papiere verabschiedet würden von einer Partei, »in der Heckenschützen und Giftmischer das Bild bestimmen.«

Als nächstes stellte er seine Regierungserklärung vom 15. September im Abgeordnetenhaus zur Abstimmung – und gewann ebenfalls. Dann bot Albertz Neubauer sogar den Posten des Innensenators an – unter der Bedingung, dass er nicht auch sein Stellvertreter würde. Neubauer lehnte ab. Albertz schlug nun seinen Chef der Senatskanzlei, Horst Grabert, als Innensenator vor und dem Bau-, Blau- bzw. Blaulichtsenator Schwedler trug er das Bürgermeisteramt an. Es war nach seiner Blaulichtaffäre das höchste, was Schwedler noch erreichen konnte. Wenn die Parteirechte unbedingt den Bürgermeister stellen wollte, sollte sie ihn haben – nur nicht Neubauer. Da Schwedler selbst in Glienicke nicht anwesend war, wurde die Entscheidung auf den nächsten Tag verschoben.

»In dieser Landesvorstandssitzung wurde Albertz das Genick gebrochen«, fasste später Gerd Löffler, im Gespräch mit dem Albertz-Biographen Jacques Schuster, das Ergebnis der mehrstündigen Sitzung zusammen. Als Schwedler noch seine Bereitschaft durchblicken ließ, das Angebot anzunehmen, wurde er von seinen Parteifreunden in die Pflicht genommen, ihnen nicht in den Rücken zu fallen. Selbst die *BZ* schrieb, dass Schwedler vor den »radikalen Rechten« kapitulierte: »In den Nachtstunden setzten die Genossen des rechten Flügels bei einem Glas Bier den Bausenator unter massiven Druck. Sie kündigten ihm die Freundschaft auf für den Fall, dass er sich bereitfinden sollte, durch die Übernahme des Bürgermeister-Postens Albertz zu helfen. – Albertz kapitulierte vor der ›Mafia‹, wie neuerdings im Parteijargon die radikale Gruppe innerhalb des rechten Flügels genannt wird, die um jeden Preis den Kopf Albertz' forderte.«

Um einem Misstrauensvotum der Partei zuvorzukommen, erklärte Albertz schließlich am Mittag des 26. September 1967 seinen Rücktritt.

Plötzlich tauchte der Senatsrat Prill in den Gängen des Rathauses auf: »Ich muss doch mal sehen, was hier passiert.« Die *Berliner Morgenpost* berichtete: »In den Kreisen der Gegner des bisherigen Regierenden Bürgermeisters war Genugtuung nicht zu verhehlen. […] Nur der Berliner Bundestagsabgeordnete Harry Liehr, einer der schärfsten Albertz-Gegner, wahrte die Form, als er erklärte: ›Ich habe Respekt vor dem honorigen Weg, den Heinrich Albertz gewählt hat.‹ Die SPD-Fraktion bestellte sich Kaffee, Kognac und Blutwurst-Brötchen.

Noch einmal die *BZ*: »Der ›Regierende‹ sollte fertiggemacht werden. Die Scharfschützen hatten ihr Gewehr entsichert und durchgeladen. Die für 16 Uhr im Goldenen Saal des Rathauses Schöneberg einberufene Fraktionssitzung sollte das schmachvolle Ende für Heinrich Albertz werden.«

Nach Albertz' Rücktritt herrschte große Ratlosigkeit über die Frage eines möglichen Nachfolgers. Willy Brandt schickte seinen Redenschreiber Günter Struve nach Berlin, um die Lage in der Partei zu sondieren. Neubauer kam nicht in Frage: »Onkel Willy«, so nannte man Willy Brandt, wenn er nicht dabei war, »sieht das auch so.« Schnell wurde klar, dass eine Außenlösung gefunden werden mußte. In Frage kamen Klaus Schütz, der eigentlich lieber in Bonn als Staatssekretär bei Brandt im Außenministerium geblieben wäre, und der Chef der SPD-Bundestagsfraktion, Helmut Schmidt. Für beide wäre es eine Aufgabe, nach der sie sich nicht unbedingt gesehnt hätten. Schließlich war es Klaus Schütz, der in den sauren Apfel beißen mußte.

Das nun folgende Schlusskapitel ist die Nachgeschichte des 2. Juni 1967, die, wie es aussieht, noch lange nicht zu Ende ist.

Politik der Provokation

Vom friedlichen Protest zur Gewalt

[119] 4. November 1968: Straßenschlacht vor dem Berliner Landgericht am Tegeler Weg zwischen Jugendlichen und der Polizei. Anlass ist die Verhandlung gegen den Rechtsanwalt Horst Mahler.

Offensichtlich war der 2. Juni 1967 der Ausgangspunkt der harten innenpolitischen Auseinandersetzungen der nachfolgenden Jahre. Ohne den 2. Juni 1967 keine »RAF«, jedenfalls nicht so, wie es dann gekommen ist. (Das gleiche gilt natürlich auch für die »Bewegung 2. Juni« in Berlin, nicht nur wegen des Namens.) Der Startschuss zu diesem mörderischen Konflikt fiel mitten in Westberlin – aus der Pistole des Beamten der Politischen Polizei, Karl-Heinz Kurras. Die destruktive Energie, die niemand mehr unter Kontrolle bekam, wurde am 2. Juni 1967 freigesetzt.

Der bewaffnete Kampf war natürlich nicht die einzige Folge des 2. Juni. Die gerade entstehende Protestbewegung vervielfachte sich nicht nur über Nacht, sondern sie verließ den Campus. Sie erweiterte sich auf die gesamte Bundesrepublik. Rund 40 % aller Studenten in der Bundesrepublik, in Berlin mit Sicherheit weitaus mehr, haben sich an den Protesten nach dem Tod Ohnesorgs beteiligt.

Zugleich radikalisierte sich diese Bewegung – zumindest teilweise. Das konnte auch kaum anders sein: Vor aller Augen setzte sich der Staat ins Unrecht und erklärte dies für rechtens. Daraus ergaben sich für die damaligen Studenten die unterschiedlichsten Konsequenzen; doch nur für die Allerwenigsten die, zur Waffe zu greifen.

Niemand weiß, wie viele Menschen nach dem 2. Juni 1967 den Schluss zogen, in einem latent faschistoiden Land zu leben. War es nicht später eines der zentralen Anliegen der RAF, diese Annahme zu beweisen? Nicht übersehen werden darf, dass Ulrike Meinhof, Horst Mahler und Gudrun Ensslin in die Geschehnisse des 2. Juni 1967 mehr oder weniger stark verwickelt waren. (1970, nach der Baader-Befreiung, war in der Presse, das ist längst vergessen, für einige Zeit immer von der »Baader-*Mahler*-Meinhof-Bande« die Rede.) Die »faschistische Bundesrepublik«: Ein falscher Schluss, aber ein nachvollziehbarer. Und hat man nicht alles dafür getan, diesen falschen Schluss nahe zu legen? Hat nicht der Todesschütze keinen einzigen Tag in Haft verbracht – und wurde mehrmals freigesprochen –, während Fritz Teufel bis weit in den Herbst

1967 für einen unbewiesenen Steinwurf in U-Haft saß?

Haben sich die ohnehin durch den Tod ihres Kommilitonen Benno Ohnesorg und den brutalen Polizeieinsatz traumatisierten Studenten nicht auch noch die unerträgliche Hetze fast aller Politiker und Zeitungen anhören müssen, von den Pöbeleien eines großen Teils der »aufrechten« Westberliner ganz zu schweigen? Wurde nicht alle Schuld den Opfern zugeschoben?

Es war nicht leicht, in dieser Situation nicht zu irren. Die Philosophin Frau Dr. Margherita von Brentano, später Vizepräsidentin der FU, am 3. Juni 1967 während einer Diskussion auf dem Campus: »Liebe Kommilitonen, ich habe Ihnen nicht viel zu sagen, nur das eine: Ich glaube, die *Bild*-Zeitung hat recht: der Spaß ist zu Ende, der Ernst beginnt, oder sagen wir es deutsch: was seit gestern offenkundig ist, ist, dass hier der faschistische Terror hier nun ausgebrochen ist. Zum faschistischen Terror gehört es, dass der Ermordete schuldig ist. Wundern Sie sich nicht, wenn sie dergleichen hören und in der Zeitung lesen.«

Ein Datum, das jeder kennt

Für das, was wir heute unter »1968« verstehen, war der 2. Juni 1967 eine entscheidende Wegmarke. Ein Datum, das fast jeder kennt. Wobei aus heutiger Sicht nicht mehr ganz genau festzustellen ist, ob der Todestag Benno Ohnesorgs oder die »Bewegung 2. Juni« an der Berühmtheit dieses Datums den größeren Anteil hat. Die Absicht der Gründer der genannten Bewegung, den 2. Juni als Rechtfertigung für gewalttätiges Handeln ihrerseits zu instrumentalisieren, hat dazu geführt, dass in der geschichtlichen Erinnerung der Todestag Ohnesorgs von dem Namen der terroristischen Gruppe kaum noch unterschieden wird. Das ist bedauerlich.

Ähnlich verhält es sich mit Benno Ohnesorg selbst. Angenommen, es gibt kein Leben nach dem Tod – dann hat Benno Ohnesorg niemals von seiner Berühmtheit erfahren. Benno Ohnesorg ist – wie sonst nur Rudi Dutschke – ein Synonym für »1968« geworden.

Rudi Dutschke und Benno Ohnesorg hatten tatsächlich drei Dinge gemeinsam: Sie gehörten dem gleichen Jahrgang – 1940 – und der gleichen, gerade entstehenden zunächst überwiegend studentischen Protestbewegung an. Beide bezahlten ihr sehr verschiedenartiges Engagement letztlich mit dem Leben. Beide hatten auf die Entwicklung dieser Bewegung erheblichen Einfluss, wenn auch auf sehr unterschiedliche Weise: Rudi Dutschke durch sein Handeln, nicht durch seinen Tod; genau umgekehrt bei Benno Ohnesorg.

Mit dem Schock über die Berliner Ereignisse erwachte eine neue Kultur, eine Gegenöffentlichkeit, begann ein Denkprozess in Millionen von Köpfen. Manche nennen das (zuweilen spöttisch) eine Kulturrevolution, andere die eigentliche demokratische Revolution in Deutschland, andere

Politik der Provokation

eine schlicht überfällige Modernisierung der antiquierten Adenauer-Republik. Der Erfolg dieser »Revolution« ist, je nach Sichtweise, entweder allumfassend und überwältigend oder marginal und beschämend geringfügig. Wahrscheinlich trifft beides zu.

Wenn die 68er Bewegung ein Datum, einen Gedenk- oder Feiertag hat, dann ist es der 2. Juni 1967.

Die Wucht der nachfolgenden Ereignisse brachte es mit sich, dass die Vorkommnisse des 2. Juni 1967 selbst weitgehend vernebelt geblieben sind. Ist dieser Tag trotz des Abstands von nunmehr 40 Jahren immer noch zu sehr Teil unserer Gegenwart, um ihn sich endlich genauer ansehen zu können? Oder liegt, ganz im Gegenteil, das Geschehen schon so weit zurück, dass es niemanden mehr interessiert? Geht da vielleicht ein Vorgang unter der Hand in die Geschichtsschreibung ein, ohne dass er jemals genau genug untersucht worden ist? So, das kennt man, entstehen Legenden.

Die Verfahren gegen den Todesschützen endeten regelmäßig mit Freisprüchen. Der Parlamentarische Untersuchungsausschuss des Berliner Abgeordnetenhauses verfolgte parteipolitische Interessen. Die mühsam zusammengetragenen Zeugenaussagen des studentischen Ermittlungskomitees verstauben in einem Berliner Archiv.

[120] Gratulation für Kurras nach seinem ersten Freispruch am 21.11.1967

Vom friedlichen Protest zur Gewalt

In der allgemeinen Erinnerung ist von den verheerenden Vorgängen des 2. Juni 1967 übriggeblieben, dass Albertz Schuld hat am Tod von Benno Ohnesorg und deshalb zurückgetreten ist. Hält man sich die Kette der Ungereimtheiten, der polizeilichen »Fehler«, Versäumnisse und Verdrehungen vor Augen und behält dabei die innerparteiliche Opposition gegen Albertz im Blick, dann sind Zweifel an dieser Interpretation mehr als angebracht.

Über 100 Krankenwagen

Noch einmal und in aller Kürze: Kühl planend ermöglichte es die Polizei den Jubelpersern, mit brutaler Gewalt gegen die Anti-Schah-Demonstranten vorzugehen und schaute dem Treiben gelassen zu. Sie inszenierte auch die folgenschwere Auseinandersetzung vor der Oper, indem sie die Demonstranten so nahe an die Oper heran ließ, dass sie die Räumung des »Schlauchs« aufgrund der »Krawalle«, die sie durch ständige Provokationen selbst auslöste, nun befehlen konnte.

Eine über den polizeilichen Lautsprecherwagen mitten in diesem Einsatz verbreitete Falschmeldung, ein Polizist sei von Demonstranten erstochen worden, verfehlte dabei ihre Wirkung bei den Beamten nicht. In der Krummen Straße steigerte die Polizei die Aggressionen durch den Einsatz der Greiftrupps und schuf so die Situation in dem Parkhof des Hauses Krumme Straße 66/67. »Benno Ohnesorg ist nicht zufällig gestorben« – so der Bundesgerichtshof mit Blick auf diese Polizeitaktik.

Am Abend des 2. Juni waren über 100 Krankenwagen zur Oper alarmiert worden, wie Zeugen beobachtet haben. Hierzu noch einmal der Polizeipräsident Duensing vor dem Untersuchungsausschuss: »Ich weiß heute noch nicht, wer diese vielen Krankenwagen bestellt hat. Ich habe versucht, da einen einheitlichen Mann zu kriegen, es war immer so'n Privatunternehmen, die haben – abends sind sie rumgefahren und haben Verletzte gesucht wie Taxenfahrer ihre Fahrgäste suchen.« Der Untersuchungsausschuss hat es unterlassen, die interessante Frage zu klären, wer – in weiser Voraussicht? – diese ungewöhnlich große Anzahl an Krankenwagen zur Oper beordert hat.

Keine dieser nicht zufällig entstandenen Situationen war vom Senat geplant oder gar gewollt; größtenteils nicht einmal von dem unseligen Polizeipräsidenten Duensing. Während die Polizei eine nie dagewesene Straßenschlacht inszenierte, saß die Führung der Stadt in der Oper und war lange Zeit von jeglicher Information abgeschirmt.

Kurras erschoss Ohnesorg, als dieser sich inmitten von Polizisten aufhielt. Keiner der zahlreichen am Tatort anwesenden Polizisten konnte die von Kurras behauptete Notwehrsituation bestätigen. Ohnesorg wurde zunächst jede Hilfe verweigert. Der Krankenwagen irrte durch die Stadt und die medizinische Behandlung Ohnesorgs erscheint – vorsichtig ausgedrückt – unzweckmäßig. Die Einschussstelle wird aus dem Schädelknochen entfernt und dieses Knochenstück wird beseitigt.

Als Beamte der Politischen Polizei sich noch in der Nacht in den Krankenhäusern nach Patienten mit Schussverletzungen erkundigten, wurde die Anfrage überall negativ beschieden. Weil der Senat falsch informiert war oder ihm Informationen vorenthalten wurden, verliert er an Glaubwürdigkeit. Schlimmer noch: In Unkenntnis der Tatsache, dass der getötete Student durch eine Polizeikugel ums Leben gekommen ist, in Unkenntnis auch des brutalen Polizeieinsatzes wird von Albertz eine geradezu idiotische Erklärung abgegeben.

Nun setzte das Kesseltreiben gegen Albertz ein, wozu auch die Tätigkeit des Untersuchungsausschusses gehörte, der unter Hochdruck ein Zwischenergebnis erarbeitete, das Albertz zusätzlich in die Enge trieb: Sein Innensenator musste, obwohl ihm nichts Konkretes vorzuwerfen war, zurücktreten. Der Untersuchungsausschuss wurde von einem der unerbittlichsten innerparteilichen Gegner Albertz' geführt, von Gerd Löffler.

Jeder von Albertz' Versuchen, einen neuen Senat zu bilden, war zum Scheitern verurteilt, solange er seinen innerparteilichen Gegner, Senator Kurt Neubauer, nicht zu seinem Stellvertreter machte – genau das war aber Ziel von Löffler. Schließlich kam Albertz mit seinem Rücktritt einer Abwahl durch die eigene Fraktion zuvor.

Polizeiliches »Unvermögen«

Gibt es andere mögliche Erklärungen für das Geschehen? Bei aller Vorsicht: Ja.

Jemand in der Führung der Berliner Polizei, nicht Duensing, nicht sein Stellvertreter Moch, schon gar nicht der Innensenator, dürfte ein Drehbuch für diesen Tag geschrieben haben; anders ist diese Kette des polizeilichen »Unvermögens« nicht erklärbar, auch nicht als eine Kette von bloßen Zufällen. Dieses Drehbuch wurde Szene für Szene umgesetzt. Es konnte in diesem Buch beschrieben werden, wie die Berliner Polizei die Auseinandersetzungen nicht spontan, sondern systematisch eskalierte.

Lange vor dem 2. Juni 1967 kursierten in der Berliner Polizei Gerüchte, dass der Senatsrat Prill das Ziel verfolge, Duensing im Amt des Polizeipräsidenten abzulösen. Schon im Mai 1965 berichtete der *Tagesspiegel* von systematisch gestreuten angeblichen Rücktrittsabsichten Duensings. Als Urheber dieser Gerüchte wird die Senatsabteilung für Sicherheit und Ordnung genannt – also Prill. »So erhitzen sich die Spannungen zwischen der Bürokratie und dem höchsten Aktiven der Polizei zu einem Schwelbrand, der immer häufiger aufla-

[121] 2. Juni 1967, 8 Uhr morgens: Märchenstunde des Berliner Verfassungsschutzes. Sollte dieses Fernschreiben zur Eskalation beitragen?

+hv an ppr, p-b, abt roem eins, abt roem zwei, k, s=

- - tw - fernschreiben - -

+-- s s s--lfv berlin fs nr. 707 020657 0800 =

1) an das
   bundesamt fuer verfassungsschutz
   - - k o e l n - -

2) an die
   abteilung roem. eins
   pol. praes.
   - - b e r l i n - -

3) an das
   kommando d. schutzpolizei
   - - b e r l i n - -

aktion am 2. juni 1967 gegen den schah

der sozialistische deutsche studentenbund (s d s) - landesverband
berlin beabsichtigt heute, 2. juni 1967, 12:00 uhr, vor dem rathaus
schoeneberg ein ''groszes happening'' durchzufuehren.
diese aktion soll auszerdem bezwecken, zufahrtsstraszen zum rathaus
zu blockieren. einschreitenden polizeibeamten soll, insbesondere -
wenn sie vom polizeiknueppel gebrauch machen sollten, widerstand
geleistet werden.=

der senator fuer inneres
-landesamt fuer verfassungsschutz-
roem. vier (2) b a 1 - 085 -s- 20025-
i.a. n a t u s c h +
9(=

ckert.« Im April 1967 wird der Name Prill als möglicher Bewerber um die Nachfolge Duensings das erste Mal in dem innerpolizeilichen oppositionellen Mitteilungsblatt *Demokratische Polizei* genannt.

Es ist schier unmöglich, über den leitenden Beamten Prill irgendetwas Positives in Erfahrung zu bringen. Er war bei seinen Untergebenen gefürchtet, galt als Diktator und als gewalttätig. Im Januar 1968 berichtete die *Süddeutsche Zeitung*, dass Prill einen Untergebenen geschlagen hatte. Prill versuchte zunächst, den Vorfall unter der Decke zu halten und redete sich später auf übermäßigen Alkoholgenuss heraus. Für das angestrebte Amt so oder so eine denkbar schlechte Empfehlung. Er galt als Despot, der manchen Beamten in der Innenverwaltung das Rückgrat gebrochen haben soll.

Im Januar 1967, also ein knappes halbes Jahr vor dem Schah-Besuch, hatte Prill gegenüber einer Studentendelegation erklärt, dass Demonstranten, wenn sie sich nicht an die festgelegte Route hielten, »eins mit dem Knüppel auf den Hut« bekämen; dies sei »gleich ein gutes Übungsfeld für unsere Polizei.« Kritik an dieser Aussage begegnete er mit dem Satz: »Wenn Ihnen das nicht passt, dann können Sie ja auswandern.« Ebenfalls im Januar 1967, nachdem Demonstranten das Amerika-Haus erstmalig mit Eierwürfen »geschändet« hatten, soll der Senator Neubauer im Senat gefordert haben, dass es am besten sei, den Studenten »eins auf die Fresse« zu hauen.

Man kann davon ausgehen, dass Duensing nach Prills, vielleicht auch nach Neubauers Meinung nicht hart genug gegen die studentische Protestbewegung vorging. Tatsächlich hatte Duensing im April 1967 einen unsinnigen Einsatz der Polizei auf dem Campus der FU abbrechen lassen. Als Albertz 1966 Regierender Bürgermeister wurde, bat Duensing ihn inständig, sich der gärenden Konflikte an den Universitäten zuzuwenden, weil die Polizei zur Lösung dieser Probleme nichts beitragen könne. Diese Seite Duensings ist allerdings hinter seinen schrecklichen »Leberwurst«-Reden und seinem autoritären Führungsstil weitestgehend verborgen geblieben.

Neubauer und Prill verfolgten schon im Frühjahr 1967 das gleiche Ziel: den persönlichen Aufstieg – an die Spitze der Stadt der eine, an die Spitze der Polizei der andere. Neubauer brachte es im ersten Anlauf »nur« zum Innensenator und Bürgermeister, Regierender Bürgermeister wurde Klaus Schütz.

In seiner neuen Funktion ernannte Neubauer Prill auf dem Verwaltungsweg, also am Parlament vorbei, zum Polizei-Vizepräsidenten. Mehr war in der Situation nicht drin: Da sich Prill mit dem Sicherheitsausschuss des Abgeordnetenhauses angelegt hatte, lehnte ihn die Fraktion mit 65 % der Stimmen rundweg ab.

Auch bei den Alliierten, die bei der Besetzung hoher Polizeistellen in Berlin ein Vetorecht besaßen, stieß Prill auf Skepsis. Als ruchbar wurde, dass Prill in Sektlaune die Queen beleidigt haben sollte, verbesserte das seine Karten ebenfalls nicht.

Der Aushilfspräsident

Nachdem Prill zunächst nicht durchsetzbar schien und für den in der Folge des 2. Juni zurückgetretenen Duensing kein Nachfolger gefunden werden konnte (oder sollte), wählte das Abgeordnetenhaus schließlich auf Vorschlag Neubauers den Juristen Georg Moch, seit 1959 Polizei-Vizepräsident, zum neuen Präsidenten – einen CDU-Mann. Was Neubauer in der Öffentlichkeit viel Anerkennung einbrachte – er sei »über seinen Schatten gesprungen« und agiere überparteilich –, war tatsächlich eine weitere Finte Neubauers.

Er griff auf den erfahrenen Moch zurück, gab ihm jedoch zu verstehen, dass er ihn nur als Zwischenlösung sehe. Zeitzeugen berichten übereinstimmend von einem Zeitrahmen von einigen Monaten, die seine Amtszeit dauern sollte. Warum sich Moch, Jahrgang 1920 und im Krieg schwer verwundet, dazu bereit erklärte, ist unklar. Nicht auszuschließen ist, dass Moch sich bewusst auf diese Absprache einließ, um Neubauers

[122] Innensenator Kurt Neubauer (vorne links) und Polizei-Vizepräsident Hans-Joachim Prill (rechts mit Hut und Zigarette) am Kurfürstendamm während einer Demonstration gegen das Militärregime in Griechenland.

Politik der Provokation

Kreise zu stören. Die harte Linie, für die Neubauer und Prill standen, so viel ist sicher, hielt er für falsch und gefährlich.

Entsprechend arbeiteten Neubauer und Moch bald gegeneinander: Im Oktober 1967 erhielten die Organisatoren einer Vietnam-Demonstration mehrere Auflagen von Moch, der zu diesem Zeitpunkt bereits die Geschäfte des Polizeipräsidenten führte, wie er es auch schon unter Duensing getan hatte, als der noch im Amt war und Moch ihn oft vertreten musste, da Duensing mehrmals schwer erkrankte. Moch begründete die Auflagen damit, dass er sich gegenüber dem Senat absichern müsse: »Wir hätten Ihnen die Genehmigung zur Demonstration lieber mit den besten Grüßen zugeschickt.«

Es war nur eine Frage der Zeit, wann die unterschiedlichen Auffassungen von Innensenator Neubauer und Polizeipräsident Moch aufeinanderprallen würden. Wieder und wieder versuchte Neubauer, den Polizeipräsidenten auf Linie zu bringen, so auch bei seiner offiziellen Amtseinführung am 12. Februar 1968, als er ihm jede Unterstützung zusicherte, vorausgesetzt, er ginge »gegen Störer der Demokratie klar, entschieden und hart« vor. Neubauer kündigte zugleich an, die Stellung des Vizepräsidenten – also von Prill – stärken zu wollen: eine Kampfansage.

Anfang Februar 1968 nutzte er die Abwesenheit des Regierenden Bürgermeisters Klaus Schütz, um nach einer harmlosen Protestaktion studentischer Gruppen

eine veritable Straßenschlacht zu inszenieren. Erstmals setzte er hier die Bereitschaftspolizei ein, wozu er eine Genehmigung der Alliierten hätte einholen müssen.

Dann verbot er ein geplantes Springer-Hearing, bei dem mehrere Gutachter zu den Folgen der Pressekonzentration in der Bundesrepublik und in Berlin angehört werden sollten. Steinwürfe gegen einige Filialen der Springer-Zeitung *Berliner Morgenpost* waren hierbei eine brauchbare Argumentationshilfe. Damaligen Beobachtern kamen diese nächtlichen Steinwürfe wie bestellt vor. Gegen eine entsprechende Satire von Wolfgang Neuss ging der Springer-Verlag juristisch vor.

Der Konflikt zwischen Neubauer und Moch wurde auch nicht dadurch entschärft, als letzterer zwei Tage nach seiner Amtseinführung in einem Zeitungsinterview Verständnis für die Motive radikaler Studenten äußerte: »Wenn eine Gruppe Radikaler Wurzeln tatsächlich vorhandener Übel aufdeckt und dies mit Energie und Verve zutreffend tut, ist sie eine Gruppe Radikaler im besten Sinne des Wortes. Mit der Verallgemeinerung ›Radikale‹ werden manche oft unschuldig verurteilt.« Der liberale CDU-Mann, der auch mal Theologie studiert hatte, kam mit den »jungen Leuten gut zurecht« und erinnerte gelegentlich

[123] 18. Februar 1968: Demonstration gegen den Vietnam-Krieg auf dem Kurfürstendamm

Politik der Provokation

daran, dass es schließlich »unsere Kinder« wären, die da demonstrierten.

Der Vietnamkongress

Für das darauffolgende Wochenende hatte der SDS einen »Internationalen Vietnamkongress« in den Räumen der Technischen Universität geplant. Diesen und die Demonstration im Anschluss an den Kongress wollte Neubauer um jeden Preis verbieten lassen. Fände die Demonstration dennoch statt – wovon auszugehen war – könnte die Polizei ungehemmt dagegen vorgehen. Über die Konsequenzen, was es bedeutete, als einzige Stadt in Westeuropa eine Demonstration gegen den schmutzigen Krieg der USA in Südostasien zu verbieten, machte sich Neubauer ebenso wenig Gedanken wie über den Imageschaden, wenn international bekannte Schriftsteller wie Jean-Paul Sartre, Simon de Beauvoir oder Peter Weiß von der Berliner Polizei verprügelt würden.

Auch hätte das Verbot bedeuten können, gegen SPD-Genossen wie Harry Ristock vorzugehen, der Neubauer im Mai 1967 so hilfreich zur Seite gestanden hatte, als es darum ging, Albertz zu entmachten.

[124] 18. Februar 1968: SPD-Mitglieder beteiligen sich an der SDS-Demonstration gegen den Vietnam-Krieg. Links Harry Ristock, der wegen dieser Teilnahme kurzzeitig aus der SPD ausgeschlossen wurde.

Ristock hatte jedenfalls keinen Zweifel daran gelassen, mitmarschieren zu wollen. Man dürfe die Jugend nicht dem SDS überlassen, so seine Argumentation.

Wie er gegen die außerparlamentarische Opposition vorzugehen gedenke, erklärte Neubauer in den dramatischen Tagen des Februar 1968 vor der SPD-Fraktion: Es handele sich um etwa 15000 Leute, von denen aber nur etwa eintausend politisch bewusste Akteure seien. Davon wiederum sei ein Fünftel als »Aktivisten« anzusehen. Man müsse den Mut zur »Unpopularität« besitzen und den 1000 Akteuren notfalls »blutige Köpfe« verpassen, was zum Abfall der 14000 Mitläufer führe. Blutvergießen müsse in das politische Risiko einbezogen werden – »besser jetzt als später«, berichtete der *Berliner Extra-Dienst*.

Errichtung fester Stätten

Im Berliner Abgeordnetenhaus erklärte Innensenator Neubauer zehn Tage vor dem Vietnam-Kongress, dass er in den letzten Tagen eine große Zahl von Briefen aus der Berliner Bevölkerung bekommen hätte, die eine ziemlich eindeutige Stimmung offenbarten. »Da gibt es sehr extreme Forderungen, ich will hier im einzelnen nicht vortragen, was gefordert wird, wie weit der eine oder andere glaubt, gehen zu müssen in der Abwehr radikaler Kräfte in dieser Stadt. Ich sage, ich habe für all jene, die sich in diesen Tagen schriftlich geäußert haben, ein außerordentlich großes Verständnis; denn in der Entwicklung der letzten Monate liegt die Wurzel dieses großen Unmuts.«

Auf Zwischenfragen des CDU-Abgeordneten Karl-Heinz Schmitz, um welche extremen Vorschläge es sich dabei handele, da es schwer verständlich sei, wovon der Senator spreche, wenn er das nicht ausführe, antwortete Neubauer, das glaube er nicht, denn er sei fest davon überzeugt, dass Schmitz ähnliche Meinungsäußerungen vorlägen, »die einen sehr extremen Einsatz der Polizei fordern, die die Errichtung – nun sagen wir – fester Stätten vorschlagen.«

Zu derartigen Überlegungen passt eine Meldung des *Berliner Extra-Dienstes* vom 20. April, nach der die Berliner Politische Polizei systematisch eine Kartei aufbaue, in der die Namen, »Taten« und Aufenthaltsorte festgenommener Demonstranten verzeichnet wären, um im Falle eines »Notstandes« Aufenthaltsbeschränkungen und besondere Arbeitsverpflichtungen zu verhängen. »Gegen mehr als 300 Personen, die man für ›Rädelsführer‹ hält, sollen besondere Maßnahmen ergriffen werden: Sie sollen ›zu ihrem eigenen Schutz vor dem Zorn der Bevölkerung‹ inhaftiert und in geräumten Polizeikasernen untergebracht werden.« Der Informant, ein höherer Beamter der Kriminalpolizei, »der seinen Namen aus verständlichen Gründen nicht nennen lassen will«, berichtete außerdem, dass die Liste der Abteilung Notstandsplanung beim Senator für Inneres übergeben worden sei und dort stets auf dem neuesten Stand gehalten werde.

In der gleichen Ausgabe meldete der *Extra-Dienst* auch, dass am Osterwochenende ein Foto entstanden sei, auf dem verhaftete Demonstranten zu sehen sind, die in einem Spandauer Polizeigefängnis mit gespreizten Beinen und erhobenen Händen an eine Wand gestellt wurden und nach Zeugenaussagen längere Zeit so stehen bleiben mussten. Es hat Ostern 1968 nach dem Dutschke-Attentat eine Vielzahl von Rechtsbrüchen durch die Berliner Polizei gegeben.

Zurück zur verbotenen Vietnam-Demonstration im Februar 1968: Eine Verhandlungsrunde am Sitz des Bischofs Kurt Scharf, in der ein Kompromiss gesucht wurde und an der auch Heinrich Albertz und Günther Grass als Vermittler teilnahmen, brachte zunächst kein Ergebnis. Bernd Rabehl berichtete in der Runde vom Inhalt einiger Gespräche mit Kriminalbeamten, mit denen er sich seit einigen Monaten unter konspirativen Umständen getroffen hatte.

Die Gespräche waren von den Beamten gesucht worden, denen die zunehmende Militarisierung der Polizei unheimlich geworden war. Bei ihrem jüngsten Treffen hatten sie berichtet, dass man im Polizeiapparat entschlossen sei, die außerparlamentarische Opposition nunmehr polizeilich-militärisch zu zerschlagen. Keinesfalls dürften die Demonstranten hierzu einen Anlass bieten, etwa den, zu den amerikanischen Kasernen zu ziehen. Die Polizisten warnten die Studenten auch vor den Folgen eines Einsatzes der Bereitschaftspolizei, gegen die die Schutzpolizei ausgesprochen harmlos genannt werden müsse.

Schon Ende Mai 1967 hatten die Amerikaner den damaligen Innensenator Büsch gewarnt, dass man es sich nicht gefallen lassen und auch schießen würde, wenn die für den 3. Juni 1967 geplante Vietnam-Demonstration – die dann dem allgemeinen Demonstrationsverbot des Senats zum Opfer fiel – den Weg zu den amerikanischen Kasernen in Lichterfelde einschlüge.

Albertz, inzwischen wieder in kirchlichen Diensten, hatte, als »Ohnesorg-Mörder« verschrien, große Scheu, sich überhaupt in die Runde bei seinem Bischof zu begeben. Er pflichtete Rabehl bei. Man müsse sich darüber im Klaren sein, dass Neubauer nur auf eine Möglichkeit warte, Gewalt anzuwenden, Tote nähme er in Kauf. »Neubauer ist ein Verbrecher, dem ist alles zuzutrauen«, so Albertz wörtlich. »Das sind Leute, die haben kein Gewissen, die schießen. Wenn ich an Neubauer denke, das ist ein brutaler Mensch.« Scharf überbrachte

[125 – links] Pogromstimmung: Senatskundgebung vor dem Schöneberger Rathaus am 21.2.1968.

[126 – unten] Tatort des Anschlages auf Rudi Dutschke am Kurfürstendamm. Schaulustige stehen um das Fahrrad herum, auf dem Dutschke saß, als Bachmann auf ihn schoss.

schließlich einen Kompromissvorschlag in das Rathaus Schöneberg. Doch Neubauer bestand auf dem Verbot und zwang Moch und Schütz, dieses aufrecht zu erhalten.

Das Verwaltungsgericht genehmigte schließlich die Demonstration, nachdem der SDS darauf verzichtet hatte, zu den Kasernen der amerikanischen Soldaten zu marschieren. Neubauer nannte das Urteil des Verwaltungsgerichts, die Demonstration zu genehmigen, »völlig unpolitisch«, was den früheren Innensenator Büsch in der Fraktion zu der Frage provozierte, was ein Urteil eigentlich sonst sein solle als unpolitisch?

Bischof Scharf hatte sich für einen friedlichen Verlauf verbürgt; die Inszenierung der großen Schlacht war gescheitert. Zu dieser Schlacht wäre es mit Sicherheit gekommen, wenn das Verbot Bestand gehabt hätte. Neubauer soll noch geplant haben, die Demonstranten zu provozieren, um sie anschließend wegen »Verletzung der Auflagen« angreifen zu können. Erst als Moch aus Protest gegen diese Pläne seinen Rücktritt anbot, habe Neubauer diesen Plan fallen lassen müssen. Die Demonstration verlief ohne jeden Zwischenfall, sieht man einmal von verschiedenen Provokationen organisierter Rechtsradikaler ab, die mit einem Berliner CDU-Politiker unter einer Decke gesteckt haben sollen.

Eine pro-amerikanische Gegendemonstration begab sich am Abend zum Rathaus Schöneberg, die Neubauer dort erwartete und herzlich begrüßte. Diese Vorlage aufnehmend organisierte der Senat innerhalb weniger Tage eine Gegenkundgebung vor dem Rathaus Schöneberg, zu der einige zehntausend »Jubelberliner« mit Bussen herangeschafft wurden. Mitarbeiter der öffentlichen Verwaltung erhielten dienstfrei, um teilnehmen zu können. Oder teilnehmen zu müssen.

Ein junger Mann, in dem einige Kundgebungsteilnehmer Rudi Dutschke zu erkennen glaubten, wurde zusammengeschlagen und flüchtete sich in ein Polizeiauto. Auf einem Transparent war Dutschke an einem Galgen zu sehen, versehen mit dem Wunsch »Gute Reise«, auf anderen wurde er als »Volksfeind Nummer 1« bezeichnet.

Auf den Rückschlag seiner Eskalationsstrategie im Zusammenhang mit der Vietnam-Demonstration reagierte Neubauer mit wütenden Attacken innerhalb der Partei. SPD-Linke wie Ristock und der Kreuzberger Stadtrat Beck sollten wegen ihrer Teilnahme an der Demonstration aus der SPD ausgeschlossen werden – gegen den Widerstand von Klaus Schütz, dem die Perspektive, sich mit Neubauer und seinen Gefolgsleuten allein in der Partei wiederzufinden, wenig gefiel. Unter kritischen Beobachtern galt er auch so schon als Regierender Bürgermeister von Neubauers Gnaden.

[127] Karfreitag 1968: Polizisten erwarten die Demonstration in der Westberliner Innenstadt.

In einer dramatischen Nachtsitzung setzte sich Neubauer gegen Schütz und die Restlinke durch, wissend, dass die Bundespartei auf dem kommenden Parteitag in Nürnberg genau jenen Passus des Parteistatuts, der den sofortigen Ausschluss Ristocks und Becks ermöglicht hatte, streichen würde. Ein Gerichtsurteil hatte die SPD gezwungen, diese undemokratische Regelung abzuschaffen. Gerade das Ausschlussverfahren gegen Ristock, mit dem Neubauer erst wenige Monate zuvor jene Absprachen getroffen hatte, die Albertz' Sturz einleiteten, zeigt die rücksichtslose Härte dieses Politikers.

Nun ging Neubauer juristisch gegen seinen Polizeipräsidenten vor, allerdings noch ohne ihn direkt anzugreifen. Am 6. März 1968 hatte der linke *Berliner Extra-Dienst* gemeldet, dass Neubauer unmittelbar vor der Vietnam-Demonstration gegenüber Moch geäußert habe, dass es bei dem Polizeieinsatz »auf ein paar Tote nicht ankäme«. Neubauer ging gerichtlich gegen diese Meldung vor; mit einer Anzeige gegen den *Extra-Dienst*-Chefredakteur und gegen – unbekannt. Er hatte dabei insofern leichtes Spiel, da er die umstrittene Äußerung nicht, zumindest nicht gegenüber Moch, getätigt hatte.

Dennoch war Moch ungewollt Urheber dieser Meldung. Er soll in seiner Privatwohnung von seinem CDU-Parteikollegen Karl-Heinz Schmitz angerufen worden sein, der ihm von dieser Aussage Neubauers berichtete. Moch war über diese Information so empört, dass er unmittelbar darauf in das Kaffeekränzchen seiner Frau platzte und über das soeben Erfahrene berichtete. Er ahnte nicht, dass eine junge Teilnehmerin dieser Runde diese Information zum *Extra-Dienst* und damit in die Öffentlichkeit tragen würde. Moch blieb nichts weiter übrig, als klein beizugeben und der Darstellung des *Extra-Dienstes* ebenfalls zu widersprechen. Ein merkwürdiger Vorgang und angesichts des vermeintlichen Urhebers, Karl-Heinz Schmitz, ist man geneigt, sie für eine Intrige zu halten.

Schmitz war derjenige, der – als Vorsitzender der »Deutsch-Iranischen Freundschaftsgesellschaft« – die Busse für die Jubelperser gemietet haben soll und der mit Neubauer im Abgeordnetenhaus »über Bande« spielte, als er Neubauer die Äußerung über die »Einrichtung fester Stätten« entlockte. Als im August 1967 einige Neuköllner Bürger bei einer US-Flugshow auf Demonstranten einschlugen, beglückwünschte Schmitz den Neuköllner Bürgermeister zu seinen mutigen Bürgern.

Natürlich war das Verhältnis zwischen Neubauer und Moch nun endgültig ruiniert. Neubauer brauchte nur noch einen Anlaß, um den Polizeipräsidenten kaltzustellen. Der würde sich finden lassen.

Moch selbst erwog in diesen Tagen, einem Ruf als Polizeipräsident Aachens zu folgen, da er nicht wusste, ob er dem täglichen Kleinkrieg mit seinem Stellvertreter Prill noch längere Zeit gewachsen sein würde.

Wie sich die Bilder gleichen: Im Sommer 1967 ebenso wie im Frühjahr 1968 verfolgte Neubauer das Ziel, Regierender Bürgermeister zu werden, im Schulterschluss mit seinem Intimus Prill, der es noch immer auf den Stuhl des Polizeipräsidenten abgesehen hatte. 1967, nachdem es bei der Demonstration vor der Oper einen Toten gegeben hatte, wurden Senat und Polizeispitze umgebaut. Das hatte damals ausgereicht, den Regierenden Bürgermeister, den Polizeipräsidenten und den Innensenator aus dem Amt zu fegen. Einige Ungeschicklichkeiten Prills und Widerstand gegen Neubauer als »Regierenden« hatten den Erfolg jedoch zunächst vereitelt.

Jetzt war Neubauer selbst Innensenator und Prill stellvertretender Polizeipräsident, vor sich nur noch »den Einarmigen«, wie Moch, aufgrund seiner Kriegsverletzung, hinter vorgehaltener Hand genannt wurde. Neubauer und Prill hatten es nun mehr denn je in der Hand, die Konflikte nach Belieben zu eskalieren. Dabei müssten sie sich nicht einmal verbiegen; beide Politiker haben ihre Bereitschaft, Gewalt gegen die Protestbewegung anzuwenden, nie verborgen.

Ostern 1968

Die nächste Gelegenheit kam schnell – und sie wurde genutzt. Am späten Nachmittag des 11. April 1968, Gründonnerstag, feuerte der 23-jährige Gelegenheitsarbeiter Josef Bachmann aus Peine aus nächster Nähe drei Kugeln auf Rudi Dutschke ab. Der *SFB* meldete am frühen Abend fälschlicherweise, dass Dutschke seinen Verletzungen erlegen sei. Am Abend zogen mehrere Tausend Demonstranten zum Springer-Hochhaus. Die Polizei schien wie gelähmt. Steine flogen, Scheiben klirrten. In den Redaktionen des Springer-Hochhauses wurden Holzknüppel verteilt – zur Selbstverteidigung. Polizeibeamte wurden über Rundfunkdurchsagen in ihre Dienststellen beordert.

Am späten Abend schien sich die Situation zu beruhigen. Doch plötzlich stand ein Teil der Auslieferungsfahrzeuge des Springer-Verlags in Flammen. Der Mitarbeiter des Berliner Verfassungsschutzes, Peter Urbach, hatte Molotow-Cocktails in die Kochstraße gebracht und den Demonstranten angeboten. Die ließen sich nicht lange bitten. Innensenator Neubauer beobachtete vom Dach des Springer-Verlagsgebäudes die Ergebnisse der Tätigkeit seines Untergebenen Peter Urbach.

In dieser von der Innenbehörde zugespitzten Lage brüllte der Polizei-Vize Prill seinen Vorgesetzten Moch an: »Das ist keine Demonstration mehr, das ist ein Aufstand!« Noch in dieser Nacht wurde Moch *de facto* entmachtet – von Neubauer. Um 0.02 Uhr am Karfreitag ordnete Prill, nicht Moch, die höchste Alarmstufe für die Westberliner Polizei an.

Anderntags ließ Moch mitteilen, dass Neubauer nicht sein »Brotherr« sei. Das Parlament habe ihn gewählt und die Alliierten ihn bestätigt. Er trete im Übrigen

Politik der Provokation

nur deshalb nicht zurück, weil sein Nachfolger Prill heißen würde. Der Polizeipräsident wankte, aber er fiel (noch) nicht.

Vor der Presse forderte Neubauer Schütz noch am Gründonnerstag auf, »unverzüglich von seinem Urlaubsort Kampen auf Sylt zurückzukehren«, berichtete der *Tagesspiegel* am Karfreitag. Schütz hatte tagsüber bereits schon einmal seinen Urlaub unterbrochen, um an einer Sitzung des Abgeordnetenhauses teilzunehmen, in der eine weitere Affäre des Bausenators Schwedler debattiert worden war. »Nach 17 Uhr«, so der *Tagesspiegel*, sei Schütz »in die Bundesrepublik zurückgeflogen.« Unterschätzte Schütz die Bedeutung des Attentats, so wie Albertz am 2. Juni die Wirkung der Nachricht eines getöteten Demonstranten unterschätzt hatte? War er, wie damals Albertz, falsch informiert, zu spät – oder gar nicht? Als Schütz aus Berlin abflog, kämpften die Ärzte im Westend-Krankenhaus bereits um das Leben des schwerverletzten Rudi Dutschke.

Dass der Innensenator seinen Ministerpräsidenten über die Presse in die Pflicht ruft – unter Nennung des damals durchaus als luxuriös empfundenen Urlaubsortes

[128] Nach dem Attentat auf Rudi Dutschke wird am 11. April 1968 ein Vertriebsfahrzeug des Springer-Verlages geplündert. Schlagzeile der *BZ*: »Attentäter ein krimineller Sonderling«.

– ist zumindest ungewöhnlich und kann durchaus als der Beginn der versuchten Demontage des Regierenden Bürgermeisters wider Willen angesehen werden. Über seine Jahre als Regierender Bürgermeister hat Schütz später voller Verbitterung gesprochen, im Mittelpunkt der Vorwürfe stand Kurt Neubauer.

Es war ein langer und zäher Kampf zwischen Neubauer und Schütz, vor der Öffentlichkeit verborgen und kaum bemerkt. Über diesen zähen Kampf zerbrach das in frühen Jahren besonders enge und freundschaftliche Verhältnis der beiden Berliner Politiker, die in den fünfziger Jahren als junge Berliner Bundestagsabgeordnete in Bonn sogar eine gemeinsame Wohnung bezogen hatten.

Jahrzehnte später nannte Schütz (im Gespräch mit dem Verfasser) seinen früheren engen Vertrauten Neubauer einen »Scharfmacher«, der sich gemeinsam mit dem Polizei-Vize Prill und seinem persönlichen Referenten und späteren Staatssekretär Jürgen Grimming »hochgepusht« hätte.

Neubauer und Prill hatten die Stadt an den Rand eines Bürgerkriegs gebracht. Wie sich die Situation Ostern 1968 entwickelt hätte, wenn die Meldung, Rudi Dutschke sei seinen schweren Verletzungen erlegen, zutreffend gewesen wäre, ist nach der Meinung aller Zeitzeugen völlig offen. Auch Klaus Schütz geht im Rückblick für diesen Fall von einer nicht mehr kalkulierbaren Eskalation aus. Wie konnte es zu dieser Falschmeldung des *SFB* kommen, die an die aus der Luft gegriffene polizeiliche Durchsage 1967 vor der Oper, ein Polizist sei erstochen worden, erinnert? Beide Falschmeldungen waren dazu geeignet, die gerade stattfindende Auseinandersetzung zu eskalieren. Hier wurden Öl und Benzin ins Feuer gegossen, so wie in der Kochstraße, als mit Molotow-Cocktails aus Beständen des Verfassungsschutzes die Springer-Fahrzeuge in Brand gesetzt wurden. Vom Berliner Verfassungsschutz.

An der anscheinend feststehenden Tatsache, dass der wirre Anstreicher Bachmann die Tat alleine verübt hat, sind erhebliche Zweifel angebracht. Noch steht nämlich eine Antwort auf die Frage aus, wer den Dutschke-Attentäter Bachmann im Auto zum Tatort gefahren hat. Bisher ist eine (trotz oder gerade wegen der dramatischen Situation, in der Dutschke die Beobachtung machte,) glaubwürdige und äußerst genaue Beschreibung der Minuten vor den Schüssen auf ihn viel zu wenig beachtet worden.

Dutschke berichtet, dass er in der Nähe des SDS-Gebäudes am Kurfürstendamm am Straßenrand auf seinem Fahrrad saß. »Natürlich schaut man sich in einer solchen Situation des öfteren um, ohne besonders aufzufallen. Nach ca. 10–15 Minuten Sitzen auf dem Fahrrad machte mich etwas aufmerksam, ein Mann war aus einem Auto, welches sich gerade gegenüber vom SDS-Eingang in der Kudamm Parkmitte eingenistet hatte, ausgestiegen und bewegte sich immer mehr von seinem Auto weg, blieb in der Mitte, näherte sich mir, ohne zu begreifen oder zu verstehen, dass diese Person sich direkt an mich heranmachen wollte, um mich zu ermorden, es zu versuchen. Nach ca. vier bis fünf Minuten standen wir uns gegenüber, zwischen uns war nur noch die Straße. Nachdem die letzte Autowelle vorbei war, kam er über die Straße, ging entspannt in einem Abstand vorbei und wendete sich vom Gehweg mir direkt zu, stellte die Frage: ›Sind Sie Rudi Dutschke?‹, ich sagte: ›Ja‹, die Schießerei begann, ich schmeiße mich automatisch auf ihn los, die leeren Stellen im Gehirn über die nächsten Minuten und Stunden beginnen, mit kurzen Zwischenmomenten.«

Diese Schilderung findet sich in der Rudi-Dutschke-Biografie von Gretchen Dutschke-Klotz *Wir hatten ein barbarisch schönes Leben*. In einem Manuskript Dutschkes mit der Überschrift »Schüsse und Schüsse – woher, wohin und weswegen?« gibt es eine sehr ähnliche, inhaltlich gleichlautende Beschreibung dieser Minuten.

Da Dutschke noch einige Minuten nach den Schüssen bei Bewusstsein war, sogar noch eine Strecke von fast 70 Metern zurücklegte, gibt es wenig Grund, an der Erinnerungsfähigkeit Dutschkes zu zweifeln. Albert Fichter war Augenzeuge: »Am späten Nachmittag des 11. April 1968 hörte ich so ein merkwürdiges Geknatter. Zunächst dachte ich, es wären zwei, drei Fehlzündungen von einem Auto, aber dann hörte ich das Schreien, die klagende Stimme von Rudi. Ich erkannte sie gleich, schließlich wohnte ich ja mit Rudi im gleichen Haus. Ich bin sofort auf die Straße gerannt und da ist mir Rudi auch schon entgegengekommen – ohne seine Schuhe, auf Strümpfen. Blutüberströmt ist er mir in die Arme gefallen und hat laut geschrien: ›Man hat mich erschossen.‹ Im Gesicht war er ganz schwarz von dem dunklen Blut und die ganze Kleidung, alles war voll mit Blut. Er hat nur gejammert. Es war furchtbar. Er hat von seiner Verantwortung für Hosea-Che, seinen kleinen Sohn, gesprochen. Er konnte selber nicht fassen, was geschehen war. Er war einfach total geschockt. Sein Fahrrad lag auf dem Boden. Ich habe ihm dann geholfen, sich auf eine Bank zu setzen und abzuwarten, bis Hilfe gekommen ist. Wir waren zunächst ganz allein.«

Soviel zu den ersten Minuten nach den drei Schüssen auf Rudi Dutschke. Anscheinend ist jedoch bisher niemandem aufgefallen, welche Brisanz in der Schilderung Dutschkes der Minuten vor den Schüssen steckt: Wie kann der Einzeltäter Bachmann, der mit ein paar Mark in der Tasche am Morgen mit dem Zug aus München in Berlin angekommen war, ohne Unterstützung Dritter zu einem Auto gekommen sein? Oder, was näher liegt: Aus wessen Wagen ist Bachmann ausgestiegen, d.h. wer hat ihn zum Tatort gefahren?

Bachmann hat im Laufe des Gründonnerstag, nachdem er zunächst versucht hatte, Dutschke in der Kommune 1 anzutreffen und von Rainer Langhans an den

SDS verwiesen worden war, bei der Polizei – der Meldebehörde – versucht, Rudi Dutschkes Adresse in Erfahrung zu bringen. Gegen die Entrichtung einer Gebühr in Höhe von einer Mark erhielt er sie und fuhr zum Kurfürstendamm.

»Mann der Tat« tritt ab

Nachdem Westberlin Ostern 1968 kurz vor einem möglichen Bürgerkrieg stand und der Versuch, Moch zu entmachten, vorerst scheiterte, setzte Neubauer seine Versuche, Moch durch Prill zu ersetzen, unbeirrt fort. Schließlich fand sich doch noch ein Weg: »Eine Krankheit Mochs bot deshalb einen höchst willkommenen Anlaß, das Präsidentenamt erneut zur Disposition zu stellen«, schreiben die Autoren Hilmar Krüger und Norbert Steinborn in ihrem Buch *Die Berliner Polizei 1945–1992 – Von der Militärreserve im kalten Krieg auf dem Weg zur bürgernahen Polizei?* »Obwohl er von seinem Kuraufenthalt aus dem Berchtesgadener Land Geburtstagsglückwünsche an den Schupo-Kommandeur Werner gesandt und dabei mitgeteilt hatte, daß es ihm gesundheitlich sehr gut gehe und er sich wohl fühle, erhielt Moch einen Brief des Innensenators mit der Aufforderung, sich nach seiner Rückkehr aus Bad Reichenhall ›einem Amtsarzt zu einer gründlichen Untersuchung zu stellen.‹ Gleichzeitig legte Neubauer dem Polizeipräsidenten ans Herz, sich ›mit Rücksicht auf seine Gesundheit‹ in den Ruhestand versetzen zu lassen.«

Auch wenn es Neubauer nun endlich gelungen war, Moch in die Wüste zu schicken, ging sein Plan, Prill doch noch zum Polizeipräsidenten zu machen, nicht auf. Zwar hatte sich ein Landesparteitag der SPD kurz vor dem Vietnam-Wochenende, wenn auch mit äußerst knapper Mehrheit, für Prill ausgesprochen, doch »sein Auftreten während der unruhigen Osterfeiertage 1968 hatte die Vermutung verstärkt, dass Prill nicht in der Lage war, die Berliner Polizei anders als eine Art Knüppelgarde einzusetzen«, schreiben Hilmar Krüger und Norbert Steinborn. Entscheidend war schließlich, dass der Statthalter der britischen Alliierten in der Stadt gegenüber dem Regierenden Bürgermeister Klaus Schütz in deutlichen Worten das Ende der Tätigkeit Prills verlangte. Mitte Mai erklärte der nicht-gewählte Polizei-Vizepräsident seinen Rücktritt und erklärte vollmundig zur Begründung, dass die von ihm in den vergangenen Monaten geleistete Routinearbeit nicht seiner Mentalität als »Mann der Tat« entspräche.

Er übernahm später eine führende Position im niedersächsischen Verfassungsschutz, wo er jedoch ebenfalls bald Schwierigkeiten bekam. In den 70er Jahren zog es ihn zurück nach Berlin, wo er noch einmal versuchte, in der Berliner Politik mitzumischen, was Stobbe, inzwischen Regierender Bürgermeister, rundheraus ablehnte. Sein persönlicher Referent Karl Heinz Gehm schrieb später, Stobbe habe geradezu hysterisch auf den Namen Prill reagiert.

Später war Prill in einen Bauskandal verwickelt, verließ Berlin endgültig und kaufte ein Haus in Malente. Dort starb er im Jahre 2004.

Neubauer musste sich einen anderen, besonneneren Polizeipräsidenten suchen. Die Wahl fiel auf Klaus Hübner, ein aus dem Berliner Wedding stammender Polizei-Gewerkschafter und SPD-Bundestagsabgeordneter, dem er, als man sich einig geworden war, großzügig die Bürgermeistervilla anbot, da sie leer stehe und auch er sie nicht beziehen werde, wenn er erst selbst Regierender Bürgermeister sei. Das schien demnach nur noch eine Frage der Zeit zu sein.

Einer der möglichen Pläne, Schütz abzulösen, war ein parlamentarischer Putsch gegen Schütz im November 1969. Rechte SPD-Politiker trafen sich regelmäßig mit den Hardlinern der CDU im Hinterzimmer einer Kneipe gegenüber dem Rathaus Schöneberg. Sie planten für die Zeit, in der sie endlich gemeinsam die Stadt regieren würden, eine fiktive Senatorenliste existierte bereits. Der abenteuerliche Plan scheiterte schließlich an einem heftigen Veto von Willy Brandt. Neubauer selbst nahm an den Treffen der Putschisten nicht teil, soll aber als Regierender Bürgermeister vorgesehen gewesen sein. Schütz fragte sich: »Muss ich mir das antun?«

In der nächsten Ausgabe des *Monat* (Januar 1970) erschien ein Schütz-Portrait des Journalisten Jürgen Engert, damals Chefredakteur des *Berliner Abend*, später Chefredakteur des *SFB*. Darin bezeichnet Engert Schütz als »Opportunist aus Überzeugung«, der nach zwei Pflichtjahren in Berlin nun endlich wieder zurück nach Bonn, zu Willy Brandt wolle. Als einen der Gründe, weshalb Brandt Schütz eine Absage erteilte, nennt der Autor, dass, wenn Schütz Berlin wieder verlasse, innerhalb einer Legislaturperiode der Regierende Bürgermeister zum zweiten Mal ausgetauscht hätte werden müssen. »Neue Kämpfe um die Nachfolge in der zerstrittenen Berliner Parteiorganisation wären unvermeidlich gewesen.« Eine Rolle dürfte auch gespielt haben, dass diese eigenartige Große Koalition in Berlin unweigerlich zur Parteispaltung in Berlin geführt hätte, mit sicherlich unabsehbaren Folgen für die gesamte SPD.

In der *Süddeutschen Zeitung* nahm Joachim Kaiser unter der Überschrift »Tötungstechniken – aus der Nähe betrachtet« Schütz in Schutz: »Der tödliche Schlag am Schluss des Porträts, der Satz von Schütz: Ich könnte mir vorstellen, als Chef des Bundeskanzleramtes etwas zu leisten – ist das so etwas Schlimmes? Beweist der Umstand, dass Brandt den Berliner Regierenden Bürgermeister nicht schon wieder austauschen wollte, so viel? Ist ein misslungener Umzugsplan, vielleicht sogar eine politische Niederlage, etwas so Vielsagendes?«

Im Winter 1976/77 ist, höchstwahrscheinlich aus dem Umfeld Neubauers, ein letzter Versuch unternommen worden, Schütz zur Strecke zu bringen. In einem anonym verschickten Papier, als deren Autoren von mehreren Zeitzeugen Neubauers Senatsdirektor Jürgen Grimming sowie Prill genannt werden und das in einigen wenigen Exemplaren in der Berliner und Bonner Presseszene gestreut wurde, tragen die Autoren einen Angriff gegen Schütz vor, wie er wohl in der Geschichte der Bundesrepublik nur selten vorgekommen ist. Genüsslich werden sämtliche Skandale und Affären der Schütz-Ära aufgelistet. Die Bonner Parteispitze wird aufgefordert, »den Weg für eine Senatsneubildung frei zu machen, ehe es zu spät ist«. Seine Position sei unhaltbar geworden, »infolge seiner isolierten Lage innerhalb der faktisch gespaltenen Partei.«

Der rechte SPD-Politiker Klaus Riebschläger charakterisierte den Inhalt des Papiers als »Böswilligkeiten, über die man nicht ernsthaft diskutieren kann.« Nach Ansicht von Harry Ristock, inzwischen Senator, gehörte das Papier »zu den unwürdigsten Vorgängen der letzten Jahre in der Berliner Parteigeschichte.« Der bereits zitierte Politologe Hans-Jürgen Heß schreibt: »Die Diktion des Papiers und viele auf Herrschaftswissen beruhende Einzelheiten seiner Analyse legen die Vermutung nahe, dass es aus der Feder einer im Range hochangesiedelten Person gekommen sein muss und möglicherweise einen Akt persönlicher Rache für erlittene Unbill darstellte.«

Einige Wochen später wird bekannt, dass Neubauer es seit mehreren Jahren versäumt hat, Tantiemen aus einer Aufsichtsratstätigkeit bei der Berliner Landesbank an die Stadt abzuführen, wie es seine Pflicht gewesen wäre. Er versuchte noch, sich damit herauszureden, dass für diese Dinge seine Frau zuständig sei, was die Empörung über Neubauers Fehltritt nur noch steigerte. Er muss zurücktreten; aber auch der durch viele Affären des Senats bereits angeschlagene Schütz kann sich nun nicht mehr im Amt halten – und will es auch nicht mehr. Außerdem: Neubauer kann nun nicht mehr Regierender Bürgermeister werden, Schütz hat seine Mission erfüllt. Er hatte allerdings zehn unwiederbringliche Politikerjahre verloren, in denen er an Willy Brandts Aufstieg ins Kanzleramt hätte teilnehmen können. Möglicherweise hätte er es wirkungsvoller verhindern können, dass Brandt vom Verfassungsschutz als Lockvogel missbraucht wurde, als Horst Grabert, inzwischen Chef des Kanzleramtes, es vermochte.

Pyrrhussieg der APO

Neubauer versuchte noch vergeblich, Landesvorsitzender der Berliner SPD zu werden, doch seine Karriere war an ihrem Ende angelangt. In die neuneinhalb Jahre seiner Amtszeit als Innensenator fallen außer den bereits beschriebenen Ereignissen (Vietnam-Kongress und Gegenkundgebung, Dutschke-Attentat und Osterunruhen) die Schlacht am Tegeler Weg, die erste Bewaffnung der linken Szene, die Befreiung Andreas Baaders und die Affäre um den Tod von Ulrich Schmücker – ein jeder dieser Vorgänge ist höchst dubios.

Die Schlacht am Tegeler Weg war zunächst eine Demonstration gegen ein politisch motiviertes Ehrengerichtsverfahren gegen den damals linken Anwalt Horst Mahler am 4. November 1968. Bei der Berliner Rechtsanwaltskammer beantragt hatte dieses Verfahren die Generalstaatsanwaltschaft beim Kammergericht. Grund war Mahlers Teilnahme an dem Marsch zum Springer-Hochhaus nach dem Attentat auf Rudi Dutschke. Springer hatte Mahler zudem auf Schadenersatz – 506.696,70 DM – wegen der angezündeten Springer-Auslieferungsfahrzeuge verklagt – eine Forderung, die Springer besser an den Berliner Verfassungsschutz oder gleich an den diese Behörde und das Feuer vom Dach des Springerhauses aus beaufsichtigenden Innensenator Neubauer gestellt hätte.

Natürlich machte dieses Ehrengerichtsverfahren, das Mahler übrigens gewann, auf die Studenten den fatalen Eindruck, dass sie ihres damals wichtigsten Rechtsbeistands beraubt werden sollten. Zur Straßenschlacht entwickelte sich die Demonstration, als, wie mehrere Zeitzeugen berichten, sich ein Lastwagen voller Steine der Szene näherte. Aus einem internen Polizeibericht: »Ermittlungen haben ergeben, dass ein unbekannt gebliebener LKW mit Anhänger kurz vor dem ersten Ansturm der Demonstranten voll beladen mit Steinen in der Osnabrücker Str./Kamminer Str. hielt und die Steine auf die Fahrbahn entlud. Es hatte den Anschein, dass dieser Vorgang abgesprochen war, um die Demonstranten mit Wurfgeschossen zu versorgen. Spätere Ermittlungen ergaben, dass es ein Zufall war.«

Die Polizeikräfte gerieten – damals noch mit ihren preußischen Tschakos auf dem Kopf – ungeschützt in einen Steinhagel, wie sie es noch nie zuvor erlebt hatten. Was viele Demonstranten als Sieg über die Polizei feierten, liest sich in einem internen Einschätzung der Berliner Polizei etwas anders: »Die Zusammenstöße am 4.11.1968 gehören mit zu den schwersten nach 1945. 130 Pol-Beamte wurden hierbei verletzt. Ein polizeilicher Misserfolg ist nicht deshalb eingetreten, weil zahlreiche Beamte verletzt worden sind, sondern der Erfolg der polizeilichen Maßnahmen ist gerade darin zu sehen, dass das polizeiliche Ziel voll erreicht worden ist, *obwohl* 130 Pol-Beamte hierbei verletzt worden sind. Weder gelang es den Störern, die Verhandlung im Landgericht zu beeinträchtigen, noch war es ihnen möglich, in das von der Polizei abgesperrte Vorfeld einzudringen. Selbst rücksichtslose Gewaltanwendung konnte die Erfüllung des erteilten Auftrages nicht verhindern.

Noch in anderer Hinsicht ist ein bemerkenswerter polizeilicher Erfolg zu verzeichnen. Die Polizei befindet sich nach diesem Geschehen im Urteil der Öffentlichkeit in einer äußerst günstigen Position. Von keiner Seite wurde bisher auch nur der leiseste Vorwurf gegen das Vorgehen der Beamten erhoben. Im Gegenteil! Wie nie zuvor zeigen weite Kreise der Bevölkerung großes Verständnis für die schweren Aufgaben der Polizei in solchen Situationen, wie zahlreiche Briefe, Anrufe und sogar Spenden für die Beamten aus allen Schichten der Bevölkerung beweisen.

Demgegenüber haben sich die Akteure der APO und deren Anhänger mit ihrem Verhalten am 4.11.1968 vor dem Landgericht in den Augen einer breiten Öffentlichkeit einhellig ins Unrecht gesetzt. Die sich hieraus heute noch nicht zu übersehenden Auswirkungen werden sicherlich dazu beitragen, das Ansehen und die Sympathie der Polizei in der Öffentlichkeit erheblich zu steigern. Andererseits dürfte dem Solidarisierungsprozess innerhalb der Berliner Studentenschaft zumindest für die nahe Zukunft ein wirksamer Schlag versetzt worden sein. Selbst jene intellektuellen Besserwisser, die keine Gelegenheit versäumen, sich mit spitzer Feder kritisch über das Vorgehen der Polizei auszulassen, sind über das Verhalten der APO-Anhänger schockiert und verharren in betretenem Schweigen.

Auch diese Erkenntnisse verdienen, gesehen, gewürdigt und ausgewertet zu werden.«

Tatsächlich zerbrach in dieser Schlacht die APO, oder was von ihr noch übrig geblieben war, obwohl oder gerade weil sie zur Gewalt griff – oder sich dazu verleiten ließ. Eigentlich war am 4. November »1968« zu Ende.

In einem anonymen Flugblatt konnte man in jenen Tagen lesen: »Unser Widerstand gegen die Polizei [...] befreite uns aus der Lage des duldenden Opfers, in der uns so viele ›Freunde‹ gerne sehen.« Eine Gegenposition dazu formulierte Helmut Gollwitzer im Audimax der FU: »Wer will, dass die studentische Bewegung zerfallen wird [...], der soll weiter solche Aktionen machen.«

Diesen Satz Gollwitzers zitieren Tilman Fichter und Siegward Lönnendonker in ihrer 1977 erschienenen *Kleinen Geschichte des SDS* und fügen folgende Bemerkung an: »Was Gollwitzer nicht sagte, war, dass sich am Tegeler Weg lang aufgestaute Angst und Hass entluden und die Studenten ganz unüberlegt und unpolitisch Rache genommen haben für den 2. Juni.« Die Frage bleibt: Warum entlud ein LKW »zufällig« Steine am Tegeler Weg?

Bomben statt Steine

»Im März 1969 waren plötzlich kleine, handgebaute Bomben da«, schreibt Gerd Koenen in seinem Buch *Das rote Jahrzehnt*. »Geliefert hatte diese Sprengsätze wiederum der Staatsschutzagent Peter Urbach, der klassische Typ des *agent provocateur*. Zuerst Molotow-Cocktails, dann die Bomben, später wurden es die Pistolen – bis in die Gründungsphase der RAF hinein. Dass die Westberliner Polizei damals nicht nur Fallen gestellt hat, sondern dass ihre Organe mit ganz eigener krimineller Energie die ›Szene‹ bis an die Schwelle des Terrorismus und darüber hinaus getrieben haben, muß bis zum Beweis des Gegenteils als gesichert angenommen werden.« Und an anderer

Stelle: »Die Gestalt des Peter Urbach geistert durch alle Erinnerungen und Darstellungen, ohne dass bis heute aufgeklärt und (vor allem) *Rechenschaft* abgelegt worden wäre, was der Berliner Verfassungsschutz mit dieser kriminellen Politik der bewaffneten Provokationen – die Opfer forderte und noch mehr Opfer hätte fordern können – wirklich bezweckte.«

Derselbe Autor zu den Molotow-Cocktails des Verfassungsschutzes Ostern 1968: »Welches Kalkül dahinter steckte, ist nie offengelegt worden.« Bundessenator Dietrich Spangenberg soll den Chef des Berliner Verfassungsschutzes für ein »vollkommen verlottertes Individuum« gehalten haben, berichtet Hubertus Knabe in seinem Buch *Der diskrete Charme der DDR*.

Auch bei der Befreiung von Andreas Baader im Mai 1970, der im April in eine Falle des VS-Mannes Peter Urbach getappt war, müssen höhere Kräfte im Spiel gewesen sein. Die Anstaltsleitung hatte am gleichen Tag, als von Ulrike Meinhof und Horst Mahler eine Ausführung Baaders zu wissenschaftlichen Zwecken beantragt wurde, Hinweise auf eine bevorstehende Befreiung von Baader erhalten. Trotzdem genehmigte sie die Ausführung – absurd. Mitarbeiter der Abteilung 1 – Politische Polizei – kann-

[129] 4. November 1968: Straßenschlacht am Tegeler Weg. Innensenator Kurt Neubauer informiert sich vor Ort über die Demonstration

ten die Pläne und wiesen den Anstaltsleiter darauf hin. Höchstwahrscheinlich wurden sowohl der Tatort in Dahlem als auch die Fluchtautos observiert. Vom Verfassungsschutz?

Mit der Befreiungsaktion Baaders, bei der geschossen wurde und es einen Schwerverletzten gab, war die Gründung der RAF praktisch vollzogen; aus der Illegalität gab es nun kein Zurück mehr. Ein Foto der linksradikalen intellektuellen »Besserwisserin mit spitzer Feder«, Ulrike Meinhof, hing am nächsten Tag vieltausendfach an den Litfasssäulen: Mordversuch. Die politische Gewalt hatte – nach dem 2. Juni, nach Ostern 1968 und der Schlacht am Tegeler Weg – eine neue Stufe erreicht: eine mörderische.

Als am 15. Juli 1971 das erste RAF-Mitglied, die 20-jährige Spandauerin Petra Schelm, bei dem Versuch, sich ihrer Verhaftung zu widersetzen, in Hamburg erschossen wurde, fühlte sich der Spandauer Karl-Heinz Kurras so bedroht, dass er die Rückgabe seine Dienstpistole forderte – und erhielt.

Ein »bundesdeutscher Geheimdienstskandal ohnegleichen, ein Justizkrimi und eine menschliche Tragödie« (Stefan Aust) stellt die Affäre Schmücker dar; der Tod des 21-jährigen Studenten, erschossen von Mitgliedern der »Bewegung 2. Juni« am späten Abend des 4. Juni 1974 an der Krummen Lanke in Berlin. Noch immer unaufgeklärt, ein nur noch schlecht kaschiertes Desaster Berliner »Sicherheitsbehörden«.

Stefan Aust über den Fall Schmücker: »Es gibt Fälle im Leben eines Journalisten, die einen nie wieder loslassen. So erging es mir mit dem Mord an Ulrich Schmücker. Die Geschichte eines Jungen, der vom Verfassungsschutz skrupellos als Lockvogel benutzt wurde, um an Terroristen heranzukommen. Der Fall beschäftigte 16 Jahre lang die Gerichte und zeigt geradezu bilderbuchhaft, wie gefährlich das Spiel mit den Spitzeln ist und wie leicht Operationen außer Kontrolle geraten können. Wie dann sämtliche Sicherungen durchbrennen und alles, aber auch alles getan wird, um die Wahrheit zu vertuschen.« Die Behörde, bei der sämtliche Sicherungen durchbrannten, war der Berliner Verfassungsschutz, kontrolliert vom Berliner Innensenator Neubauer und seinen Nachfolgern.

Zurück zu den späten sechziger Jahren. Der Verfassungsschutzagent Peter Urbach war noch Jahre in der linken Szene aktiv. Bald bot er Brandsätze und Bomben, später auch Schusswaffen feil. Nachdem Urbach 1971 enttarnt wird, als es auch durch seine Aussage zu einer Verurteilung Horst Mahlers im Prozess um die Baader-Befreiung kommt, ist die logische Folge, dass Urbach mit einer neuen Identität ausgestattet und »entsorgt« werden muss.

Jahre später erhielt Rainer Langhans die Gelegenheit, noch einmal mit Urbach zu telefonieren. Zwar bekam er keine Telefonnummer von Urbach, aber der damalige Präsident des Bundesverfassungsschutzes, Günther Nollau, arrangierte, dass sich

Urbach aus den USA bei ihm meldete. Langhans und Urbach waren in den Jahren der Kommune gut miteinander zurechtgekommen. Über seine Tätigkeit als V-Mann dürfe er nach wie vor nichts sagen, erklärt Urbach, inzwischen hoher Beamter »im Ruhestand«. Doch eine Bemerkung lässt er gegenüber Langhans fallen: »Rainer, wenn du wüsstest, wenn du wüsstest.« Wir wissen, so darf man das interpretieren, dass wir von den Aktivitäten des Verfassungsschutzagenten Urbach (fast) nichts wissen.

Im dritten Prozess gegen Kurras – der zweite war geplatzt, weil Horst Mahler sich plötzlich weigerte, vor dem hohen Gericht seine Robe anzulegen (woraufhin ihm Christa Ohnesorg das Mandat entzog) – erklärte der Anwalt von Kurras, Roos, im Oktober 1970: »Kurras war einer der ersten dieser Stadt, der am eigenen Körper die aufgegangene Saat der Gewalt verspüren musste. Hätte Kurras sich seinerzeit nicht gewehrt, so hätte man ihn – das wissen wir heute – totgeschlagen. [...] Die aufgegangene Saat der Gewalt hat nun während der vergangenen Jahre und insonderheit während der jüngsten Wochen und Monate gezeigt, dass in dieser Stadt der Terror herrscht.« Darauf der Rechtsanwalt Otto Schily: »Wenn hier von einem Opfer der Gewalt gesprochen wird, möchte ich fragen: Wer war hier der Sämann? Ich möchte die Frage stellen, ob Kurras nicht das Opfer, sondern der Initiator war.«

Auf den Tag genau 39 Jahre nach dem Tod Benno Ohnesorgs wurde in Berlin das »Deutsche Historische Museum« eröffnet. In dem kleinen Eckchen, dass der 68er Protestbewegung eingeräumt wird, befindet sich auch ein Photo des angeschossenen und tödlich verletzten Studenten Benno Ohnesorg. Leider hat man, ausgerechnet bei diesem Foto, vergessen, den Besuchern des Museums zu erklären, was man dort sieht. Wer hier im Sterben liegt, dass er von einer Polizeikugel getroffen wurde – man erfährt es nicht im Nationalmuseum. Dass der Startschuss für die idiotische Eskalation der Gewalt ein Schuss aus einer Polizeipistole war – das muss man ja nicht so genau wissen.

Bildnachweise

[1] Berliner Polizei, [2] Paul G. Hermann, [3] Bildarchiv Preußischer Kulturbesitz / Fotopostkarte: Heinrich von der Becke, [4] Ingrid Hiltmann, [5] Paul G. Hermann, [6] Archiv Uwe Soukup, [7] Berliner Polizei, [8] Kunstbibliothek – Staatliche Museen zu Berlin, [9–11] Berliner Polizei, [12] Paul G. Hermann, [13] Kunstbibliothek – Staatliche Museen zu Berlin, [14, 15] Landesbildstelle Berlin, [16] »APO-Keller« der Freien Universität, [17–23] Paul G. Hermann, [24] Bildarchiv Preußischer Kulturbesitz / Alexander Enger, [25–38] Paul G. Hermann, [39] Wolfgang Schöne, [40–42] Paul G. Hermann, [43] Wolfgang Schöne, [44, 45] Paul G. Hermann, [46] Uwe Dannenbaum, [47] Paul G. Hermann, [48, 49] Kunstbibliothek – Staatliche Museen zu Berlin, [50–53] Paul G. Hermann, [54–56] Uwe Dannenbaum, [57] Harald Miko, [58] Wolfgang Schöne, [59, 60] Uwe Dannenbaum, [61] Wolfgang Schöne, [62] Bernard Larsson, [63, 64] Uwe Dannenbaum, [65] Bildarchiv Preußischer Kulturbesitz / Klaus Lehnartz, [66] Bildarchiv Preußischer Kulturbesitz / Bernard Larsson, [67–70] Uwe Dannenbaum, [71] Bildarchiv Preußischer Kulturbesitz / Bernard Larsson, [72] Bernard Larsson, [73] Uwe Dannenbaum, [74–78] Wolfgang Schöne, [79, 80] Paul G. Hermann, [81, 82] Wolfgang Schöne, [83–86] privat, [87] Wolfgang Schöne, [88] Archiv Uwe Soukup, [89, 90] Ullstein / Binder, [91] Ullstein / Kraft, [92] Archiv Uwe Soukup, [93] Berliner Polizei, [94] Ullstein / AP, [95] Paul G. Hermann, [96] Archiv Uwe Soukup, [97] Ullstein / Berlin-Bild, [98] Ullstein / Kraft, [99] Bildarchiv Preußischer Kulturbesitz / Klaus Lehnartz, [100] Ullstein / AP, [101] Bildarchiv Preußischer Kulturbesitz / Klaus Lehnartz, [102] Ullstein / Berlin-Bild, [103] Ullstein, [104] Archiv Uwe Soukup, [105] Bildarchiv Preußischer Kulturbesitz / Klaus Lehnartz, [106] Ullstein / dpa, [107] Landesbildstelle Berlin, [108] Ullstein / dpa, [109] Bildarchiv Preußischer Kulturbesitz, [110, 111] AKG-Images / Gert Schütz, [112] Archiv Uwe Soukup, [113] Ullstein / AP, [114, 115] Paul G. Hermann, [116] Ullstein / dpa, [117, 118] Paul G. Hermann, [119] Ullstein / Alex Waidmann, [120] Ullstein / Berlin-Bild, [121] Archiv Uwe Soukup, [122, 123] Ullstein / Binder, [124] Ullstein / Berlin-Bild, [125] Ullstein / dpa, [126] Ullstein / Jung, [127] Bildarchiv Preußischer Kulturbesitz / Jochen Moll, [128] Ullstein / dpa, [129] Ullstein / Stark-Otto